吉林蓝皮书

BLUE BOOK OF
JILIN

2014年
吉林经济社会形势分析与预测

ANALYSIS AND FORECAST OF ECONOMY AND
SOCIETY OF JILIN (2014)

主 编／马 克
副主编／黄文艺

社会科学文献出版社
SOCIAL SCIENCES ACADEMIC PRESS (CHINA)

图书在版编目（CIP）数据

2014 年吉林经济社会形势分析与预测/马克主编. —北京：社会
科学文献出版社，2014.1
（吉林蓝皮书）
ISBN 978 - 7 - 5097 - 5609 - 6

Ⅰ.①2… Ⅱ.①马… Ⅲ.①区域经济 - 经济分析 - 吉林省 -
2013 ②社会分析 - 吉林省 - 2013 ③区域经济 - 经济预测 - 吉林省 -
2014 ④社会预测 - 吉林省 - 2014 Ⅳ.①F127.34

中国版本图书馆 CIP 数据核字（2014）第 012383 号

吉林蓝皮书

2014 年吉林经济社会形势分析与预测

主　　编／马　克
副 主 编／黄文艺

出 版 人／谢寿光
出 版 者／社会科学文献出版社
地　　址／北京市西城区北三环中路甲 29 号院 3 号楼华龙大厦
邮政编码／100029

责任部门／皮书出版中心　（010）59367127　　责任编辑／张丽丽　王　颉
电子信箱／pishubu@ ssap. cn　　　　　　　　责任校对／王伟涛
项目统筹／任文武　张丽丽　　　　　　　　　责任印制／岳　阳
经　　销／社会科学文献出版社市场营销中心　（010）59367081　59367089
读者服务／读者服务中心　（010）59367028

印　　装／北京季蜂印刷有限公司
开　　本／787mm×1092mm　1/16　　　　　印　　张／21.5
版　　次／2014 年 1 月第 1 版　　　　　　　字　　数／344 千字
印　　次／2014 年 1 月第 1 次印刷
书　　号／ISBN 978 - 7 - 5097 - 5609 - 6
定　　价／79.00 元

吉林蓝皮书编委会

主　　编　马　克

副 主 编　黄文艺

编　　委　丁晓燕　于晓光　付　诚　孙志明
　　　　　　张　磊　张玉山　陈玉梅　郭洪茂

主要编撰者简介

马 克 现任吉林省社会科学院（社科联）党组书记、院长、专职副主席、教授，吉林省委宣传部副部长。长期从事区域经济、产业经济研究。在《人民日报》、《求是》、《光明日报》等权威性报刊发表学术论文和研究报告60余篇，其中被《新华文摘》全文转载2篇，主编、独著、合著学术著作10余部，主持承担国家级、省级科研项目10余项。

黄文艺 现任吉林省社会科学院（社科联）党组成员、副院长，吉林大学理论法学研究中心教授、博士生导师。长期从事法理学、立法学、比较法学研究。在《法学研究》、《中国法学》等核心期刊发表学术论文90多篇，其中20多篇被《新华文摘》、《中国社会科学文摘》等权威刊物转载，出版学术专著4部，主编教材、著作6部，主持承担国家级、省级科研项目7项。

摘　要

　　刚刚过去的 2013 年，是全面贯彻落实党的十八大精神的开局之年，也是全面实施"十二五"规划承前启后的关键一年。这一年，全球经济形势基本稳定，总体好于 2012 年。美国经济依然保持温和复苏态势，欧元区经济开始摆脱经济衰退，日本经济复苏有望维持一段时间，新兴经济体在相对低速中趋稳。与之形成鲜明对比的是中国的经济形势：GDP 增长速度有所下降、外贸出口局面虽有所改善但未得到全面提升、房地产开发增速虽有所回落但房价上涨趋势依然未能得到有效抑制、部分行业产能过剩严重、银行闹出"钱荒"等一系列经济问题。面对复杂多变的国内外经济环境，在党中央、国务院和省委、省政府的正确领导下，全省上下深入贯彻落实科学发展观，抢抓"东北老工业基地振兴"重大机遇，着力推动创新发展、统筹发展、绿色发展、开放发展、安全发展，以"稳中求进"为总基调，以新型工业化促进经济结构战略性调整，以城镇化促进生产要素集聚和农村剩余劳动力加快转移，以农业现代化为工业化和城镇化奠定坚实基础，促使全省经济实现平稳增长，经济效益有所提高，民生等也得到改善，但在投资结构、产业结构、开发开放等方面依然存在诸多问题。

　　2013 年，受国内外经济形势的综合影响，吉林省经济总量虽保持了平稳增长，但增长速度有所放缓。农业对吉林省经济发展起着基础性作用，稳定发展农业生产，确保农产品有效供给，对推动吉林省经济社会发展、赢得战略主动至关重要。2013 年，吉林省以粮食增产、农民增收为目标，完善服务体系，加快推进"五大一强"建设，稳定了 7800 万亩的粮食种植面积。加强农业基础设施建设，推进农业科技创新，增加并改善灌溉面积，稳步发展畜牧业。启动示范村建设，集中打造样板村群，促进农民持续稳步增收。工业作为吉林省的支柱产业，在国民经济发展中一直处于举足轻重的地位。2013 年，吉林省规模以上工业增加值持续增长，工业增加值累计增速高于同期全国平均水平。值得关注的是，非公有制企业、外商及港澳台投资企业均保持了快速增长，成为推动吉林省工业转型升级的主要动力。为确保全省工业持续稳步发展，要加快城镇化进程，促进生产要素集聚，加快农村剩余劳动力转移。并根据吉林省的资源禀赋，进一步壮大支柱产业、加快发展优势特色产业、积极发展高新技术产业，进而带动产业结构优化，推进产业科学发展。服务业是投资效率较高的行业，是拉动经济增长和就业的重要产业。2013 年，在各项政策措施的刺激下，金融业、旅游业、交通运输及仓储业等服务业呈现出较快发展的趋势，但与发达地区及第二产业相比，仍存在规模偏小、比重偏低等问题。还需通过加大投资力度、调整投资结构、加快信息服务业发展等措施有效促进服务业发展，进一步提升服务业在国民经济发展中的重要地位。

2013 年，吉林省高度重视民生问题，持续加大对"三农"、教育、医疗卫生、社会保障和就业、保障性住房等民生领域的投入，以努力落实十八届三中全会所提出的改善民生的改革措施为目标，加快推进多项以民生为重点的社会建设，出台系列惠民政策，在教育、就业、医疗、住房和社会保障等方面取得了新进展，社会形势呈现良好发展的态势。提高工资水平，加大对农民的补贴力度，提高粮食最低收购价格，多渠道增加农民收入，提高城乡低保对象补助水平，城乡居民收入水平得到较快增长。实施家电、汽车、节能产品补贴等惠民政策，城乡居民生活水平得到大幅提高。加快推进医疗卫生服务体系建设，建立覆盖城乡居民的基本医疗保障体系，建立健全新型农村合作医疗体系，完善城镇职工基本医疗保险制度，公共卫生事业得到了稳步推进。保障性安居工程成绩斐然，公共服务体系建设取得显著成效，城镇服务功能得到进一步提高，城镇化建设取得了长足进步。同时，吉林省在生态环境保护、居民生活环境质量改善、健全民生保障机制等方面都有所加强，对保障和改善民生、促进社会和谐发展均起到了重要推动作用。然而，民生领域依然存在诸多薄弱环节。吉林省还应进一步完善有利于保障和改善民生的社会政策体系与制度安排，进一步扩大农村社会养老保险范围，提高养老保险水平，加强行业监管，确保安全生产形势持续稳定，提高应对突发性公共危机的能力，保障社会和谐发展。

　　长吉图开发开放先导区是我国沿边开发开放的主要区域，是面向东北亚开放的重要门户，是东北亚经济技术合作的主要平台，也是东北地区重要的增长极。近年来，吉林省已经全面推进长吉图开发开放先导区战略的实施，在加快区域发展、畅通对外通道、扩大对外开放与合作，以及重大基础设施建设等方面取得了明显成效，但也存在着诸如缺乏顶层设计、资金瓶颈、中心城市功能薄弱等一些制约发展的问题。将来，要加快长春、吉林两市经济社会协调发展和长吉一体化建设，推进建设珲春国际合作示范区，强化长春兴隆综合保税区，以及中新吉林食品区等特色开发区、特色园区的辐射功能。另外，有效利用中国 – 东北亚博览会的重要平台，积极推动吉林省同东北亚各国的合作交流，引进更多战略投资者，以此提升吉林省在全国对外开放格局中的战略地位。

Abstract

The past 2013 is the first year to comprehensively implement the spirit of the eighteenth party congress, and also a crucial and consequent year for the Twelfth Five Year Plan. During this period the global economic situation is basically stable and better than last year. In the U. S. , the economy maintained a moderate recovery trend, meanwhile in the euro zone it began to emerge from the recession. Japan's economic recovery was expected to last for a period of time and in the emerging economies the economy was trending towards stabilization with relatively low speed. In stark contrast, a series of economic issues appeared in China's economic situation. The GDP growth rate declined, foreign trade export situation was improved but haven't been fully upgraded, the growth rate of real estate development dropped while the prices were still rising and haven't been effectively suppressed, overcapacity existed in part of industries, the banks made a "money shortage". Facing the volatile economic environment both at home and abroad, the whole province thoroughly implement the scientific concept of development and seize the great opportunities of "revitalizing the Northeast Old Industrial Base", efforts to promote innovation and development, overall development, green development, open development, security development, under the leadership of the Party Central Committee and the State Council and the provincial government. Taking steady advance as the general tone the province promotes the strategic adjustment of the economic structure through the new industrialization, advances the concentration of production factors and the transfers of rural surplus through the urbanization, and lay a solid foundation for industrialization and urbanization under agricultural modernization, by which the province's economy achieved steady growth and the economic efficiency and people's livelihood has also been improved. However, in terms of investment structure, industry structure and development and opening up, there are still many problems.

In 2013, influenced by domestic and international economic situation, the economy in Jilin province has maintained a steady growth, but the growth rates are slowing. Agriculture plays a fundamental role in the economic development of Jilin Province. It is essential to promote economic and social development and gain strategic initiative through stable development of agricultural production and effective supply of agricultural products. In 2013, in order to increase grain production and rural incomes, Jilin province maintains 78 million acres of grain planting area by improving the service system and accelerating the construction of the policy—grain province, animal husbandry province, forestry province, northern specialty province, agricultural product processing industry province and rural economic province. Strengthen the construction of agricultural infrastructure, promote agricultural science and technology innovation, increase and improve the irrigation area and steadily develop animal husbandry. Start the construction of demonstrative villages, focus on building model village groups and steadily increase rural incomes. Industry, as a pillar in Jilin Province, has played a decisive role in the development of national economy. In 2013, added value of industries above designated size in Jilin province increased continuously, the cumulative value is higher than national average. It is noteworthy that the non-public enterprises, foreign and Hong Kong and Taiwan investment enterprises have maintained a rapid growth, which becomes the main driving force to promote industrial transformation and upgrading of Jilin Province. In order to ensure the steady development of the industry, we should speed up the process of urbanization, promote the agglomeration of production factors and accelerate the transfer of rural surplus labor. According to our province's resource endowment, we should further strengthen pillar industries, accelerate the development of advantageous industries and actively develop high-tech industries to drive the optimization of the industrial structure and promote the scientific development of the industry. As higher investment efficiency, service industry is an important industry to fuel economic growth and employment. In 2013, under the stimulus of various policy measures, service industries like finance, tourism, transportation and warehousing industry show a rapid development trend, however, compared with developed area and second industry, there still exist some problems such as small scale and low proportion. It is necessary to effectively promote the development of service industry, and further enhance the position of service industry in the development of the national economy by increasing more investments, adjusting investment structure, accelerating the development of information service industry and other measures.

In 2013, Jilin Province attaches great importance to people's livelihood, continues to increase the investment in livelihood areas including rural issues, education, health care, social security and employment, affordable housing. Its target is to implement the reform policy of improving people's livelihood proposed by the Third Plenary Session of Eighteenth Central Committee, accelerate social construction, introduce a series of social benefiting policies, and make new progress in education, employment, medical care, housing and social security. The social situation presents a good development trend. To raise wages, increase subsidies to farmers, raise minimum grain purchase prices, increasing rural income, improve the subsidy level of urban and rural residents entitled to basic living allowances, income of urban and rural residents grow rapidly. Implement social benefiting policies such as subsidy policies on home appliance, automotive and energy saving products. The living standard of urban and rural residents has been greatly improved. The development of health care made steady progress by accelerating the construction of medical and health service system, establishing a basic medical insurance system for urban and rural residents, setting up the new rural cooperative medical system, and improving the basic medical insurance system for urban employees. Affordable housing projects and the construction of public service system have achieved remarkable results. The urban service function is further enhanced and the urbanization has made great progress. Meanwhile, the protection of the ecological environment, the living environment of the residents and the improvement of people's livelihood security mechanism in Jilin Province were strengthened, which play an important role in promoting the improvement of people's livelihood and the harmonious development of society. However, many weaknesses still remain in the area of people's livelihood. Jilin province should further improve the social policy system to guarantee the improvement of people's livelihood, further expand the coverage of rural social endowment insurances, raise the level of endowment insurance, tighten regulations, ensure steady production safety, improve the capabilities in handling public crisis, and ensure the harmonious development of the society.

Chang-Ji-Tu Pilot Zone is not only the primary area of China's borders to develop and open up and an important gateway for Northeast Asia, but the main platform for economic and technical cooperation in Northeast Asia, and the important growth pole in Northeast China as well. In recent years, Jilin Province has comprehensively carried forward the implementation of Chang-Ji-Tu Pilot Zone strategy and achieved remarkable progresses in accelerating regional development, providing open export channels as well as further opening up and cooperation and major infrastructure construction. Thus, there still exist some issues restricting development, such as lack of top design, capital bottleneck, weak functions in central cities. In the future, we should speed up economic and social development and the construction of integration of Changchun and Jilin, promote the construction of Hunchun International Cooperation Demonstration Zone, enhance the functions of development zones with characteristics such as Changchun Xinglong Comprehensive Bonded Zone and Zhongxin Jilin Food Zone. In addition, we need to actively promote the exchange and cooperation with Northeast Asian countries, introduce more strategic investments by using the important platform of China-Northeast Asia Expo effectively to enhance our strategic position in the pattern of nationwide opening-up.

前　言

　　"吉林蓝皮书"是吉林省社会科学院主持编写的一系列全面分析和预测吉林省经济社会发展形势的综合性研究报告，是吉林省社会科学院服务地方、服务社会、服务大众的重要载体。"吉林蓝皮书"从1995年面世至今已走过了19年不寻常的历程，已在吉林省内外产生了较大的社会影响。"吉林蓝皮书"作为一种智库产品，是吉林省委省政府做出决策的重要参考，已成为社会各界了解吉林省经济社会发展形势的重要窗口。

　　正当全国各地深入贯彻党的十八届三中全会精神、吉林省上下认真落实吉林省委十届三次全会精神之际，2014年"吉林蓝皮书"付梓面世。"吉林蓝皮书"编写组通过深入学习研究党的十八届三中全会精神和吉林省委十届三次全会精神，围绕当前吉林省经济社会发展中出现的重点、难点及热点问题认真研究选题，精心制定研究方案，组织人员深度调研，潜心研究，努力为吉林省的发展提供有价值的参考意见及建议。

　　2014年"吉林蓝皮书"打破了以往的选题版块结构，采取以重大问题为导向的版块结构。全书除总报告之外，共分为五大版块。这五大版块的主题分别为吉林省经济社会发展中的五个重大问题，即"民营经济发展"、"城镇化建设"、"长吉图先导区建设"、"三农问题"、"民生问题"。各项研究报告以这五个重大问题为中心，全方位多角度地延伸到各个领域，力求解决当前最复杂、最现实的问题。

　　从全书内容来看，总报告对2013年吉林省经济发展形势进行了全面的分析，并对2014年的主要经济指标做出了有根据的预测；"民营经济发展"版块对我国民营经济发展模式、吉林省民营经济发展状况、国外中小企业发展政策、吉林省民营企业文化建设等方面内容进行了系统研究；"城镇化建设"版块主要针对吉林省城镇化的历史进程、土地流转、小城镇发展等问题进行了深入探讨；"长吉图先导区建设"版块重点对长吉图先导区的建设情况、制约因素以及区域经贸合作等内容进行了综合研判；"三农问题"版块主要探讨农民工就业心态、家庭农场、边境地区空心村、农村法治文化建设等方面的问题；"民生问题"版块主要研究吉林省民生总体形势、安全生产、社会保障、社会公共服务、基层法律服务等方面的问题。

在编写的过程中，"吉林蓝皮书"的作者保持着一种孜孜以求的科研态度，怀揣着一颗热情如火的奉献之心，期望以自己的学术观点为吉林省经济社会发展做出一份贡献。蓝皮书的作者主要是吉林省社会科学院的学术带头人或青年学术骨干，他们多年从事吉林省经济社会发展问题和东北亚国际关系问题研究，积累了较为丰富的科研成果和编写经验。同时，课题组还根据课题研究的需要，适当吸收了高校的专家学者参与。"吉林蓝皮书"是参加研究和编写的各位专家学者的集体智慧的结晶。但是，由于"吉林蓝皮书"所探讨的问题相当广泛复杂，课题组人员获取资料、调研范围和研究能力有限，书中的观念和结论难免有偏颇之处，敬请各位领导、同仁、读者批评指教，以帮助我们不断提高编写质量。

编者

2013 年 12 月

目 录

BLUE BOOK

皮书数据库阅读使用指南

CONTENTS

𝔹 I   General Report

𝔹 II   The Development of Private Economy

B VI   Livelihood Issues

总 报 告

General Report

BLUE BOOK

B

B.1
BLUE BOOK

2013～2014年吉林省经济
形势分析与预测

崔岳春　徐卓顺*

摘　要：

2013年，全球经济形势基本稳定，总体好于2012年。美国经济继续温和复苏，欧元区经济开始摆脱衰退，日本经济复苏有望维持一段时间，新兴经济体经济在相对低速中趋稳。但与此形成鲜明对比的是中国目前较为严峻的经济形势：GDP增速放缓、外贸出口低迷、房地产价格持续上涨、产能过剩严重、银行闹"钱荒"等一系列经济问题已引起人们的持续关注。不过，中国政府正在通过释放改革红利、盘活存量、用好增量等一揽子经济政策积极扭转困境，促使中国经济的平稳运行。在此背景下，吉林省采取积极措施，保持经济平稳发展，努力实现经济社会发展

---

* 崔岳春，吉林省社会科学院软科学研究所副所长、研究员，研究方向为区域经济；徐卓顺，吉林省社会科学院软科学研究所副研究员，研究方向为数量经济、产业经济。

目标。

关键词:

吉林省经济形势　经济预测　经济运行总态势

一　2013 年吉林省经济形势的基本情况和总体特征

（一）从总体看，经济增长速度呈放缓态势

2013 年前三季度，吉林省实现地区生产总值 8014.61 亿元，比上年同期增长 8.8%。分季度看，一季度末同比增长 10.2%，二季度末同比增长 9.0%，三季度末同比增长 8.8%，分别高于全国平均水平 2.5 个、1.5 个和 1.0 个百分点。分产业看，2013 年前三季度吉林省第一产业实现产值 662.14 亿元，增速达到 2.7%；第二产业实现产值 4711.55 亿元，增速达到 10.1%；第三产业实现产值 2640.92 亿元，增速达到 8.0%。除第二产业增速高于全国 2.3 个百分点外，第一产业和第三产业增速分别比全国平均水平低了 0.7 个和 0.4 个百分点。

（二）经济运行基本特征

1. 三次产业协调增长

农业生产态势良好。2013 年，吉林省以粮食增产、农民增收为目标，完善服务体系，加快推进"五大一强"建设。首先，全力抓好粮食生产，稳定了 7800 万亩的粮食种植面积。其中，玉米和水稻种植面积分别达到 5800 万亩和 1200 万亩。重点启动实施"高产创建工程、重大技术推广工程、农机化提升工程"三项工程建设。加快实施人参产业振兴工程。人参产业总产值达到 260 亿元，同比增长 30%。大力实施食用菌基地建设工程。重点扶持生产基地和龙头企业建设，建设 100 万袋以上食用菌园区 30 个，建设 500 万袋以上标准化园区 5 个。其次，加强农业基础设施建设，增加并改善灌溉耕地面积。迄今为止，新增和改善灌溉耕地面积已达 220 万亩，新增耕地 23 万亩。同时，加快发展园艺特产业。新建棚室 5 万亩，大型育苗中心 5 个，育苗点 50 个，标

准园区20个。再次，稳步发展畜牧业。新建、改建、扩建规模养殖场（小区）2000个。最后，大力发展农产品加工业。新增国家级龙头企业3户，新增省级龙头企业20户左右。此外，还包括促进农民持续稳步增收。启动第二批1000个示范村建设，集中打造样板村群。2013年全年，吉林省粮食生产预计将达到650亿斤；畜牧业、园艺特产业产值预计将分别达到1280亿元和1200亿元，增长幅度有望达到8%和20%以上；农产品加工收入预计将达到4000亿元，农民人均纯收入预计将达到10000元以上，增长幅度均有望超过15%。

工业生产振荡增长。2013年前三季度，吉林省规模以上工业增加值增速达到10.3%，除2月、5月当月工业增加值增速在10%以下，其余几个月当月增速均保持在10%以上，总体呈现振荡增长态势。与全国平均水平相比，前三季度吉林省工业增加值累计增速均高于同期全国平均水平。6月末达到最高值，高出全国平均水平2.0个百分点；第三季度有所下降，至9月末，高出全国平均水平0.1个百分点。从轻重工业来看，1～9月轻工业增加值增速保持小幅增长，重工业增速持续小幅下降。轻工业增速从2月末的13.4%持续增长至6月末的15.0%，第三季度持续下降，至9月末达到14.0%，但依然高出2月0.6个百分点。重工业增速从2月末的11.8%持续下降至9月末的8.9%。值得关注的是，非公有制企业、外商及港澳台投资企业均保持了快速增长，成为推动吉林省工业转型升级的主要动力。其中，非公有制企业增速从2月的9.2%增至9月末的11.2%，高于同期规模以上工业企业增加值增速0.9个百分点；外商及港澳台投资企业连续6个月当月增速高于10%，且9月当月增速高达20.3%，高于同期规模以上工业增加值增速12.3个百分点。

服务业增速放缓。2013年前三季度，吉林省服务业实现产值2640.92亿元，增长速度达到8.0%，低于同期全国平均水平0.4个百分点，低于一季度0.5个百分点，对经济增长拉动作用有所减弱。其中，交通运输业产值振荡增长。至9月末，交通运输业产值增速达到3.7%，比第一季度下降了0.4个百分点，比第二季度提高了0.5个百分点，低于同期第三产业增速4.3个百分点，低于全国平均水平3.5个百分点。批发零售业产值稳步增长。批发和零售业增速达到7.7%，高出第一季度0.8个百分点，高于第二季度0.1个百分点，比第三产业增速低0.3个百分点，低于全国平均水平2.7个百分点。房地产业产值增速明显下滑，已由第一季度的 46.0% 的增速降至 9 月末的 7.1%，低于第三产业增速 0.9 个百分点，低于全国平均水平 0.2 个百分点。金融业产值增速持续上升，从第一季度末的 15.7% 增至第三季度末的 20.6%，显著高于第三产业增长率 12.6 个百分点，高于全国平均水平 10.2 个百分点。

2. 三大需求协同拉动

投资持续增长。2013 年前三季度，吉林省固定资产投资额的绝对值持续增长，但增速有所放缓。完成固定资产投资 8507.68 亿元，比上年同期增长 22.5%，比第一季度下降了 3.0 个百分点，比上半年下降了 2.5 个百分点。从与全国及中部地区的比较来看，1~9 月吉林省投资总额增速高出全国平均水平 2.3 个百分点，低于中部地区平均增速 0.9 个百分点。分产业看，第一产业投资振荡上行，1~9 月完成投资 258.35 亿元，增速从 3 月末的 -4.4% 增至 6 月末的 85.3% 后，又下降至 9 月末的 66.4%。第二产业投资有所下降，前三季度增速达到 23.9%，与第一季度持平，比上半年下降了 2.5 个百分点。第三产业投资降幅显著，1~9 月完成投资 3328.23 亿元，增速达到 18.2%，比第一季度降低了 13.6 个百分点，比第二季度下降了 1.4 个百分点。其中，房地产开发投资增速下降幅度最大，由第一季度的增速 304.2% 下降至 9 月末的 -7.4%，住宅投资增速更是从 364.2% 下降至 -8.3%。

消费保持活跃。2013 年前三季度，吉林省社会消费品零售总额达到 3917.74 亿元，比上年同期增长 13.1%。其中，限额以上工业企业消费品零售额达到 1647.85 亿元，增速达到 11.5%。城乡消费均呈现增长态势，2013 年 9 月末城镇消费同比增长 12.8%，比上半年提升 0.3 个百分点，比第一季度提升了 0.8 个百分点。乡村消费在日趋活跃的同时，逐月增速均明显高于城镇消费增速，2013 年 9 月末乡村消费增速比城镇消费增速高了 2.6 个百分点。从消费形态看，2013 年前三季度餐饮收入增速与商品零售收入增速持平，达到 13.1%。其中，餐饮收入较上半年下降了 0.8 个百分点，而商品零售收入较上半年增长了 0.4 个百分点。分地区看，至 9 月末通化的社会消费品零售总额增速最快，达到 14.1%，高于全省平均水平 1.0 个百分点；随后的辽源、吉林、白山、松原和四平的增速分别高于全省平均水平 0.8 个、0.6 个、0.4 个、0.4 个和 0.1 个百分点，而白城、延边及长春分别低于全省平均水平 0.1 个、0.5

个和 0.6 个百分点。

外贸小幅增加。2013 年前三季度，吉林省进出口总值达到 191.19 亿美元，同比增长 2.4%，比一季度 -11.1% 的增速增长了 13.5 个百分点，比上半年增长了 1.3 个百分点。其中，出口增长幅度较大。1～9 月出口总值 49.33 亿美元，比上年同期增长 21.2%；进口总值 141.85 亿美元，同比下降 2.9%。逐月来看，2013 年上半年，出口持续增长，至 6 月，当月出口总额达到 6.51 亿元，增速达到 46.5%。随后两个月出现下降，8 月降至 -8.6%，9 月大幅度上扬，达到 42.1%；进口增速仅在 4 月、5 月和 7 月实现正增长，其余月份均是负增长，至 9 月末，进口增速为 -2.1%，增速与 8 月持平，实现 16.85 亿美元的进口额。

3. 三大收入继续增长

财政收入继续增加。2013 年以来，吉林省地方财政总收入由 1 月的 118.62 亿元增长至 9 月的 889.62 亿元，比上年同期增长 10.5%。主体税种中，营业税收入最高，达到 182.11 亿元，但增速却明显下降，由年初的 58.3% 下降至 9 月末的 11.9%。企业所得税收入仅次于营业税收入，高达 102.48 亿元，有小幅增加，由年初的 6.1% 增至 9 月末的 9.0%；耕地占用税增速最高，而且增长速度的增长率上升显著，由年初的 -21.9% 增至 9 月末的 30.9%；个人所得税下降趋势有所减弱，由年初的 -8.8% 降至 9 月末的 -0.2%；房产税持续稳步增长，由年初的 -2.6% 增至 9 月末的 6.2%。

企业效益持续改善。2013 年 1～8 月，吉林省规模以上工业企业主营业务收入 14162.41 亿元，同比增长 11.3%；实现利润总额 1482.26 亿元，同比增长 11.3%；实现利税总额 1482.26 亿元，同比增长 15.4%。其中，规模以上工业企业主营业务收入、利润总额和利税总额的绝对值持续增加，但增速有所回落，2013 年 3 月末的增速分别为 12.7%、25.8%、21.5%，并由此开始逐步回落。而产成品库存增速依然较高，从 2 月末的 7.3% 持续增长至 4 月末的 12.9% 后，5 月略有降低，6 月再次增至 15.8%，随后两个月小幅下降，至 8 月末达到 9.7%，去库存化仍是企业需长期关注的问题。

居民收入稳定增长。2013 年前三季度，吉林省城镇居民人均可支配收入同比增长 10.1%，比第一季度下降了 0.4 个百分点，比上半年增长了 0.3 个百分点；农民人均现金收入同比增长 11.8%，与第一季度持平，比上半年增长了 0.1 个百分点；单位从业人员总工资收入稳步增长，前三季度增长 16.3%，比第一季度增长了 1.0 个百分点，比上半年增长了 3.8 个百分点。此外，上述三类收入的绝对值显著增长，9 月末分别达到 16624.67 元、11405.55 元和 904 亿元，均比上半年的 10926.81 元、7387.1 元和 575 亿元增长了 50% 以上。

4. 三大调控效应显现

物价水平总体可控。2013 年 1~9 月，吉林省消费价格指数累计增长率稳定在 3% 左右，但各月消费价格指数波动较大。从 1 月初的 102.2 升至 2 月的 103.9，随后消费物价有所回落，6 月居民消费价格指数回落至 102.8，通胀压力有所减弱，第三季度开始再次出现上涨，9 月已涨至 103.4。从八大类商品价格走势来看，物价水平结构性上涨特征依然明显。1~9 月，涨幅最高的前两位一直是食品类和居住类，截至 9 月末，两类商品价格指数分别上涨了 5.8% 和 2.5%，比年初涨幅分别增加了 2.2 个和 0.6 个百分点，前者比上半年增长了 0.1 个百分点，后者与上半年持平。除了这两项结构性上涨因素以外，非食品价格也在上涨并且涨幅逐渐增大，衣着类和娱乐教育文化用品及服务价格均呈现上涨趋势，价格指数比年初增速增长了 0.2 个和 0.7 个百分点，前者与上半年持平，后者比上半年增长了 0.4 个百分点。而交通和通信类价格指数略有下降。

金融存款平稳增加。2013 年以来，国家稳健的货币政策调控效果明显。1~9 月，吉林省金融机构人民币各项存款余额 14574.59 亿元，较年初新增存款 1831.70 亿元，较上月新增存款增加 73.24 亿元；各项贷款余额 10414.07 亿元，较年初新增贷款 1249.76 亿元，较上月增加 85.53 亿元。与此同时，新增短期和中长期贷款增速持续放缓，1~9 月新增短期贷款累计达到 3788.76 亿元，较年初新增 640.34 亿元，较上月增加 51.28 亿元；中长期贷款 1~9 月累计达到 6378.41 亿元，较年初增加 615.23 亿元，较上月增加 68.05 亿元。

房地产开发增速大幅回落。在持续收紧的房地产调控政策下，房地产开发增速整体回落。2013 年 1~9 月，全省房地产开发投资完成 866.27 亿元，增速从 3 月的 304.2% 开始持续大幅下降，至 5 月已经降至负值，三季度虽小幅回调，但依然没有实现正增长，9 月末达到 -7.4%。住宅投资额增速连续下滑，由 3 月末的 364.2% 降至 9 月末的 -8.3%。房地产新开工施工面积大幅下降。1~9

月新开工面积比2012年同期减少了21.16%。房地产施工面积和房地产竣工面积增幅有所下降。1～9月施工面积累计增长18.4%，比上半年24.1%的增速下降了5.7个百分点，比第一季度下降了72.6个百分点；房地产竣工面积累计增长7.8%，比上半年下降了11.4个百分点，比第一季度下降了89.5个百分点。

（三）经济发展存在的主要问题

2013年前三季度吉林省经济发展运行平稳，为全年经济持续稳定较快发展奠定了良好基础，但由于国家宏观政策的调整和市场环境的变化，加之长期累积的结构性矛盾尚未根本改变，经济运行中仍然存在一些突出矛盾和问题，仍需高度重视。

1. 结构性矛盾依然突出

吉林省多年来一直在积极推进经济结构调整和产业结构升级，但长期的发展形成了对资源能源的过度依赖，经济发展中的结构性矛盾没有得到有效解决，结构问题仍是制约全省经济较快增长的主要症结。一是产业结构不合理。三次产业呈"二、三、一"发展格局，第二产业比重偏高，第一、第三产业比重较低。前三季度，第二产业比重高达58.79%；第三产业次之，达到32.95%；第一产业最低，仅有8.26%。与此同时，第三产业增速明显偏低，1～9月，全省第三产业增速仅有8.0%，第二产业增速高达10.1%，产业增速差距越拉越大，不平衡问题进一步加剧。二是产业内部层次不高。工业结构明显偏重，占第二产业的90.40%。其中，重工业比重偏高，占工业总值的69.81%。优势产业大都集中在产业链始端和价值链底端，服务业层次较低。批发和零售业、住宿和交通运输等传统服务业占据绝对优势地位，其增加值分别占了第三产业总产值的25.36%和11.96%。三是投资结构有待优化。分行业看，1～9月，工业投资同比增长23.9%，第三产业投资仅增长了18.2%。四是城乡发展不平衡。1～9月，农村人均现金收入与城镇居民人均可支配收入相差6256.6元，消费支出相差6327.83元。

2. 物价持续高位徘徊

2013年，受国际国内大环境和上年翘尾因素影响，吉林省CPI持续高位运行，各月CPI涨幅均高于全国平均水平。2月CPI涨幅由1月2.2%的涨幅大幅增长至3.9%，3月和4月吉林省CPI涨幅回落到3.0%，5月进一步回落到2.7%，连续三个月出现同比指数回落，物价上涨势头得到初步遏制，但随后两个月再次上涨，至7月已经涨至3.1%，高于全国平均水平0.4个百分点，8月降至2.8%，依然高于全国平均水平0.2个百分点，9月这一差距继续扩大，高出全国平均水平0.3个百分点，达到3.4%的涨幅。CPI持续高位徘徊对全省生产、消费、市场预期和社会稳定均产生了不利影响，也增加了人民群众的生活负担。9月，人们基本生活需要的食品类CPI上涨7.0%，比全国平均水平多出0.9个百分点。居住和衣着类CPI次之，分别达到2.3%和2.4%，分别高出全国平均水平0.3个和0.1个百分点。与此相对应，2013年前三季度，工业生产者价格有所下降。工业生产者购进价格同比下降了0.7%，高于工业生产者出厂价格指数0.8个百分点，购销剪刀差较上年同期扩大了0.7个百分点。加之人力资本成本的上升，造成企业生产成本的不断上升，进一步挤压了企业利润空间。

3. 区域发展差距较大

在吉林省经济发展形势总体向好的大格局下，全省9个市（州）发展并不平衡。从GDP看，区域经济增长差距大，形成明显的中部的地区生产总值高于西部，西部高于东部的态势。2013年前三季度，全省地区生产总值达8014.61亿元。中部的长春、吉林和辽源三市地区生产总值合计占全省总产值的比重最高，达到67.72%；西部的白城、四平和松原三市地区生产总值占全省总产值的比重次之，达到28.86%；而东部的通化、白山、延边三市地区生产总值占全省总产值的比重最低，仅有20.05%。从工业发展情况看，区域发展不平衡，西部的发展速度高于东部和中部。2013年1～9月，中部的工业增加值占全省的工业增加值比重达到56.62%，西部占比达到23.73%，东部地区仅占19.65%。但就工业发展速度而言，东部的通化最高，达到14.9%，较全省规模以上工业增加值10.3%的增速高出4.6个百分点；白城、延边和四平次之，依次达到14.1%、13.0%和12.6%；松原和白山较低，仅占6.7%和2.4%，远低于全省的平均增速。长期过大的区域经济差距，加剧地方竞争、经济纠纷、利益冲突，无法形成发展合力，进而降低了经济发展整体效率。

二 2014 年经济发展展望

2013 年各国政府为实现可持续自主经济增长采取了不同的路径，但各路径存在的特殊风险，致使世界经济复苏之路呈现出复杂性和多样性。一方面，发达经济体增速出现分化。美国经济调整显现积极成效，经济温和复苏，但前景不明朗；欧元区经济增速继 2012 年后再陷衰退，2014 年有望反弹；而日本公共政策调整带来不确定性，经济增长趋于减缓。另一方面，部分核心新兴经济体内需疲软、增长乏力，可能出现增速持续下滑的态势。这些经济体潜在增长率下降、信贷扩张放缓，以及美国退出量化宽松政策的预期导致的持续的资本流向逆转和流动性收紧，是制约经济持续复苏的主要因素。

（一）国内外宏观经济环境

1. 国际环境

（1）美国方面，经济温和复苏。

2013 年以来，美国经济呈现温和复苏态势，但失业率仍高于危机前水平。而且美联储量化宽松政策退出的步伐仍不确定，债务上限问题虽得到延期，但仍长期存在，成为美国经济的极大隐患，政府关门事件对实体经济产生较大负面影响。远期来看，美国仍面临巨额债务的可持续问题，紧缩财政对于经济的拖累效应将长期存在。

经济温和增长，财政赤字下降。美国第一、第二、第三季度 GDP 分别环比折年增长 1.1%、2.5% 和 2.3%，经济呈现温和复苏态势。截至 2013 年 9 月，美国会计年度预算赤字累计达 6802.76 亿美元，创 2008 年度（4590 亿美元）以来新低，较 2012 年度的 1.089193 兆美元下降了 37.5%。美国 9 月政府收入年增 15% 至 3014.35 亿美元，支出年增 21.5% 至 2263.66 亿美元。

股票和住房市场明显改善。据《国际金融报》报道，9 月下旬，美国股市三大股指涨跌互现，而欧洲市场较为平稳，10 月 1 日，美政府"停摆"后，人们加剧了对 QE 延期退出市场的预期，造成股市持续上扬。另外，美国人口统计资料和住户组成数表明，新屋开工面积将在未来几年回归并逼近 150 万平方米，这意味着新屋开工数量将是 2012 年的一倍左右。住宅投资和新屋开工数量通常是经济的领先指标，因此这表明美国经济将在未来几年中继续增长。

就业形势仍不乐观。据美国劳工部发布的报告显示，9 月失业率为 7.2%，虽是自 2008 年末以来的最低值，但劳动参与率较低，仅有 63.2%，为 35 年来最低值，且近期非农就业人数和首次申领失业金人数等数据波动较大，这意味着美国目前就业复苏能力仍有不足。

实体经济受政府"关门"影响较大。一方面直接降低了政府支出，影响了政府雇员消费；另一方面不利于旅游等行业发展，影响贸易往来。这使得消费者信息指数持续下降至 75.2，进而延迟了家庭消费。综合来看，此次事件恐将拖累经济增长 0.5 个百分点。

量化宽松货币政策提前退出可能性降低。9 月美联储官员对缩减购债规模虽持支持态度，但因就业形势尚不稳固，加之美国政府部分"关门"，以及债务上限之争对美国经济产生的不利影响，这些隐忧或将迫使美联储延迟做出决定。2013 年 12 月启动 QE 退出计划的概率下调至 40%，2014 年第一季度启动的概率上升到 60%，首次缩减规模应在 100 亿美元以下。

（2）欧洲方面，经济脆弱复苏。

德国、法国等主要经济体经济微弱增长，欧股的连续增长、债券利率的下滑，致使欧洲主权债务危机有所缓解，但是劳动力市场僵化等结构性问题，依然会影响大多数欧洲国家经济增长。

欧洲经济脆弱复苏。2013 年欧元区第二季度环比增速实现七个季度以来的首次正增长，达到 0.3%，第三季度增速虽有所下降，但依然实现了正增长，达到 0.2%。另外，前三季度，欧元区 GDP 同比增速为 -0.6%，尽管同比仍为负增长，但增速下行趋势明显得到抑制。这表明欧元区开始摆脱有史以来最为严重的经济衰退，呈现走出"泥潭"的迹象。

金融市场环境略有转好。2013 年第一季度以来欧元区的金融市场表现持续好转，除了多数国家股市不断创新高以外，最重要的是政府债券利率明显地下滑。举例来说，葡萄牙成功地发行了 10 年期政府公债，股市也创下多年来的新高，第二季度葡萄牙经济强劲增长 1.1%，创造了欧元区最佳表现。此外意大利在 5 月标售三年期政府公债也相当顺利，得标利率为 1.92%。以上足以看出欧元区的金融市场已逐渐地稳定。

就业市场持续恶化。欧盟统计局公布欧元区 2013 年 4 月失业率升至 12.2%，是 1995 年以来的最高失业水准。由于 4 月失业人口已达到 1940 万人，预计 2013 年底欧元区失业人口将突破 2000 万人。欧元区的高失业数据显示，经济复苏依然缓慢。欧元区 17 个会员国间的显著差异也令外界格外关注，奥地利和德国的失业率只有 4.9% 和 5.4%；而葡萄牙的失业率接近 18%，西班牙和希腊的失业率均已超过 25%。为解决境内日益严重的青年失业问题，欧元区领袖决议推动一项长达 7 年的经济倡议（A New 7 - year Initiative），希望借此改善欧洲就业市场形势。意大利也重新检视并寻求促进国内经济复苏的新途径，期待在完成欧盟设定的预算赤字目标后，进一步带动经济回温。

（3）日本方面，经济形势向好。

日本政府推出大胆刺激计划，央行实施新一轮货币宽松政策，加之日元贬值和日股高涨等，日本经济形势有所好转。

日本经济形势向好。2013 年日本经济形势已然改善。日本第三季度 GDP 增速虽然比第二季度有所下降，仅上升了 0.5%，虽仍然低于第二季度的 0.9%，但大于市场预期的 0.4%。而且，这是日本连续四季度 GDP 实现增长，是日本三年来的最佳经济表现。另外，随着日本消费支出的增长，第四季度日本经济有望加快发展。

日元汇率贬值，股指回升。自 2012 年 11 月 14 日日本时任首相野田佳彦表明将解散国会，市场预期安倍会顺利当选的情况下，日元汇率即持续走低，股指振荡上扬。2013 年 5 月 23 日，日元汇率最低降到 103.74 日元兑 1 美元，贬值幅度超过两成。同期间日经股价指数也由 8660 余点一度升抵 15942.6 点，涨幅超过 8 成。之后，日元与日股虽因美国金融政策或是中国的金融市场走向不明朗，市场采取风险回避的态度而联袂修正。日元汇率于 6 月 13 日一度升抵 93.75 日元兑 1 美元，日经股价指数也跌破 13000 点关卡，最低降到 12415.85 点。但在美国制造业相关景气指标表现预期为佳的带动下，投资大众风险回避的心理大幅消退，相对较为安全的日元成为抛售的标的，至 7 月下旬日元重回 100 日元兑 1 美元左右的价位，日经股价指数也再度回到 14500 点以上。随着美国经济的温和复苏，美元人气提振，给美元兑日元带来了支撑，

10月以来日元汇率再次持续降低。

企业景气复苏。受日元贬值、日本出口企业业绩复苏等因素影响，日本银行于2013年7月1日公布的最新6月的全国企业短期经济观测调查的企业景气业况判断指数显示：在大企业方面，制造业和非制造业景气指数，分别较前次3月的调查上扬12个及6个百分点。其中，制造业大企业是9个月来首次出现正值，而非制造业大企业则是回升到"雷曼事件"发生前的2008年3月调查以来的最高点；至于中小企业方面，制造业企业和非制造业企业景气指数虽不如大企业的复苏情形，但也分别较2008年3月的调查提高6个及4个百分点。影响所及，在设备投资计划方面，大企业2013年度的设备投资计划较上年度增长5.5%。其中，制造业增长6.7%，非制造业增长4.9%，这说明安倍经济学所带来的日元贬值、日股飙涨所产生的资产效果，已经使日本景气踏出了自主复苏的第一步。

（4）新兴市场国家，经济形势复杂。

经济遭受严重冲击。随着美国经济形势好转，量化宽松及超低利率等应对金融危机的非常规政策将接近转折点。有研究机构预计，美联储量化宽松政策有望于2014年第一季度开始逐步退出，初期购债规模可能减少100亿美元，若此规模大于市场预期，则会使得短期利率有所上升，伴随着利率冲击在全球蔓延，全球债券资产价值会有所下降。美联储启动量化宽松退出政策，可能会冲击国际债券市场和汇率市场，引发跨国资本流动异常，新兴市场所受影响较为明显。自2008年以来，上万亿美元的热钱涌入新兴市场国家，在带动股市、房地产业发展的同时，也造成了巨大的泡沫。现在大量资金回流至美欧市场，使得印度、巴西等新兴市场国家尤其经常账户赤字的国家受到沉重打击。加之大宗商品需求减少、价格下降，石油价格上涨，巴西等大宗商品出口国经济增速也有所减缓。基于上述不利因素，印度、巴西、俄罗斯和南非等新兴市场国家金融振荡局面可能再现甚至加剧。第三季度，印度、巴西、俄罗斯和南非的GDP增速分别达到4.8%、2.2%、1.5%和0.7%，与第二季度相比，除印度GDP增速增长了0.4个百分点外，其他三国均显著下降，分别下降了1.1个、0.3个和1.1个百分点。

经济发展潜力依然存在。自经历了亚洲金融危机和全球金融危机后，新兴市场国家已经普遍提高了外汇储备，各国防风险的能力有所提升。目前大部分新兴市场国家和公司的大部分负债均以本地货币计价，而且占 GDP 的比重也远低于亚洲金融危机时，加之美联储政策也缓解了美元市场的大起大落。因而，新兴市场国家资金外流形势已经有所缓解。另外，作为新兴市场国家中流砥柱的中国，只要坚持稳健的货币政策、坚持改革经济的发展方式，经济增长的空间就依然很大，因而，新兴市场国家发展潜力依然存在。

基于上述乐观的经济数据，预计 2014 年全球经济将有所增长。美国方面，高盛经济学家预计美国 2014 年 GDP 将加速增长，其中第一季度的经济增速为 3%，其余季度的经济增速为 3.5%。美国谘商会预计 2014 年美国经济将增长 2.3%。欧洲方面，中证认为 2014 年欧元区经济将呈现温和复苏的态势。前两个季度将持续环比增长，第三季度受到来自政策层面的干扰增速略有回落，第四季度增速再度回升。新兴经济体方面，2013 年，新兴经济体国家经济增速虽有所下降，但整体依然快于发达国家。IMF 预测，2013 年新兴市场与发展中国家经济将增长 4.5%，2014 年增速为 5.1%，2015～2018 年将年均增长 5.5%。日本方面，2014 年日本受宽松货币政策边际效应趋弱、能源对外依存度高、进口价格上涨等因素的影响，预计 2014 年经济增速将有所放缓。因而，将所有因素考虑进去，预计 2014 年应该是个经济增长年。

2. 国内环境

从国内来看，中国经济发展不平衡、不协调、不可持续的问题仍然突出，致使中国目前经济增速放缓、外贸出口低迷、房地产价格持续上涨，产能严重过剩。但总体来看，我国仍处于大有作为的重要战略机遇期。党的十八大报告描绘了全面建成小康社会的宏伟蓝图，十八届三中全会更是勾画了改革新愿景，这些将有力激发经济发展的活力和动力。

（1）从总体来看，经济增长速度小幅回落。

2013 年前三季度，我国经济增长速度没能从低位回升，国内生产总值同比增长 7.7%，增速比上半年多 0.1 个百分点。分季度看，第一季度增幅为 7.7%，比 2012 年第四季度回落 0.2 个百分点，第二季度增幅降至 7.5%，第三季度增幅增至 7.8%；自 2012 年第二季度开始，已连续 6 个季度增速在 8% 以下。分三大产业看，第一产业增加值增长 3.4%，第二产业增加值增长 7.8%。第三产业增加值增长 8.4%。

（2）物价涨幅低位运行。

居民消费价格涨幅基本保持稳定。2013 年 9 月 CPI 同比增长 3.1%。其中，城市上涨 3.0%，农村上涨 3.3%；食品价格上涨 6.1%，非食品价格上涨 1.6%；消费品价格上涨 3.1%，服务价格上涨 2.9%。9 月 CPI 环比上升 0.8 个百分点。其中，城市上涨 0.8%，农村上涨 0.8%；食品价格上涨 1.5%，非食品价格上涨 0.4%；消费品价格上涨 0.9%，服务价格上涨 0.5%。1~9 月 CPI 同比增长 2.5%，比上半年增长了 0.1 个百分点。虽然涨幅有所上升，但并未超出正常波动的范围。从美国、日本等国家的调控政策取向看，我国目前的消费价格涨幅位于 2%~3% 的最合适区间。央行预测：2013 年第四季度 CPI 同比涨幅也可能上行，经济可能将在较长时期内经历一个降杠杆和去产能的过程。

工业生产者购销价格持续下降。截至 2013 年 9 月，工业生产者出厂价格已经连续下降 19 个月，工业生产者购进价格则连续下降了 18 个月。前三季度，工业生产者出厂价格同比下降 2.1%，工业生产者购进价格同比下降 2.2%，降幅分别比上半年增加 0.7 个和 0.5 个百分点。自 1987 年开展工业生产者出厂价格统计以来，价格水平持续下降出现过 3 次，第一次是 1997 年 6 月至 1999 年 7 月，持续 26 个月，最大降幅为 5.7%，原因是亚洲金融危机；第二次是 2001 年 4 月至 2002 年 11 月，持续 20 个月，最大降幅为 4.2%，原因是经济低迷；第三次是 2008 年 12 月至 2009 年 11 月，持续 12 个月，最大降幅为 8.2%，原因是全球金融危机。由此可见，工业生产者购销价格持续下降通常是经济低迷的直接后果，而价格下降又会加剧经济下滑。这种恶性循环一旦形成，单纯依靠市场本身的力量很难打破，最终还有可能演变为经济危机。因此，政府的及时介入至关重要。虽然工业生产者购销价格不是判定通货紧缩的主要依据，但在制订价格调控政策时应予以足够的重视，而不能只考虑消费价格一个因素。

（3）内需走势偏弱。

消费需求增长速度回落。2013 年 9 月，实现社会消费品零售总额 20653 亿元，同比名义增长 13.3%。其中，限额以上企业消费零售额 10526 亿元，增长 12.4%。1~9 月，社会消费品零售总额 168817 亿元，同比增长 12.9%，增速比上半年回落 0.2 个百分点，比 2012 年回落了 2.4 个百分点。

政府需求有所减弱。2013 年前三季度，受经济增速较低等因素的影响，全国公共财政收入的增速较低，同比增长 8.6%，比 1～8 月累计增幅提高 0.5 个百分点，但比上年同期回落 2.3 个百分点，与前几年 20% 左右的快速增长态势形成强烈反差。财政支出的增长速度同步回落，同比增长 8.8%，比上半年回落了 2.0 个百分点。财政支出增速高于财政收入增速的幅度由 2012 年同期的 5.7 个百分点回落至 0.2 个百分点。综合来看，政府需求有所减弱。

投资增速处于相对低位。2013 年前三季度，不含农户的固定资产投资同比增长 20.2%，增速位于近些年的最低水平，比 1～8 月回落 0.1 个百分点。从静态看，20% 的固定资产投资增速不算低，但从动态看则是较低的。自 2003 年以来，增速不足 20% 的情况仅在 2006 年第四季度出现过。从投资主体看，国有及国有控股投资增速保持上升走势，前三季度增长 17.6%，比上半年增加了 0.1 个百分点，表明政府对投资的推动作用增强；民间投资同比增长 23.3%，比上半年下降了 0.1 个百分点，比第一季度低 0.8 个百分点。从投资方向看，第一、第三产业投资增速有所下降，同比分别增长 31.1% 和 22.3%，分别比上半年下降了 2.4 个和 0.8 个百分点；第二产业投资增速有所增加，同比增长 17.1%，比上半年增长了 1.5 个百分点。

房地产投资增长动力减缓。2013 年前三季度，实现全国房地产开发投资 61120 亿元，同比名义增长 19.7%，增速比 1～8 月提高 0.4 个百分点，比 2012 年同期增长 4.3 个百分点。房地产投资持续增加主要是受房地产市场回暖的带动。房地产市场回暖始于 2012 年第三季度，商品房销售量由之前的下降转为增长 5.9%，第四季度上升至 12.7%，2013 年前 4 个月同比增长 38%。然而，房地产市场缺乏持续回暖的基础，得不到货币政策的支撑，与政府的调控方向不一致。5 月商品销售量增速出现回落，同比增长 28.5%，比前 4 个月低 9.5 个百分点，6 月同比增速降至 10.8%，7 月同比增速再次上扬至 12.4%，8 月降至 10.1%，9 月销量大幅攀升，同比增长 22.8%，销量面积达到 1.35 亿平方米，为 2013 年以来单月最大，超过前五年除 12 月以外任何一个月的成交量。9 月市场成交虽火热，原因也是多方面的：显性的因素在土地价格不断被"炒高"的情况下，土地周边项目价格被动抬高，对未来价格的预期也在不断走高；一、二线城市依然是人口流入的集中区域，在刚性需求推动下，一、二线城市的销量不断攀升；在看涨预期提升和其他投资渠道不足的情况下，改善型需求上升，高端商品房销售量扩大。

（4）外需状况不乐观。

2013 年前三季度，我国出口状况可分为两个完全不同的阶段。前 4 个月增长较快，同比增长 17.4%，后 2 个月，套利贸易得到遏制，出口增长迅速回落，6 月转为同比下降 3.3%，9 月出口更是出现负增长，但如果按照季调的出口数据计算，第三季度的出口整体上已经走出了 5 月、6 月时的极度低迷。由于出口数据包含了前后不可测因素，上半年虚假出口较多，因此要对出口的真实状况作判断相当困难，但仍可以作一些推测。一是真实出口状况较差，2013 年前三季度，不包括对中国港台地区和东盟国家的出口，我国的出口仅增长 2%，前 4 个月也仅增长 5.1%，扣除海关特殊监管区域前三季度的出口仅增长 5.2%，前 4 个月也仅增长 9.6%，9 月出口仅增长了 8%。二是真实出口增速也在回落，分国别（地区）看，不包括对中国港台地区和东盟国家的出口增速走低，5 月、6 月同比分别下降 2.4% 和 4.3%，第二季度对美国和欧盟的出口同比下降 2.4% 和 8.2%；9 月，中国对南非、印度、巴西的出口从前 8 个月的增长转为分别下降 12.6%、9.8% 和 4.8%。分贸易方式看，一般贸易出口和加工贸易出口增速均呈回落走势，第二季度分别增长 4.8% 和下降 5.2%，增速均不及 2012 年第四季度。

2013 年前三季度，我国进口的走势与出口相似，前 4 个月增长 10.6%，后 2 个月下降，降幅分别为 0.1% 和 0.9%，9 月当月进口增长同比增长 7.4%，较 8 月略有回升。第三季度的进口数据表明进口已经走出了 5 月、6 月的极度低迷状态。分国别（地区）看，中国香港进口由前 4 个月增长 11.2% 转为 6 月下降 26.1%，中国台湾进口由增长 51.7% 回落至增长 6.7%，东盟国家进口由增长 6.5% 转为下降 10.6%。分贸易方式看，一般贸易比重逐步上升，前三季度增长 6.8%，比上半年提升了 1.3 个百分点；加工贸易比重日益萎缩。进口由前 4 个月增长 10% 转为 6 月末增长 6.9%，9 月末进一步降至 3.6%。

从目前走势看，造成 2013 年前三季度经济增长速度较低的上述因素均未出现改善迹象，因此将会对第四季度经济走势形成制约。同时，十八届三中全会强调了"市场在资源配置中的决定性作用"，因而，未来中国改革是向市场化方向走，会逐步弱化政府对经济、社会的管控。此前，李克强总理也已明确表示对现阶段中国经济的困难不会采取刺激措施，但仍设定了稳经济增长、保就业的"下限"；预防通货膨胀的"上限"。因此，如果中国第四季度经济增长率进一步下滑或是就业状况加速恶化，政府仍会推出温和经济刺激政策，所以第四季度整体经济出现"硬着陆"的可能性很小。在考量现阶段面临的经济困境后，国际分析机构普遍已下修对中国 2013 年经济增长的预期，更悲观者，甚至调降 2014 年经济增长率预测。多数金融机构预测中国 2013 年 GDP 增长率应维持在 7.5% 左右。2014 年经济增长则在受到结构调整持续进行以及美国 QE 逐步退场的影响下，亦可能维持在 7.5% 的水准上。

（二）2014 年吉林省主要经济指标预测

当前，吉林省经济正面临着极其复杂的形势，增速放缓与通货膨胀并行，宏观经济政策调控的难度空前增加。综合考虑当前经济发展趋势及面临的国内外环境，利用吉林省宏观经济数量预测模型并结合各类影响变量的定性评估，预计 2014 年全省生产总值增长 8.0%。其中第一、第二、第三产业分别增长 3.1%、9.4%、8.1%；全社会固定资产投资增长 20.5%；社会消费品零售总额增长 13.3%；居民消费价格指数为 103.1；城镇居民人均可支配收入增长 10.5%；农村居民人均纯收入增长 12.0%；出口预计增长 22.8%，进出口预计增长 3.1%。

表 1　吉林省主要经济指标增长速度预测

单位：%

指　　标	2013 年	2014 年
国内生产总值	8.3	8.0
其中:第一产业增加值	3.0	3.1
第二产业增加值	9.8	9.4
第三产业增加值	8.0	8.1
全社会固定资产投资总额	21.5	20.5
社会消费品零售总额	13.1	13.3
居民消费价格指数	3.0	3.1
城镇居民人均可支配收入	10.2	10.5
农村居民人均纯收入	11.8	12.0
外贸进出口	2.7	3.1
其中:出口	22.5	22.8

三 对策建议

（一）推进产业发展，壮大经济实力

1. 全力推进农业现代化

一是推进农业科技创新。加快发展现代种业，扶持长白山野猪、松原黑猪、延边飞鸭开展提纯选育工作，加大地方特色畜禽品种的开发利用，加大推介力度，促进产业做强做大。强化农业科技技术。鼓励并加强科研机构介入农业创业园和示范基地，加大农业技术推广力度，发展反季节生产，提高农产品质量和效益。二是培育新型经营主体。全面把握新型农业经营主体的主要形式，创新农业经营主体。努力通过培育、扶持、发展专业大户，积极引导过渡到家庭农场的经营模式上来。并将合作组织发展作为创新农业经营主体的重点，既要发展农民合作社，又要发展混合合作社，尝试发展股份合作、上市发展的路子。三是完善农产品市场体系。对于大宗特色农产品主产区、重要农产品的集散地和交通便利地区市场要实施重点建设工程。支持现代物流配送方式，扩大农超对接范围，健全重要农产品市场监管预警机制，推广应用信息技术，加快农业物联网平台建设。

2. 推进工业经济发展力度

一要重点支持支柱产业发展，构筑新的产业竞争优势，加快建设石化、装备制造、电子信息等工业基地。积极发展优势产业，培育新的经济增长点。要采用先进适用技术和高新技术，提高机械、石化等行业的装备和工艺水平，增加产品科技含量和自主知识产权，提高产品核心竞争力。要突出重点，加快发展电子信息、新材料、生物医药等高新技术产业，建成全国重要的电子信息和新材料产业基地。要加快发展配套产业，构建配套体系，形成产业集群效应，做大做强产业规模，加快提升产业的规模竞争力。二要依托吉林省的资源优势，稳步推进工业产业科学发展。要根据吉林省的资源禀赋，进一步壮大支柱产业、加快发展优势特色产业、积极发展高新技术产业，带动产业结构优化，推进产业科学发展。加快发展优势特色产业，首先要依托长白山药用资源，发挥吉林省现代中药和生物药技术、人才和产业的比较优势，积极发展医药产业；其次要依托光电子、软件、汽车电子等领域产业基础，发挥吉林省科研和人才优势，促进光电子信息产业的集聚，建立全国著名的光电子信息产业基地。三要加快推进工业结构优化升级，不断提升工业增长质量。在保持工业适度增长的条件下，要加快装备工业的发展，推进技术进步，带动工业结构升级；推进国有经济的产业布局调整，加强市场机制对工业结构优化升级的调节作用；促进工业提高规模经济水平，加快技术进步和结构升级；推动企业组织结构调整，提高产业集中度；要以科技发展带动产业竞争力的提高，在电子信息、设备制造、生物技术、新能源、新医药等领域，要尽快形成一批具有知识产权、技术起点高、产品竞争力强的高新技术企业集团和企业集群；要充分发挥高新技术产业在工业经济发展中的先导作用，以信息化带动工业化，加强产业技术开发和科研成果应用，不断提升高新技术产业产值占全省工业总产值的比重，不断增强吉林省工业的市场竞争力。

3. 促进服务业发展

一是加快信息服务业发展，建立专业化信息服务平台。鼓励和引导中小企业加大信息化投入，广泛应用计算机技术、网络技术和自动控制技术，积极推进企业信息化改造，实现从决策、管理、控制、工艺设计到加工、生产、装备水平的全面升级。鼓励和支持中小企业开发应用工业生产控制嵌入式软件、生产执行控制系统（MES）、ERP 系统及供应链系统，推进信息技术与传统机械装备制造的嫁接和融合。大力扶持自主知识产权软件应用和品牌扩张，重点发展工业软件、嵌入式软件、应用软件、物联网、网络动漫、广告创意、电子商务等。加快发展信息技术和业务流程外包企业，形成一批软件企业集团和信息技术服务平台。二是开发应用先进物流技术，形成一批现代物流企业集团。鼓励物流企业开发应用信息化业务支撑系统、基于 SAAS 模式的现代物流软件等先进适用物流技术，构建高效现代物流信息服务网络，积极支持区域物流公共信息平台建设。鼓励物流企业开展服务外包，积极发展第三方、第四方物流，提高物流效率，降低物流成本，不断提高物流业的社会化、专业化、信息化服务水平。鼓励物流企业利用资本、技术、场地、人才等优势兼并重组，形成一批大型的现代物流企业和企业集团。三是积极发展技术咨询业。鼓励技术咨询机构联合，通过强强联合、优势互补的方式，整合市场资源，围绕结构调整、企业可持续发展等方面开展技术预测、可行性分析和决策论证，为企业长期发展提供战略方案，为经济和社会发展提供优质服务。

（二）有效引导投资，保持合理投资增长

1. 调整产业投资结构

一是调整三次产业投资结构。吉林省第三产业投资的边际产出高于第一产业，远高于第二产业，但第三产业投资小于第一产业，远小于第二产业，因而，应进一步加强第三产业投资，巩固农业投资水平，改善第二产业投资结构。二是调整第一产业投资结构。农业领域的投资方向与机会选择，应着眼于城乡统筹、工业反哺农业、新农村建设等政策措施的不断推进，结合本地方特点，着重关注都市型农业、外向型农业、休闲观光农业、种子种苗业、农产品深加工业、农产品现代物流业和当地优势农产品开发等领域，寻找投资机会。三是调整第二产业投资结构。注重以高新技术对传统产业进行提升改造，使产品中的知识含量、信息含量和技术含量大大增加。加快从加工装配为主向自主研发制造延伸，大力发展电子信息、现代生物、新材料等优势产业，重点培育新能源、高技术服务业等新兴产业，不断提高高技术产业比重。四是调整第三产业投资结构。加大信息行业及居民服务业的投资力度。一方面加快能够推动产业升级、产业整合和技术创新的新兴行业投资力度；另一方面加大文化、体育和娱乐业、卫生、社会保障和社会福利业等改善居民生活水平的服务行业投资水平。

2. 加强民间投资引导力度

拓宽民间投资的领域和范围。通过健全收费补偿机制、实行政府补贴等方式，鼓励和引导民间资本进入基础设施建设和市政公用事业，以及参与发展文化、教育、体育、医疗、社会福利事业。通过给予信贷支持和用地保障等多种方式，鼓励民营企业兴办金融机构，参与国防科技工业。通过对民营企业实施技术支援等方式，提高民营企业技术水准和研发能力，鼓励民营企业加大新产品开发力度，开发国际市场，参与国际竞争。通过制定有利于民间投资发展的法规政策，支援符合条件的民营企业产品和服务进入政府采购目录；加强市场

监管。在放开市场准入的同时，也要切实加强政府监管，保证产品安全，保障民众切实利益。

（三）培育消费新热点，推动居民消费升级

1. 培育消费新热点

一是加强信息基础设施建设。全面推进"三网"整合，增加信息产品供给能力，培育信息消费需求，推进电子商务发展。同时实施信息惠民工程，通过建立公共信息服务平台，推进教育、医疗优质资源共享，普及应用居民健康卡，加快就业信息省内联网、推进金融 IC 卡在公共服务领域的应用等方式，提升公共服务信息化水平。二是细化信息服务，促进信息消费。如利用蜂窝数据网络定位功能，通过手机用户统计路段流量，进而对交通等作出规划和调整。三是推动信息服务改造升级。大力推动"宽带中国"战略，加快网络、通信基础设施建设和升级，提高宽带数据容量和传输速率。

2. 扩大居民消费需求

加快消费结构升级。一方面将农民传统上自给自足的生活消费转变为市场交换，另一方面通过示范效应等加快消费结构升级，增加不同类型的消费方式和消费商品。医疗保健、智能家电、婴儿产品和娱乐体验等或将引领新一轮消费周期的兴起；创新消费政策，改善消费环境。通过创新消费政策，改善消费环境，来培育消费热点、挖掘消费拉动经济增长的潜力。另外，应当看到，固定资产投资具有乘数效应明显、对经济增长拉动作用较大的特点，发挥政府投资带动社会投资、民间投资的作用，同时采取积极稳定的措施稳定外资，以利于加快形成内需和外需共同拉动经济增长的格局。

（四）加快推进城镇化进程

一是推动户籍制度改革，实现平等就业。户籍制度改革是推动城镇化，把农民工逐步转为城市市民的基础。可以以农民工在城镇工作的年限、职业技能、受教育水平等社会贡献度作为落户城镇的条件，并根据城镇基本公共服务承载能力，让农民工先后分期分批落户城镇，赋予农民工真正的公民待遇，实现没有农民工只有公民的和谐社会。在此条件下，还要完善就业机制，消除对

农民工的就业歧视，实现就业均等。二是改善经济增长方式，推进经济结构调整。充分认识持续健康发展和生产总值增长的关系，按照"科技含量高、信息化涵盖广、经济效益好、资源消耗低、环境污染少、人力资源优势得到充分发挥"的标准，调整产业结构，保障安全生产，减少地方债务，努力实现经济发展质量和效益得到提高又不会带来后遗症。三是强化劳动力培训，提高从业人员素质。要把实施劳动预备制度同加强新生劳动力资源管理、调节就业需求和推动职业培训结合起来，加大对新生劳动力就业前的培训力度和就业准入制的标准，以此推动劳动预备制度的全面落实，促进职业教育培训工作的开展和劳动者素质的提高。一方面要提高应用新技术、新材料、新工艺的能力；另一方面要指导企业完善职工培训制度，建立健全培训、考核、使用相结合并与待遇相联系的激励机制，实行竞争上岗、以岗定薪、推动职工队伍整体素质的提高。

（五）大力促进对外开放

一是要完善开放软环境。首先要进一步优化政策环境，建立完善有利于吸引外地投资、激活本地资本、扶持企业发展、促进产业升级的优惠政策，坚定投资者落户吉林、做大做强的信心和决心。其次要进一步优化法制环境，加快构筑执法公正、违法必究、用权规范、侵权问责、服务全面的法律保障体系，塑造公正廉明的政府形象。最后要进一步优化市场环境，加大综合整治力度，加快推进中介机构、行业协会和物流网络建设，努力打造"健康有序、规范公平、充满活力"的一流市场。二是要全方位、高层次扩大对外开放。加快长吉图开发开放先导区建设，打通中朝、中俄、中蒙对外大通道，初步建成对外开放先行区。推进建设珲春国际合作示范区。强化长春兴隆综合保税区，以及中新吉林食品区等特色开发区、特色园区的辐射功能。另外，有效利用中国－东北亚博览会的重要平台，积极推动吉林省同东北亚各国的合作交流，引进更多战略投资者，以此提升吉林省在全国对外开放格局中的战略地位。

（六）切实加强社会建设

认真贯彻落实十八届三中全会精神，切实做好民生工作，维护社会和谐稳定。一是要坚持不懈改善民生。保障居民基本生活。推进保障性安居工程建设，保障居民基本住房需求。提升基本保险制度全覆盖水平，健全城乡低保动态调整机制。大力发展教育。坚持教育优先发展，合理配置教育资源，优化教师队伍结构，提高教育质量。提高民众健康水平。提高社区体育设施配置水平，广泛开展全民健身运动。提升居民养老服务水平。建立以家庭为基础、社区为依托、机构为支撑的养老服务体系。二是要努力维护社会稳定。加强监管督查力度，提高安全生产水平，增强公共安全和社会治安保障能力，保障民众食品药品安全。实施人民调解、行政调解、司法调解"三位一体"的调解工作体系，构建社会矛盾多元解决机制。完善社会治安防范体系，推进安全吉林建设。完善应急管理体系，有效预防和处理突发事件。

民营经济发展

The Development of Private Economy

B.2

我国民营经济发展模式的比较研究

赵 亮*

摘 要：

改革开放30多年来，民营经济逐渐成为国民经济不可缺少的重要组成部分之一。民营经济发展过程中，形成了具有代表性的五种模式：苏南模式、温州模式、珠江模式、中关村模式和三城模式。五种模式各具特点，也不断地自我改革创新，本文对五种民营经济发展模式进行分析，并提出了强化民营经济发展的保障性措施。

关键词：

民营经济　发展模式　保障措施

改革开放30多年来，我国经济格局发生了重大的变化，民营经济逐渐成

* 赵亮，吉林省社会科学院经济研究所助理研究员、博士，研究方向为数量经济、劳动经济。

为国民经济不可缺少的重要组成部分之一。对于某个地区来说，如果没有民营经济的健康发展，就无法建立起完善的市场经济体制，在很大程度上制约着地区经济的发展。伴随着民营经济的发展，各地出现了激烈的优劣之争，如果要取得成功，必须不断创新民营经济的发展模式，正确引导民营经济的健康发展。我国民营经济的发展比较晚，所以民营经济的概念划分也比较模糊，从国家和政府的角度来看，民营经济就是非国家经营，主要包括个体经济、社会集体经济、联营经济、私营经济和外资经济。

民营经济是我国经济发展的主要增长力量。民营经济的快速发展，逐步成为国民经济发展的源泉和动力。民营经济在很大程度上决定了地区的经济发展实力。民营经济的发展能够加快国有企业改革的整体进程。国有企业作为一种特殊的企业，它要承担一定的社会责任，因此，它不应该只是按照追求最大化利润而参与市场竞争，它不能和其他非国有企业在一条起跑线上竞争。根据社会的发展需要，在财力可以支撑的范围内加大对国有资本的投入，克服市场失灵；对于其他竞争性的行业，国有经济要退出，民营经济要进入，通过民营经济的发展，能够更好地推动所有制结构的调整。

一　民营经济发展模式及特点

1. 苏南模式

苏南模式最早是由费孝通先生提出的，所谓苏南模式，主要就是新闻媒体和经济学界对江苏省南部地区社会发展和农村经济发展道路的一种概括。苏南地区主要包括江苏南部的常州、无锡和苏州三个市级单位所下属的 12 个县市，同时还包括浙江北部的一些地区。

苏南模式的主要特点有三个方面：第一，苏南地区的经济发展主要以公有制和集体经济为主。从产业结构方面来看，苏南地区的经济发展主要以乡镇企业为主；在经济发展的运行机制上，苏南模式坚持以市场调节为主。第二，苏南地区经济在发展的过程中，从地区和社会两者的角度出发，形成了社会和地区协调发展的合理态势。第三，苏南模式的最终发展目标就是实现农民的共同富裕。

2. 温州模式

1985 年，温州模式概念首次被提出，在全国引起了强烈的反响。温州模式指的是在浙江省温州地区的个体私营企业经济发展模式。改革开放之后，温州地区顺应时代发展潮流，逐步形成了"小商品、大市场"的发展格局，为浙江地区的经济发展提供了重要的前提。

温州模式的特点也体现在三个方面：首先，创业自主性。在温州模式当中，农民自己进行创业和投资，以家庭作坊为基本单位，实行自负盈亏、自主经营。其次，劳动密集型。温州模式中的企业主大都是分工合作，侧重于劳动密集型产品的生产。最后，充分利用经济大市场。在温州模式中，企业通过驻外供销员推销产品，形成一个严密的市场网络，建立起密切的市场联系。

3. 珠江模式

珠江模式就是我们所说的珠江三角洲模式。20 世纪 80 年代，国家为了进一步深化改革开放，国务院批准成立"珠江三角洲经济开发区"，逐步形成了我国乡镇企业发展的重要形式。从地区来看，珠江模式主要包括宝安、东莞等地为代表的珠江三角洲东部地区。

珠江模式的特点可以分为四个方面：第一，政府主导型。顾名思义，政府主导就是地方政府通过行政力量，集合地区内的人财物，发展经济。第二，外向型。珠江模式的一个重要特点就是外向经济的发展，得益于珠三角优越的地理位置，开放之后，港澳资本大规模地向珠三角地区进入，随之，外国资本也不断涌入，和当地外来务工劳动力相结合，成为了三资企业的重要载体。第三，创新性。在珠江模式中实现了经济组织的创新，形成了完善的乡镇企业和三资企业，实现了经济组织的转型。第四，内外市场的联动性。珠江模式的一个重要特征就是内外市场的联动性。在发展过程中，实现了多层结合、内外联动、以外为主、双向发展的运行模式，促进了珠三角地区经济的发展。

4. 中关村模式

20 世纪 80 年代，伴随信息技术的迅猛发展，出现了以电子一条街为特征的中关村模式。伴随着联想、四通等公司的成立，中关村逐渐形成了民营高科技企业群体，开始实现跨越式发展。

中关村模式的特点主要有三个：第一，商品化。商品化主要是指通过中关村模式的发展，形成了许多有价值的科技成果，进而实现了其经济效益。第二，民营化。随着联想、四通等公司的成立，中关村逐渐形成了民营高科技企业群体，国家高度重视以中关村模式为代表的民营高科技企业。第三，市场化。中关村模式通过市场、管理和技术的有机结合，把科技成果转化为生产力，实现了其巨大的市场化效应。

5. "三城模式"

要想理解"三城模式"，首先得了解"三城"，"三城"指的是辽宁的海城模式、兴城模式和山东的诸城模式，这三种模式主要体现了国有集体中小企业改革改制的典型特征。其中，诸城模式主要以股份合作制改制为特征，海城模式主要以私营独资企业改革为方向，兴城模式主要以私营合伙企业改革为方向。"三城模式"改制下的企业获得了强大的发展态势，取得了良好的经济效果。我们可以把"三城模式"的特点归结为一点：国有集体中小企业改制。

以上五种模式各具特色，主要在四个方面有所不同。首先，形成时间不同。苏南模式形成的时间最早，20世纪50年代就具有了一定基础，到了80年代中期形成了以乡镇企业为主的民营发展模式。改革开放之后，温州地区逐渐形成了以个体私营企业经济为主的发展模式。20世纪80年代，成立了珠江三角洲经济开发区，形成了以外向型经济为主的乡镇企业发展模式。20世纪80年代，出现了以电子一条街为特征的中关村模式。伴随着联想、四通等公司的成立，中关村逐渐形成了民营高科技企业群体。20世纪90年代，形成了以国有集体经济改制为主要特征的"三城模式"。其次，形成基础不同。苏南地区民营经济发展主要以乡镇企业为主。温州地区秉承从事家庭手工业的优良传统，形成了"小商品、大市场"的发展格局。珠江三角洲利用有利的地理优势，优先发展"三来一补"外向型乡镇企业。中关村模式主要依靠一批有雄厚研究实力的科技人员"下海"创办科技企业发展而来。"三城模式"是20世纪90年代通过股份合作制、租赁、承包等方式对国有中小企业进行改制的典型。再次，企业制度不同。苏南模式是典型的乡镇集体经济发展模式，乡镇企业的创业资本来自农村集体投入。温州模式主要是从个体私营经济发展而来，主要以独资或者股份合作制企业为主。珠江模式主要从对外开放的乡镇企业发展起来，从"三来一补"企业到"三资"企业。中关村模式以高科技民营企业发展为主。企业发展初期往往挂靠在政府机构名下，产权不明晰的问题阻碍了企业的发展壮大。"三城模式"是国有集体中小企业改革改制的典型，虽然产权明晰，但是企业制度有待进一步完善。最后，政府作用不同。苏南模式最初大部分乡镇企业由乡镇政府兴办，主要由政府推动，政府起到了重要的推动作用，但是其产权不明晰的问题逐步凸显，阻碍了自身进一步发展。温州模式主要是个体私营企业自下而上发展起来的，政府的干预作用最弱。珠江三角洲的乡镇企业由乡镇政府参与创办，推行现代企业经营模式，弱化了政府的直接干预。中关村民营高科技企业创立是自发的，政府没有过多的干预。"三城模式"是对国有集体中小企业进行政府强制性的自上而下改制的典型，政府的干预最强。

二　民营经济发展模式演变趋势

1. 苏南模式改革

随着社会外部环境的变化，区域外的竞争者数量日益增多，竞争者自身实力逐步加强以及苏南地区经济自身实力逐渐变化，首先进行市场化改革的乡镇企业，集体经济内在的企业产权不明晰、政企不分开和收入分配不合理等自身的制度缺陷潜在的内部矛盾日益凸显出来。实践证明以乡镇企业为主的传统苏南模式受到了新的环境的冲击，产权模糊的集体经济成为苏南模式进一步发展的阻碍，苏南区域经济发展进入了新一轮的变迁发展阶段。20 世纪 90 年代中后期，苏南模式开始进行经济改革。苏南地区进行了乡镇企业第一轮产权制度改革，使农村集体资产所有权明确了资产归属权，实现集体控股的股份制或者股份合作制，达到了企业产权多元化的目的，但是这次改革还是没有彻底解决乡镇企业产权模糊的问题，地方政府通过制度化、合法化的形式继续实现对企业的实际控制。二次改革的最终目的是通过彻底打破乡镇政府对企业的产权制度，实现政企分开化，建立符合市场经济规律的，私人有独立的产权主体地位，建立现代企业制度。二次改革具有复杂性、艰巨性和长期性等特点，苏南模式产权制度改革还不是很彻底，仍然需要进行深入改革。苏南地区乡镇企业自身也进行了新一轮改革。通过产业结构、产品结构、组织结构、技术结构和区域结构调整，构建地区新的支柱产业。通过发展产业集聚，促进大企业、大集团式的规模化经济发展。进一步对外开放，发展外向型经济，形成"内源拉动"和"外源拉动"相结合的发展机制。

2. 温州模式改革

随着我国对外经济开放的进一步深入，加入世贸组织以及市场经济改革不断地深入发展，温州模式也不断受到冲击，面临着巨大的机遇与挑战。在产品结构方面，产品技术含量相对较低，主要以模仿低端的劳动密集型产品为主，缺乏自主研发能力，产业准入门槛较低，以技术含量普遍不高的小商品生产为主，形成了以低成本、低技术为特征的传统劳动密集型产业结构，总体产业结构水平低下的局面，难以形成市场竞争力，难以适应日益发展的经济局势。分散经营的民营企业，以血缘和亲缘为连接纽带的家庭管理模式，不利于兼并、重组和股份制改革，也难以适应全球化市场化经济发展的要求。国际上针对温州产品各种形式的贸易抵制事件的增加，使得温州最具竞争力的产业也陷入发展困境。温州地区部分民营企业生产假冒伪劣商品，给温州地区冠以了"制假贩"的标签，给温州区域经济发展造成了十分严重的信用危机，为温州模式未来发展造成了极大的障碍。严峻的经济形势迫使温州模式自身不断地改革，寻求新的发展模式。首先从思想观念上不断地创新与超越。逐渐突破以血缘、亲缘为联系基础的狭隘的思想局限性，打破狭隘的小农意识，树立现代企业观念和现代市场观念。在产权制度方面，从单一的资本结构向多元化方向发展。在企业组织形式方面，由封闭的合伙制或者股份合作制向股份制现代公司制度发展，形成了一批企业集团。在企业的经营模式方面，由传统的小商品生产模式，向品牌化经营和资本经营综合发展模式转变。在产业结构方面，由劳动密集型、低加工度和低附加值的产业结构向资本技术密集型、高加工度和高附加值的产业结构逐步升级。在金融体制改革方面，适当放开准入门槛，发展民间投资，改善中小民营企业投资环境。在企业生存环境方面，突破农村发展界限，实现农村城市化。突破国界的发展界限，不断扩展国际海外市场，为企业发展提供更加广阔的市场。在人才培养方面，重视基础教育、职业教育和高等教育，培养具有国际视角、高素质和开拓精神的新一代企业家，为温州民营经济的进一步发展提供人才支持。

3. 珠江模式改革

珠江模式主要是利用沿海地区的优势，以及与港澳和海外的紧密联系，首先发展起来外向型经济，形成了以"外源拉动"为主的发展模式。珠江地区借助地理优势，大量吸引外来资本、技术、设备与信息，首先开始发展"三来一补"企业。随着长江三角洲地区经济的崛起，珠江模式开始面临巨大的挑战。随着经济体制改革的逐步深化，"三来一补"企业逐渐向中外合资或者外商独资企业转变。在产业结构调整方面，逐步实现工业化进程中，都面临着由劳动密集型产业向资本技术密集型产业结构调整的内在要求，珠江模式也面临着这样的产业结构调整的要求。珠三角地区劳动力的成本普遍上涨，而自身的产品研发能力不足，造成产业结构调整陷入困境。珠江经济中外资比重较高，主要依赖外向型经济。一般贸易出口额比加工贸易出口额所占的比重低，民营企业只能赚取较低的加工费。珠江三角洲地区外向型经济很强地依赖国际经济环境，受国际经济波动影响很大，尤其是受国际金融危机影响较大。珠江三角洲地区的民营企业产业链大多数处于产业链的后端即最后端的加工环节，缺乏高产品附加值，需要向产业链的上下游扩展，从材料、零部件研发到销售、品牌营销，从而增加产品的附加值，占据产业链的中高端，提高产业竞争力。在企业经营方式方面，由贴牌加工向自主品牌经营转化，增加产品的技术含量，研发新产品，拥有知识产权，创立自有品牌，打造国际竞争力。

4. 中关村模式

作为以高新科技产业为主的中关村科技园区，经过三十余年的发展取得了瞩目的成就。随着中关村模式的不断发展，其自身的一些弊端也逐步显现出来，制约了其进一步发展。首先产权制度就是其中一个弊端。中关村科技园区以中小型企业为主体，但是相对于国际其他国家和地区的高新技术企业来说，其存活率相对较高，以至于出现了企业既难以发展壮大，又难以淘汰退出市场的局面，所以中关村科技园区企业亟待进行产权制度改革。中关村科技园区受多层政府职能部门的管理，导致管理干预过多过细，阻碍了中关村企业的进一步发展，急需逐步推进由政府型管理向公司化管理过渡。产学研之间缺乏良好的互动，科技成果的研究脱离生产实践的需要，导致资源的浪费，造成技术成果向现实生产力转化难的局面。不断加强企业与高校的紧密联系，进行优势互补，建立互相转化机制，使产学研之间形成良好的互动关系。缺乏充分的资金保障是造成科技园区进一步发展的障碍之一。中关村科技园区通过借鉴国外先进的成功经验，建立完善的风险投资体系，为中小企业创造良好的创业环境，促进了高科技企业发展壮大。

5. "三城模式"

诸城模式即将企业的资产以基本均等方式卖给企业的所有职工；海城模式即将企业的资产全部卖给个别经营者；兴城模式即将企业的资产卖给少数几个经营者进行合伙经营。"三城模式"为了达到效率与公平的平衡，最终都向其他模式进行了转化。诸城模式向海城模式转化，海城模式向兴城模式转化，兴城模式向诸城模式转化，形成了所谓的"三城模式"转磨的局面，至于能否仅仅通过模式转变就可以达到效率与公平的平衡点却很难说。

三 构建民营经济发展模式及措施

1. 民营经济发展的目标模式

经济发展模式不是单一的，同时也不是一成不变的。为了更好地促进民营经济的快速健康发展，需要不断地创新民营经济发展的模式，带动地区民营经济的发展。首先，改善当前民营经济发展的环境。在发展的过程中，一定要从我国地区经济发展的实际出发，优化民营经济发展的融资环境、政务环境、舆论环境以及政策环境，强化民营经济发展的产业空间，提升民营企业发展的整体质量。其次，提高民营经济的技术含量。随着信息技术的快速发展，我国民营经济的发展模式应该向高技术含量靠拢。在发展过程中，可以依托众多的科研院所和高等院校，集合各种技术、信息和智力资源，实现民营经济的高科技含量，进而转换为强大的经济效益。最后，优化政府治理模式。从民营经济的结构层面来看，过去民营经济的发展主要存在于一个二层结构中，政府在经济运行中包办了过多的事情，中间组织很难发挥其主要作用。所以，应当优化民营经济中政府的管理模式，加强市场经济中间服务体系的相关职能，完善企业、政府和中间组织相互之间的关系，寻求利益平衡的通道。

2. 强化民营经济发展的保障性措施

（1）环境建设。

民营经济的发展必须在一定环境下发展，环境的好坏在很大程度上决定了民营经济的发展。因此，要想更好地实现民营经济的发展，必须加强环境建设。一般来说，环境建设包括硬环境和软环境两个方面。

首先，硬环境建设是环境建设的前提和基础，是民营经济发展的保障。其一，完善交通网络。对于一个地区而言，要想发展必须有着完善的交通网络。因此，要对现有的交通设施不断地进行改善，促进各交通设施间的协作与配套，加快建设各级别的公路网络。其二，加快城乡基础设施建设。根据不同地区经济发展的实际情况，依据相应的产业规划，优化垃圾、污水处理设施，加强城市绿化，建立完善的创业基地和特色产业园区，进一步健全和完善基础设施建设和配套服务工作。

其次，加强软环境建设。对于民营经济发展而言，良好的软环境是其运行的关键所在。①建立公平公正的政策环境。一方面，根据各地区发展实际情况出发，拓宽民营经济的运作空间，进一步放宽民营经济市场准入；另一方面，以公共财政为准则，加大对民营经济的支持力度。②建立高效规范的管理环境。其一，转变政府职能。在市场经济的发展背景下，放开政府手中权力，给予企业更多的自主性，强化政府的服务职能，为民营经济的发展保驾护航。其二，积极优化行政服务环境。为确保民营经济健康快速发展，实行政务公开制度，为民营经济发展提供便捷的行政服务。其三，加强监督。健全监督机制，杜绝违法行为，保证行政工作的顺利开展。③加强社会环境建设。建立规范的各种行业协会或同业公会，充分发挥其积极的作用，加大政府对社会服务的支持，确保社会服务组织正常运转，创建优质社会服务环境。

（2）资金保障。

首先，加大招商引资。在招商引资的过程中，不同地区要结合本地区实际情况，来确定招商引资的目标和重点，制定民营经济发展过程中所需要的产业目录和产业政策，制定完善的招商方式，明确招商范围，逐步形成集聚效应，实现各个地区民营经济的发展。其次，积极完善中小企业的担保机制。在发展民营经济的过程中，不断发挥政府的良好作用，建立和完善中小企业担保机制，做到多元化投资、市场化运作、政府牵头启动和企业化经营，加强对民营企业的经营管理，制定企业发展战略，为企业融资提供重要的保障，进而为民营经济的快速发展奠定重要的基础。

（3）人才保障。

在所有的生产要素中，人才是一个重要的因素，能够为民营企业的发展注入活力，能够为企业提供良好的智力支持。因此，要想更好地实现民营经济的发展，必须强化人才保障。

首先，优化经济发展过程中的人才环境。在民营经济中，人才具有十分大的流动性，某些企业采取了强制性的、不光彩的措施来留住人才，这样的结果只能是限制了人才的自由发展。一个企业要想发展，必须尊重人才的自由，为人才的发展提供一个良好的环境，只有这样才能够发挥人才的积极性和主动性，才能够为民营企业的发展增光添彩。其次，完善民营企业的人才培养体系。一方面，政府要加强对人才培养的投入，不断提高人才的生产技能，为企业的长远发展奠定重要的基础；另一方面，民营企业应该加大与高等院校、科研院所的有机联系，在加大人才理论学习的同时，还要深入民营企业的生产过程中，加强理论与实践的结合。最后，鼓励部分有条件的政府官员向民营企业分流。由于政府官员自身素质比较好，而且具有一定的社会资源，所以往往比非政府官员创业更加容易成功，取得良好的成绩。因此，政府应该推出一定的鼓励政策，引导政府机关和事业单位中的高素质人才，融入民营企业的创业与经营管理中去。同时，政府还可以选派党政机关领导干部到民营企业中工作服务，从而提高民营企业经营管理的绩效。

（4）企业制度保障。

首先，选择适当的企业组织形式。在民营经济的发展中，一定要建立与市场经济相适应的组织形式。由于各个地区的实际不同，其组织形式也就有所差异。总而言之，在发展民营经济的过程中，不能够盲目地追求经济结构，一切要从本地区的实际出发。其次，健全企业管理制度。在民营经济发展的过程中，制度建设非常重要。完善的制度能够为企业发展奠定制度基础，也只有建立了完善的管理制度，才能够在经济运行过程中为企业提供保障，保护企业的合法权益。

五 结论

改革开放以来，我国民营经济从无到有，不断地发展壮大，显现出无限的活力和旺盛的生命力，已经成为我国国民经济中不可缺少的重要组成部分，为我国经济持续快速健康发展起到了巨大的积极作用。通过对我国民营经济发展五大发展模式的比较研究，从中学习借鉴成功经验，摒弃其不完善的地方，构建民营经济发展目标模式，积极采取各项保障措施，不断创新、完善我国民营经济发展模式，对促进我国国民经济健康快速发展具有十分重要的现实意义。

参考文献

黄孟复：《中国民营经济发展报告》，社会科学文献出版社，2004。

邓波：《民营经济前沿问题的研究》，中国时代经济出版社，2003。

魏宇辉等：《民营经济概论》，郑州大学出版社，2004。

王克忠：《非公有制经济论》，上海人民出版社，2006。

B.3

吉林省民营经济发展水平评价与分析

孙志明　肖国东*

摘　要：

采用4个方面、10项指标的评价体系，通过对全国各省民营工业发展水平的比较，可以观察到吉林省民营工业的发展水平近年来得到明显改善，在全国的排名大幅提升。针对吉林省民营工业中仍然存在的一些不足，提出了进一步改善发展水平的对策。

关键词：

民营工业　评价指标　吉林省

2012年初，吉林省委、省政府做出重大决策，要突出发展民营经济，并提出5年翻一番的宏伟目标。为促进全省民营经济更好地发展，顺利实现上述发展目标，有必要深入了解民营经济发展的实际状况，客观评估吉林省民营经济的发展水平。通过比较分析，可以总结经验发现差距，进而找到推动全省民营经济发展的着力点。

一　评价指标选择

1. 评价方法比较

对发展水平进行评价，一是必然要有一个高低优劣的判断，而这只能

---
* 孙志明，吉林省社会科学院经济研究所所长、研究员，研究方向为产业经济、区域经济。肖国东，吉林省社会科学院经济研究所助理研究员、吉林大学商学院博士生，研究方向为数量经济、产业经济。

通过比较才会得到结果；二是选择出比较对象，且比较对象之间要具有可比性；三是应该进行定量比较，以便进行清晰明确地判断；四是最终应决定于一个指标，才能因此而得出唯一的结论。以这些原则要求来衡量，要评价吉林省民营经济的发展水平，可以与国内其他省份进行比较，这是具有很强可比性的，而且最好是比较全部 31 个省份，这样比较出来的结果，才能全面评价吉林省的真实水平。要是选择部分省份进行比较，就很容易出现偏差，如果选择的比较对象水平都比较高，则会得出吉林省水平差的结论，反之亦然。另外，从现实情况看，也很难找到一个单项指标，仅用这个单项指标就能做出发展水平高低的判断，所以一般都用综合指数判断的方法。

发展水平是一个综合性的、整体性的概念，需要兼顾各方面的情况，应当用反映各方面情况的指标综合地进行评价。由于可得的、系统的数据资料比较缺乏，而规模工业中民营企业的统计指标相对较多，可以从更多的方面综合地评价其发展水平，对此进行省际比较还是可取的，虽然评价所涉及的范围小了一些，却也是现有情况下的最佳选择了。对此进行研究的文献并不多，具有参考价值的主要有两篇。一个是任勇、党亚峰对浙江省 11 个市进行的比较研究，选用了 10 项指标进行综合分析；另一个是阎虹对全国 31 个省份进行的比较研究，其设计的 5 大方面、14 项指标的综合评价体系，比较好地衡量了各省民营经济发展的水平。

2. 指标体系设计

根据规模以上工业民营企业的统计指标，参考上述两篇文献指标体系的设计思路，按照我们对民营经济发展水平含义的理解，从经济规模、社会贡献、经营效率、运行状况 4 个方面，选择了 10 项具体评价指标，组成了一个综合的评价指标体系，用以对吉林省民营经济的发展水平进行评价，并进行全国 31 个省份的比较。具体的指标体系如表 1 所示。

需要说明的是，其中人均主营业务收入、人均总资产、人均所有者权益 3 项指标，是用全省人口总数来计算的，这样更有利于进行省际比较，也更接近于全省民营经济发展水平的含义。另外，由于 2012 年没有公布规模以上工业的职工人数，所以就业比重是用民营制造业就业人数与全省总人口之比计算的,计算口径与其他指标有所不同。但考虑到民营制造业占民营工业的绝大部分,这一点差距也还是可以接受的,对整体评价结果影响不大。

表1 民营经济发展水平评价指标体系

一级指标	二级指标	单位
规模	人均主营业务收入	元/人
	人均总资产	元/人
贡献	就业比重	%
	税收比重	%
	人均所有者权益	元/人
效率	流动资金周转次数	次/年
	总资产贡献率	%
运行	产品销售率	%
	成本费用利润率	%
	资产负债率	%

二 发展水平比较

1. 2005 年全国发展水平比较

采用我们设计的评价指标体系,利用 2005 年各省规模以上民营企业的统计数据,运用因素分析方法,求解出 4 个一级指标、10 个二级指标各自的权数。再以全国的 10 个二级指标值为 100,计算各省每个指标的指数,采用加权平均的方法,依次计算各省 4 个一级指标的指数和各省发展水平的综合指数。30 个省综合指数排名结果如表 2 所示(因西藏个别指标偏离过大,故不参加排名)。

测算结果显示,吉林省综合指数排全国第 21 位。从 4 个分类指数看,规模指数排全国第 20 位,贡献指数排全国第 22 位,效率指数排全国第 16 位,运行指数排全国第 18 位。

表 2　2005 年全国规模以上民营工业发展水平排序

省　份	规模	贡献	效率	运行	综合指数	综合指数排名
浙　江	523.18	407.72	76.35	92.35	291.27	1
江　苏	283.70	239.34	91.97	81.08	180.29	2
上　海	250.67	223.30	73.38	106.00	172.52	3
山　东	165.09	164.04	172.85	130.01	154.98	4
天　津	190.30	133.76	97.84	103.20	132.83	5
河　北	101.47	115.83	142.70	133.16	121.52	6
河　南	59.52	77.50	184.46	149.92	110.61	7
辽　宁	124.66	125.06	80.38	91.27	108.23	8
广　东	125.57	108.12	94.39	85.04	103.23	9
福　建	102.84	100.26	97.98	93.78	98.55	10
北　京	85.64	102.55	52.11	90.61	87.73	11
湖　南	47.44	73.35	154.46	99.94	86.73	12
重　庆	69.11	68.78	91.77	103.16	82.74	13
江　西	46.79	80.96	116.30	93.91	81.72	14
山　西	84.44	83.47	77.60	74.44	80.08	15
内蒙古	55.21	55.98	99.61	106.73	77.64	16
宁　夏	101.30	83.08	55.84	56.25	75.32	17
四　川	49.75	58.75	98.02	83.68	69.82	18
云　南	34.84	44.06	78.20	114.71	68.53	19
湖　北	44.09	59.74	94.53	83.89	68.34	20
吉　林	36.84	49.13	85.81	88.23	63.44	21
安　徽	34.67	56.10	83.52	83.17	63.19	22
新　疆	27.06	39.38	52.94	105.78	58.91	23
黑龙江	30.55	43.02	72.41	90.09	58.73	24
青　海	29.94	55.96	49.70	77.06	55.38	25
陕　西	19.41	42.30	77.02	80.78	53.60	26
广　西	23.80	34.20	87.65	74.91	51.81	27
海　南	17.40	24.32	78.04	91.31	50.95	28
贵　州	17.73	30.97	88.78	64.83	46.38	29
甘　肃	15.94	25.32	60.12	71.47	42.25	30

2. 2012 年全国发展水平比较

采用相同的评价指标体系和权数，也以全国的 10 个二级指标值为 100，计算 2012 年全国 30 个省民营经济的发展水平，其综合指数排名结果如表 3 所示。

表3　2012年全国规模以上民营工业发展水平排序

省　份	规模	贡献	效率	运行	综合指数	综合指数排名
浙　江	279.79	283.22	50.45	80.36	186.92	1
江　苏	257.49	262.98	91.58	93.92	185.26	2
辽　宁	201.57	151.65	152.00	100.51	147.83	3
山　东	171.81	157.80	158.00	104.58	144.69	4
河　南	91.42	115.79	140.86	133.36	118.90	5
河　北	112.03	102.23	124.41	107.72	109.39	6
湖　南	77.55	97.04	194.90	100.68	107.19	7
天　津	123.28	83.00	93.94	123.64	106.80	8
福　建	113.54	112.66	93.08	96.01	104.97	9
江　西	70.70	91.00	180.87	110.29	104.69	10
吉　林	73.41	71.30	162.88	85.07	88.90	11
安　徽	76.58	78.18	102.17	99.86	87.88	12
上　海	93.90	111.08	44.42	78.73	87.59	13
内蒙古	84.86	61.37	103.54	107.90	87.34	14
广　东	78.27	88.90	81.30	92.41	86.37	15
湖　北	64.34	76.35	121.31	95.88	85.82	16
四　川	62.03	70.01	112.94	104.90	84.92	17
重　庆	78.99	71.39	91.28	93.64	82.90	18
宁　夏	118.16	77.64	31.93	79.74	81.61	19
陕　西	25.17	35.71	107.19	154.40	79.98	20
广　西	45.38	47.44	109.38	101.76	72.46	21
贵　州	23.55	31.61	74.80	143.67	70.46	22
青　海	70.37	64.96	41.63	86.13	69.55	23
山　西	91.15	64.06	44.85	66.80	68.72	24
黑龙江	30.34	41.05	98.35	94.62	63.11	25
新　疆	42.72	40.08	38.52	106.43	61.07	26
云　南	28.21	37.64	57.58	97.27	56.65	27
北　京	30.70	42.03	38.36	88.56	53.22	28
甘　肃	13.12	19.96	43.73	65.78	35.85	29
海　南	4.60	11.08	41.44	61.58	29.43	30

　　测算结果显示，2012年吉林省综合指数排全国第11位。4个分类指数结果分别为，规模指数排全国第17位，贡献指数排全国第17位，效率指数排全国第3位，运行指数排全国第24位。

3. 吉林省发展水平变化情况

与 2005 年相比，2012 年吉林省民营经济发展水平综合排名大幅提升，从全国第 21 位前移到第 11 位，7 年时间跃升了 10 位，在 30 个省份中排名进步最大，与安徽省并列第 1。

在 4 个分类指数中，效率指数表现最好，排名由全国第 16 位前移到第 3 位，超越了 13 个省；其次是贡献指数，排名由全国第 22 位前移到第 17 位，超越了 5 个省；再次是规模指数，排名由全国第 20 位前移到第 17 位，超越了 3 个省；最后运行指数表现最差，排名由全国第 18 位后退到第 24 位，反被 6 个省超过。

三 存在的差距

1. 总体水平低

全国排名的大幅提升，表明 2005 年以来的 7 年中，吉林省民营工业发展迅速，超过了多数省份的发展速度，成绩是巨大的。但也要清醒地看到，由于吉林省民营工业的起点很低，2005 年仅排在全国第 21 位，虽然取得了全国上升速度最快的佳绩，2012 年排到了全国的第 11 位，也只是从下游水平提高到中游水平，与发达省份相比仍存在着很大的差距。2012 年，吉林省人均 GDP 也排在全国第 11 位，与民营工业的发展水平排位相同。但不同的是，吉林省的人均 GDP 高于全国水平，而民营工业的发展水平却仍然低于全国水平。2012 年，吉林省民营工业综合指数为 88.90，还没有达到全国的平均水平，存在着 11.10% 的差距，如与最高水平的浙江省相比，两者之间的差距则高达 52.44%。

在 4 个分类指数中，只有效率水平高于全国，2012 年效率指数为 162.88，比全国平均水平高出 62.88%，排位也是 4 个分类指数中最靠前的，排在全国第 3 位。而其他 3 个方面都没有达到全国的平均水平，其中规模指数为 73.41，与全国平均水平存在着 26.58% 的差距，与最高的浙江省存在着 73.77% 的差距；贡献指数为 71.30，是 4 个方面中发展水平最低的，与全国平均水平存在着 28.70% 的差距，与最高的浙江省之间的差距高达

74.83%；运行指数为85.07，与全国平均水平存在着14.93%的差距，与最高的陕西省相比存在着44.9%的差距。吉林省民营工业的运行水平不仅是唯一排位后退的，也是唯一与全国平均水平拉大差距的，2005年的差距仅有11.77%。

2. 经营规模小

2012年，吉林省民营工业实现主营业务收入5071.29亿元，与2005年相比增长了15.47倍，与全国同期5.24倍的增幅相比，高了近2倍。尽管如此，由于基数太小，2012年的人均主营业务收入仍然没有追上全国的平均水平，仅为1.85万元，相当于全国平均水平的87.41%。与产出规模相比，吉林省民营工业的资产规模更小。2012年，吉林省民营工业总资产为1919.56亿元，与2005年相比增长了6.53倍，不如主营业务收入增加得多，但与全国总资产同期4.03倍的增幅相比，仍然多增了62%。按人口平均的总资产来比较，2012年吉林省民营工业人均总资产为0.70万元，仅相当于全国平均水平的61.95%，比主营业务收入的差距还大。

营业额低、资产规模小，影响到了民营工业对社会的贡献。2012年，吉林省民营制造业就业人数为51.6万人，与2005年的35.8万人相比，增加了44.13%，与全国同期49.52%的增长率相比，低5.39个百分点。占全部人口的比重，2012年吉林省为1.88%，与全国3.30%的平均水平相比，差距扩大为43.03%，比2005年增加了0.67个百分点。从税收贡献上看，2012年吉林省民营工业纳税额占地方财政收入的15.80%，虽然较2005年的4.90%有很大提高，但所占比重仅相当于全国平均水平的95.41%，仍然没有超过全国的平均水平。从财富积累角度观察，2012年吉林省民营工业的所有者权益为1024.91亿元，人均仅为3726元，与全国平均5092元相比，有26.83%的差距。

3. 赢利水平低

2012年，吉林省民营工业实现利润总额266.92亿元，与2005年的11.19亿元相比，大幅增长了22.85倍，比全国同期8.52倍的增幅多了1.68倍。由于利润的增幅大于销售收入的增幅，所以吉林省民营工业的销售利润率也有很大提高，从2005年的3.73%，提高到2012年的5.26%，赢利水平提高了

41.02%。但由于全国民营工业的销售利润率起点更高，2005 年为 4.63%，且增幅更大，2012 年增加到 7.07%，赢利水平提高了 52.70%，使得吉林省与全国平均水平的差距不减反增，由 2005 年的 19.44% 扩大为 2012 年的 25.60%。也就是说，与自身相比，吉林省民营工业的赢利水平有很大提高；但横向比较来看，却一直低于全国平均水平，且与全国之间的差距还在进一步扩大。

在我们设计的评价指标体系中，是用成本费用利润率来反映赢利水平的。这个指标的变动情况，与销售利润率的变化非常接近。吉林省与全国平均水平的差距，也是从 2005 年的 20.08%，增长到 2012 年的 26.53%。主要也是由于这项指标，使得吉林省民营工业的运行指数有所下降，运行水平排名后退了 6 位，是 4 大分类指数中排名唯一后退的，也是 2012 年排位最靠后的分类指数。同时也应当认识到，偏低的赢利水平，对于招商引资非常不利，也会影响到民营经济发展的动力和积极性。

4. 金融环境差

在 10 项具体评价指标中，表现最好的是流动资金周转次数，2012 年达到了 6.83 次，在 30 个省份中排名第 2，是全国平均水平的 1.92 倍。这当然是好事情，但也反映出一个问题，就是吉林省民营企业可能存在着资金短缺、融资困难的现象，不得不通过提高效率的途径来满足生产需要。吉林省民营工业每百元销售收入占用的流动资产，2012 年为 14.70 元，仅相当于全国平均水平的 51.80%，与 2005 年相比大幅减少了 22.83 元，而 2005 年吉林省比全国平均水平高出 4.66%。可以看到，吉林省民营工业的融资环境确实在恶化，且与全国平均水平相比差距很大。

2012 年初，为深入了解全省民营经济发展的实际情况，各地都进行了广泛深入的调查，据对 69 份调查报告的分析归纳，调查发现的问题共有 349 条，其中共性的、最突出的、排在第一位的是融资难、融资贵问题。[①] 这个调查结果与上面的分析是吻合的，说明融资问题确实是制约吉林省民营经济发展的一大障碍，采取措施解决这个难题是刻不容缓的。

---

① 资料来源于吉林省委书记王儒林 2013 年 2 月 25 日在吉林省突出发展民营经济大会上的讲话。

四　改进的对策

1. 提高发展速度

2012 年，在全部 10 项具体评价指标中，规模、贡献类的 5 项指标没有一个超过全国平均水平，说明吉林省民营经济的规模还不够大，贡献还不够多，亟须进一步提高发展速度，以弥补吉林省在这些方面的差距。2012 年初，吉林省委、省政府做出了突出发展民营经济的决策，目标是规模 5 年翻一番，这项决策是正确的，抓住了吉林省民营经济发展中的关键问题。吉林省民营经济发展水平全国排名的提高，效率指数的贡献最大，贡献率为 42.38%，但考虑到吉林省的效率指数已经很高了，2012 年居全国第 3 位，进一步提升的空间有限。而规模指数的贡献排在第 2 位，贡献率为 34.45%，且吉林省的规模指数还低于全国平均水平，拥有比较大的发展空间。所以，要进一步提高吉林省民营经济的发展水平，提高发展速度，进一步扩大生产经营规模是最佳选择。

2. 改善金融服务

民营企业融资难，是吉林省的一个老问题，只不过是现在更加严峻了。要解决这项难题，应立足完善金融体系，改善金融服务，通过改革来解决问题，而不能头疼医头、脚疼医脚，满足一时之需，这样是不能从根本上解决问题的。从当前情况看，银行的贷款服务仍居于主导地位，短期内也难以改变这种状况，所以就应当在完善银行服务体系上下功夫。金融服务行业的一般规律是，大银行主要为大企业服务，小银行主要为小企业服务。民营企业多为中小型企业，即使是今天的大企业，也是过去从小企业一步步发展起来的。所以，要想更好地为民营企业提供服务，就应当大力发展小银行。但吉林省过去的一些举措与此是相悖的，把原来的城市信用社组合为城市商业银行，再合并成吉林银行；农村信用社组建农村商业银行的热潮，目前正在全省各地蓬勃开展。对这些做法应当进行反思，慎重对待，并应抓住国家可能放开民营银行的政策机遇，积极组织和申报设立民营银行。

3. 减轻企业负担

为突出发展民营经济，吉林省制定了宏伟的发展目标，但目标之间却存在着很大的矛盾，其中主营业务收入和增加值目标是 5 年翻一番，而纳税额却是年均递增 17%，按此计算 5 年后将增长 1.19 倍，超出了企业产出规模的增长目标，税收负担不减反增。我们知道，要促进民营经济的发展，就应当减轻企业的负担，所以应对相关发展目标进行适当调整。减少交易费用也是减轻企业负担的一个重要方面，这就需要在制度建设上下功夫。一是要加强政府自身建设，通过改革经济管理体制，转变政府职能，提高服务效率，尽快改变"门难进，脸难看，事难办"的局面，坚决杜绝"吃、拿、卡、要"的风气。二是要加强信用体系建设，从政府信用建设入手，打破部门之间的界限，大力推动社会信用体系建设，逐步形成讲信用的社会氛围。

4. 鼓励全民创业

民营经济是百姓经济，只有更多的老百姓积极地投身进来，才能保证民营经济更好更快地发展。同时，只有更多的人从事民营经济，通过不断实践和历练，才有更多机会涌现出一大批优秀的企业家，把企业做大，把吉林省民营经济做强。因此，必须采取有效措施，进一步鼓励全民创业。首先，要放开两个准入。一是行业准入，借鉴上海自贸区的做法，逐步推行负面清单管理，真正做到非禁即入。二是区域准入，积极推进户籍制度改革，促进农民工的市民化，实现居民在不同地区之间的自由流动。其次，要提供两个保障。一是财产权的保障，进一步完善法规体系，尤其是保障财产权的法规，并加强执法工作，切实地保障每一个公民的财产权利，严禁侵权行为的发生，特别要注意防止公权力对私有财产的任意侵犯，使人们敢于发财，勇于致富。二是社会保障，进一步完善养老、医疗、贫困救助等社会保障体系，并覆盖全社会所有成员，使他们无后顾之忧，为民营经济发展提供动力。

2013 年吉林省民营经济发展状况分析

李 添*

摘 要：

本文在描述 2013 年吉林省促进民营经济发展的主要举措的基础上，通过对当年全省民营经济发展状况的分析，指出了吉林省在大力发展民营经济中存在的诸如民营中小企业融资难、融资贵仍然比较突出，民营经济发展质量依然不高以及民营企业运营难度加大，发展环境还需进一步改善等主要问题，并分别从破解中小企业融资难、引导民营企业转型发展和进一步优化民营经济的发展环境等方面提出了针对性较强的对策建议。

关键词：

民营经济 吉林省 民营中小企业

一 吉林省促进民营经济发展的主要举措

近年来，吉林省委、省政府高度重视发展民营经济，大力实施了民营经济腾飞计划和中小企业成长计划，取得了明显的成绩。截至 2012 年末，全省民营经济增加值占地区生产总值的比重达到 50.8%，已经占据国民经济的"半壁江山"，实缴税金占地方财政收入比重为 65.2%，从业人员占城镇从业人员的 78.9%。

但是，客观地说，吉林省的民营经济发展水平与发达省份相比还有相当差距，主要表现为整体实力不强，企业素质不高，基础比较薄弱，也就是说，吉

---

* 李添，吉林省社会科学院经济研究所副所长、研究员，研究方向为农业经济理论与政策。

林省与发达省份的差距，主要在于民营经济发展的滞后。因此，新一届省委、省政府领导班子上任伊始，就决定把突出发展民营经济作为推进吉林省新一轮改革开放的突破口，并于2013年初召开了全省突出发展民营经济大会，对全省突出发展民营经济工作做了全面部署。主要目标是到2017年，实现"三个翻一番"，即全省民营经济主营业务收入、增加值和市场主体数量分别比2012年翻一番。确定了推进全民创业工程、招商引资工程、素质提升工程、集群发展工程和市场培育工程五个方面的发展任务（以下简称"五大工程"），制定出台了包括10个方面、40条具体政策的《中共吉林省委、吉林省人民政府关于突出发展民营经济的意见》（以下简称《意见》）。

（一）抓好民营经济大会精神和《意见》的贯彻落实

2013年上半年，全省在贯彻落实全省突出发展民营经济大会精神和《意见》方面主要进行了以下工作：一是传达会议精神。2013年2月底由省政府主管领导组织召开工作推进会议，就贯彻全省突出发展民营经济大会精神和《意见》做了具体部署。二是分解落实了目标任务。将2013～2017年民营经济发展目标按年度进行分解，下达各市（州）和省直有关部门，纳入政府和部门绩效考核体系。三是出台了《意见》的操作办法。依据各部门职能，对《意见》的40项条款确定了41个落实部门，各牵头部门负责逐条制定操作办法，经省突出发展民营经济工作领导机构会议讨论通过后下发执行。四是各地制定了《意见》实施细则。长春、吉林市等市（州）分别制定了翔实的细则，同时设立或增加了民营经济发展专项资金。五是制定了民营经济"五大工程"实施方案。把"五大工程"具体化，明确了每一个工程的具体工作内容和实施载体，形成了以省直部门为组织协调主体，以各市（州）、县（市、区）政府为具体实施主体的落实体系。

（二）突出做好"五大工程"的实施工作

1. 全民创业工程

一是积极开展创业活动。召开了全省创业工程推进大会，启动创业者结对帮扶和带薪创业实习试点。由省工信厅组织选聘1000名优秀企业经营管理者作为创业导师，与 1500 名创业者结成对子，对创业者给予帮扶指导，各地借鉴省里的做法选聘了万名创业导师结对指导万名创业者。二是为全民创业提供融资服务。省工信厅联合省银监局组织召开银企保合作贷款签约大会，签订银企保合作贷款项目 4173 个，贷款协议金额 300.5 亿元，到 2013 年 7 月末落实贷款 99%。截至 2013 年 6 月末，全省金融机构为中小微企业及个人经营性贷款余额达到 4891 亿元，同比增长 16.7%，高于各项贷款平均增速 1.6 个百分点。三是建立和完善中小企业公共服务平台网络。目前，省平台与 17 家窗口平台实现了互联互通，带动 500 余家社会各类服务机构为中小企业开展服务。四是强化政策服务，降低创业成本。全省工商系统大力推行先照后证的做法，上半年受益企业达到 9573 户。大力推行注册资本零首付、工商业务零收费、市场准入零障碍的"三零"服务，受益的个体工商户及企业超过 9 万户，节约费用 3054.21 万元。成功开通了"工商验资 E 线通"综合信息平台，为企业节约开支亿元以上。全面落实各项优惠政策，仅孵化基地优惠政策减免房产税和土地使用税额度就达到 4000 万元。

2. 招商引资工程

据不完全统计，通过开展省委、省政府主要领导带队与中央企业洽谈重大项目、赴香港开展经贸交流合作活动、"工业项目洽谈"活动以及加强与国内知名民营企业的洽谈对接等一系列工作推动，2013 年上半年全省实际利用外资实现 34.09 亿美元，同比增长 16.99%；实际利用域外资金实现 2203.64 亿元，同比增长 26.5%。

3. 素质提升工程

一是推进集成创新。重点是围绕筹集建成创新大厦，建立开放的、资源共享的科技和信息交流平台，推动科研院所之间、科研院所与企业之间、企业与企业之间的科技资源、科技成果深度合资合作。二是全面搞好培训。加强创业者、小老板、企业家和技能人才培训，探索定点、订单和定向培训模式。注重高层次管理人才培养，依托清华大学、北京大学、吉林大学等高等院校对 1000 名企业经营管理者开展培训。

4. 产业集群工程

一是制定主导产业发展规划。召开全省产业集群工程工作推进大会，明确全省九大产业链布局，依托省内大专院校、科研院所和大企业，完成了九大主导产业链的设计，并部署了主导产业发展规划。二是推进园区特色主导产业集群建设。当年共统筹安排专项资金4780万元支持了45个园区项目的公共服务平台项目建设和基础设施的修缮维护。长春市着力构筑千亿级、百亿级和50亿级的产业集群的梯次结构，形成汽车及零部件、农产品加工等60个中小民营企业集群。三是促进企业抱团发展。发挥广东商会、江苏商会、浙江商会、河南商会等行业协会、商会作用，集聚商会内众多企业，共投资160多亿元，在农安县、长春高新区、前郭县和长春长德新区建设四个产业集群。

5. 市场培育工程

一是支持企业开拓市场。省外事办公室、省经济合作局、省工业和信息化厅积极开展"第九届中国－东北亚博览会"（简称东北亚博览会）及"欧盟－中国（2013）投资贸易洽谈会"（简称欧洽会）的筹备工作，完成了东北亚博览会96个展位的招展工作，组织196户企业完成了欧洽会注册，为"一对一"洽谈奠定了基础。此外，省工业和信息化厅2013年上半年还组织"专精特新"民营企业参加国内各省和中国台湾、中国香港地区的各行业专题展会11个，帮助企业开拓了域外市场。同时，积极帮助中小企业建立网络营销体系，利用"融信通"、"阿里巴巴"和"百度翔计划"三个平台推广吉林"专精特新"产品的网络营销，推进企业电子商务等新型产业模式的发展。二是开展产需衔接。召开了吉林省暨长春市重点产品产需衔接大会，现场签订购销协议销售钢材206万吨、水泥1602万吨，还帮助企业建立了长期合作伙伴关系。三是积极培育商品、服务和要素市场。长春市立足打造光复路大市场和中东大市场等商业市场集聚区，吉林市立足打造成创业大市场，并对经营业户免收一切费用。

（三）营造民营经济发展的良好氛围和环境

一是开展大讨论活动。省直各部门结合工作实际，将《意见》的宣传解读作为"解放思想、改革创新、治理环境、优化服务、突出发展民营经济"大讨论的重要环节和内容并强化落实，在《意见》出台的第一时间，借助新闻媒体对40条意见进行了深入解读。二是组织宣讲。省市县三级层层建立突出发展民营经济宣讲团或宣讲小分队赴基层和企业宣讲，省委宣讲团赴市（州）进行了 13 场专题宣讲，听众近万人；市县组织各类宣讲 1460 场次，听众达 15 万余人。三是加强了环境建设。大力开展"两清"工作，取消、暂停和下放行政审批事项 126 项，减少了 26.6%。对行政审批时限在现有承诺时限基础上平均压缩 20%。同时，围绕政策落实情况，积极开展督查督办工作。

二　吉林省民营经济运行情况

（一）全省民营经济总体运行情况扫描

2013 年 1~6 月，全省民营经济主营业务收入实现 12555.9 亿元，同比增长 20.1%，增幅居全国第 8 位，较上年末前移 4 位，高于全国平均水平 4.1 个百分点；上缴税金 371.4 亿元，同比增长 9.6%；私营企业户数达到 15.2 万户，同比增长 11.5%；个体工商户达到 103.6 万户，同比增长 11.83%；从业人员达到 542.7 万人，同比增长 7.6%；全省民间固定资产投资（不含农户）完成 2599.59 亿元，同比增长 20.2%。

与上年同期相比，民营经济对全省经济的支撑作用进一步增强。截至 6 月末，民营经济增加值占全省 GDP 的比重达到 53.6%，同比提高 2.2 个百分点；上缴税金占全口径财政收入的比重达到 34.2%，同比提高 0.8 个百分点；民间固定资产投资占全省固定资产投资的比重为 76.2%，同比提高 1.6 个百分点。

（二）全省民营企业生产经营固定观察点情况概述

据有关机构对全省 656 户中小型民营企业（其中生产型民营企业 454 户，服务型民营企业 202 户）生产经营情况的调查结果显示，截至 2013 年 6 月末，在突出发展民营经济政策措施的推动下，吉林省中小型民营企业发展潜力得到进一步释放，尽管面临诸多困难和挑战，依然呈现出平稳较快发展的良好态势。

调查数据表明，2013 年上半年，全省民营企业固定观察点的企业资产总额、营业收入、固定资产投资额、利润率等主要经营指标均保持增长；拥有专利数、技术改造和研发费用、名牌商标数量等反映企业创新能力的指标均有所提高。但原材料、土地、人工、融资、税费等反映企业运行成本的指标上升，已成为严重制约企业生存和发展的障碍因子（全省民营企业固定观察点调查数据是以本土中小型民营企业为主，与全省民营经济同期统计数据有一定差异）。

1. 企业主要经济指标持续好转

——资产总额稳步增长。2013 年上半年，固定观察点企业资产总额为77.55 亿元，与上年同期相比，增加 7.05 亿元，增长幅度为 10.0%；户均资产总值为 1182.16 万元，同比增加 107.47 万元。企业规模进一步扩大。

——营业收入增长较快。固定观察点企业 2013 年上半年营业收入达到79.02 亿元，与上年同期相比，增加 20.04 亿元，增长幅度为 35.98%；户均主营业务收入为 1795.42 万元，同比增加 305.48 万元。

——固定资产投资增速企稳。固定观察点企业 2013 年上半年固定资产总投资额达到 79.02 亿元，与上年同期相比，增加 10.66 亿元，增长幅度为15.6%；户均固定资产投资为 1204.57 万元，同比增加 162.5 万元。

——企业利润率逐步提升。固定观察点企业上半年利润达到 13.74 亿元，与上年同期相比，增加 1.44 亿元，增长幅度为 11.7%；观察点企业整体利润率达到 4.66%，与上年同期相比，提高 0.81 个百分点。企业经济效益进一步改善。

2. 企业转型发展状况总体向好

——企业拥有专利数有所增长。2013 年上半年，固定观察点企业拥有专利数达到 413 个，与上年同期相比，增加 53 个，增长幅度为 14.7%。企业更加注重提高自主创新能力。

——企业技术改造与研发费用明显加大。固定观察点企业在 2013 年上半年用于技术改造与研发的资金投入额达到 1.22 亿元，与上年同期相比，增加 4635 万元，增长幅度为 61.1%。企业对技术改造与研发投入力度进一步加大。

——企业拥有注册商标数量持续上升。2013 年上半年固定观察点企业的注册商标数量达到 215 个，与上年同期相比，增加 20 个，增长幅度为 10.3%。但户均拥有注册商标数量比较低，企业品牌意识亟待加强。

三　吉林省民营经济运行中存在的主要问题

（一）民营中小企业融资难、融资贵问题仍然比较突出

在当前突出发展民营经济的过程中，为数众多的是中小企业融资难的问题越发凸显，具体表现：一是内部积累资金不足。吉林省中小企业自我积累能力不强，内部融资远远不能满足资金需求。一方面，折旧基金积累不足。由于我国一直使用低折旧政策，使得企业无力进行设备的更新改造，生产效率低下。另一方面，分配过程中留利不足。中小企业通常以获取当前利润为目的，追求短期化的投资目标，缺乏长远发展规划，常常将全部资金投入到短期能获利的产品或行业，导致资金缺乏。二是外部融资渠道不畅。由于国内资本市场准入的门槛高，加上管理日趋规范，大多数中小企业往往被政策排斥在资本市场之外，无法到资本市场直接融资。三是现有的金融借贷体制不能满足中小企业融资需求。民间借贷虽然活跃，但是鱼龙混杂，风险比较高，加大了贷款的实际成本。另外，国有大型银行对小额贷款缺乏动力也是中小企业融资难的一个重要原因。

由于上述原因，吉林省中小微企业资金缺口仍然较大。省工信厅 2013年上半年对 730 户重点企业流动资金需求的定时监测表明，共需资金 238 亿元，自筹解决 62.2 亿元，缺口达 175.8 亿元，这些企业多数为民营性质的中小企业。再就是融资成本不断高企，从对全省民营企业固定观察点的调查情况看，57% 的观察点企业反映融资成本增长较快，增长幅度在 10% ~30%；22% 的观察点企业反映融资成本变化不明显，增长幅度在 10% 以下；21% 的观察点企业反映融资成本明显增加，增长幅度在 30% 以上。"融资难、融资贵"仍然是制约企业发展的主要瓶颈。据不完全统计，中小微企业银行信贷融资成本平均超过 12%，部分企业甚至超过 15%。从小额贷款公司和典当行获取资金的企业融资成本平均达到 30%。民间借贷成本少则24%，多则超过 60%。

（二）民营经济总量不断增大，但质量不高

从当前的发展情况看，经过多年发展，民营经济总量和民营企业数量都在稳步提升，但是从产业布局、企业规模、发展阶段来看，与发达省份还存在较大差距，总体质量不高。从产业结构看，吉林省民营企业主要分布在门槛较低的传统行业，从事加工贸易型、资源依赖型、能源消耗型的企业所占比例较大，产业结构比较单一，高耗能、高污染、低技术、低水平产能比较突出，且"高端产业、低端环节"现象也较为普遍。从产品结构看，大多数民营企业缺乏核心技术和自主品牌。主导产品不多、知名品牌少，高附加值产品不多、自主知识产权产品少，导致市场竞争力不强。从组织结构看，吉林省民营企业70%以上是家族式企业，治理结构不完善，管理水平不高，经营模式陈旧，分工协作关系较弱，同质化竞争严重，致使整体发展层次不高。从市场生存力上看，民营企业由于规模有限，且多处于传统的下游产业，自身议价能力差，对市场变化的承受力不强，普遍缺乏足够的应变能力。

（三）民营企业运营难度加大，发展环境还需进一步改善

一是企业运行成本总体持续攀升。一方面表现为原材料和土地成本增长较快。从全省民营企业固定观察点调查情况看，52%的观察点企业反映原材料和土地成本增长较快，增长幅度在 10% ~30%；36%的观察点企业反映原材料和土地成本变化不明显，增长幅度在 10% 以下；12%的观察点企业反映原材料和土地成本明显增加，增长幅度在 30% 以上。企业赢利空间被进一步挤压。另一方面是人工成本持续上涨。观察点企业 2013 年上半年员工的工资总额呈持续较快上涨态势，76%的观察点企业反映人工成本增长较快，增长幅度在 10% ~30%；13%的观察点企业反映融资成本明显增加，增长幅度在 30% 以上。此外，税费负担仍然较重。近年来，尽管国家十分重视企业税费负担问题，也陆续出台了一些政策予以缓解，但总体上看，税费占比较高的状况改善不明显。据调查，中小民营企业税收负担占销售收入的 6.81%，高于全国企业总体水平，甚至一部分企业缴税总额高于净利润；同时，中小企业缴费项目也比较多，费用比重明显偏高。二是产品价格持续低迷。2013 年 1 ~7 月，由

省有关部门监测的 50 种产品价格同比下降的品种始终维持在 30 种左右，5 月、6 月分别高达 39 种和 38 种，虽然 7 月品种同比下降到 32 种，但由于同期价格水平较低，有 36 种产品价格处于年度平均水平以下。尤其是冶金、化工等产能过剩比较严重的行业，部分产品价格已远低于成本，由此使得吉林省钢材、化工等行业生存仍然比较困难。三是产成品库存增长较快。1~6 月，规模以上民营工业产成品库存同比增长超过 10%，同比提高 8 个百分点以上。四是成本核算费用上升。上半年，规模以上民营工业每百元主营业务收入中，主营业务成本 84.35 元，同比提高 0.18 元，比年初提高 2.93 元，高于全部规模以上工业 0.48 元；三项费用 8.06 元，同比提高 0.51 元，比年初减少 0.47 元，低于规模以上工业 0.22 元；成本核算费用合计 92.41 元，同比提高 0.69 元，比年初提高 2.46 元，高于规模以上工业 0.26 元。五是用工缺口加大。机械加工、纺织、造纸等行业技术工人招工难，特别是高技术工人十分匮乏。六是政策落实"上热下冷"。省市部门大力宣传各类政策，但部分基层企业对政策不关心，不研究。七是政府服务效率还需要进一步提高。一些政策在落实过程中还有诸多程序上的障碍。

四 促进民营经济发展的若干对策建议

（一）破解中小企业融资难题

民营企业"融资难、融资贵"现象在吉林省一直存在。虽然国家和省委省政府多次出台相关扶持政策，但是依靠固有的融资渠道仍无法有效缓解民营企业，特别是中小企业融资难、融资贵的问题。2013 年以来，国家陆续开放了民营银行的准入门槛和利率捆绑限制，这些举措为激活民间借贷市场，缓解民营企业融资难题带来了新希望，政府有关部门应进一步强化调控职能，提高政策效能。一是规范民间借贷行为，搭建民间金融与中小型企业合作平台。结合正在展开的城市商业银行和农村信用社等中小金融机构产权改革，大量引入民间资本，不仅要在股权结构设计上让民间资本占控股地位，而且要在完善法人治理结构的基础上，向"民有民营"的方向转化，充分发挥民间金融业对本地经济情况比较熟悉的优势，为中小企业服务，扶持中小企业发展。二是完善资本市场，拓宽中小企业的直接融资渠道。积极推动中小企业的股份制改造，发挥股份制融资功能，采取改制、兼并、联合等多种形式，吸纳民间资本和外资参股。对于具有一定控股实力的中小企业，可以向外资转让股权，在产权清晰、责权明确的条件下，借助多元投资主体上市在股票市场进行融资，促使中小企业经济规模不断壮大。

（二）引导民营经济转型发展

调查数据分析显示，民营经济总量进一步攀升。但从产业类型看，大多数企业仍以传统的第一、第二产业为主。面对国内传统产业普遍存在的产能过剩问题，应积极引导吉林省民营企业加快转型步伐，向具有较高附加值的第三产业发展。一是要切实转变发展理念，形成发展合力。有关部门应充分认识加快发展现代服务业是贯彻落实科学发展观的内在要求，进一步加强对产业转型发展的组织领导，更加重视研究制定发展中的重大战略问题和相关政策的调整，强化职能部门间的协调配合形成合力，推动民营企业向现代服务业转型发展。二是要降低市场准入门槛，加快对内对外开放。要按照公平、公正和公开的原则，加快公用事业等垄断行业的体制改革，放宽教育、卫生、文化、中介服务的资格限制，完善第三产业的市场运行规则。认真清理第三产业的市场准入规定，切实消除体制性障碍，加快建立优化资源配置的竞争机制，营造公平、规范、快捷、有序的市场准入环境。三是要加大政策支持力度，完善引导资金使用方式。目前，在市场机制和民间投资机制尚不完善的情况下，应继续探索以少量政府资金为引导，主要依靠市场机制筹集资金发展第三产业的机制和措施，发挥政府投资"四两拨千斤"的作用，最大限度地调动和鼓励民间资金投向第三产业，促进民营企业在转型升级中尽快成长、做大做强。

（三）进一步优化民营经济的发展环境

一是有关部门要全面落实行政审批制度改革，深入实施"改清督查"活动。深入基层和企业解决困难和问题，创造性地开展工作。二是继续加大宣传力度。依托主流媒体大力宣传《意见》和"五大工程",推行各地的好做法和好经验。树立一批示范性特色园区、产业集群、孵化基地和公共服务平台,发挥示范引领效应。三是强化服务功能。应完善平台与载体建设,集聚和运用各种资源建立和完善创业孵化、融资担保、科技创新、人才交流、政务代理、招商引资、法律维权、市场协调等服务平台。强化服务平台的服务功能和工作机制,拓宽平台的服务范围,提高平台的服务功效。

B.5

美国、日本、德国中小企业
扶持政策比较与启示

张春凤*

摘　要:

经过半个多世纪的探索与积累,以美国、日本和德国为代表的发达国家,逐步形成了相对完善的中小企业扶持政策与措施体系,主要包括法律法规支持、行政管理机构设置、财税金融政策和社会化服务体系等。这些政策措施,随着各国经济发展不断更新完善,为中小企业持续发展提供了重要支撑。借鉴发达国家的成功经验,吉林省应在理顺和落实各类中小企业法规政策的基础上,创新融资方式、增强融资支持的绩效与导向作用,支持中小企业开拓区域和国际市场,逐步完善中小企业社会化服务体系,以真正促进中小企业发展繁荣。

关键词:

中小企业　融资方式　绩效　社会化服务体系

近年来,中小企业在推动经济增长、吸纳就业、减少贫困以及推动技术创新等方面的作用,日渐凸显了其在全球各个经济体中的地位,证明了它的不可替代性。作为新兴经济体中最有动力、最有可能形成比较优势和高附加值的企业群体,中小企业发展面临着诸多经济、法律以及制度的障碍。以美国、日本和德国为代表的西方发达国家,通过逐步建立和完善一整套系统协调的扶持政策,为中小企业发展打造了良好的公平竞争环境,极大地增强了中小企业发展

---

* 张春凤,吉林省社会科学院经济研究所助理研究员,研究方向为产业经济。

的动力。深入分析三国扶持中小企业发展的做法，将为吉林省民营经济发展繁荣提供宝贵的经验。

一 美国、日本、德国中小企业扶持政策的主要内容

（一）美国的中小企业扶持政策

自 20 世纪五六十年代开始，经过半个多世纪的演变与发展，美国形成了包括完善的法律法规、健全的行政管理体制、广泛的财税和融资政策，以及周全的技术创新、培训咨询和社会化服务在内的一整套小企业扶持政策体系。这些覆盖广泛、积极有效的扶持政策相互配合，极大地促进了小企业发展。

1. 完备的小企业法律体系，是美国小企业繁荣发展最重要的基础

美国于 1953 年出台了小企业基本法律《小企业法》。在之后的半个多世纪里，为扶持小企业增强技术创新和解决就业的能力，持续优化小企业参与公平竞争的外部环境，美国先后颁布了《机会均等法》、《联邦政府采购法》及《小企业投资法》等多部法律。随着经济形势的变化，为实现促进经济增长和增加就业的目标，2010 年 9 月，美国国会又出台了《小企业就业法案》，对小企业新增 140 亿美元的税收减免和信贷支持。美国在漫长的经济发展过程中，通过不断地调整和充实完善，动态地建立起扶持小企业发展的法律体系。

2. 健全的行政管理体系，是美国小企业扶持政策有效执行的重要保证

成立于 1953 年的小企业管理局，是美国小企业管理最重要的部门之一，拥有重要的沟通和协调功能。小企业管理局具有多种功能，它可以制定小企业发展政策措施，协助小企业提高获得扶助资金的机会，为小企业提供贷款担保并争取风险投资项目等。该局还为小企业提供信息咨询和教育培训等服务。另外，小企业管理局还能帮助小企业在政府采购中获得相应的产品或劳务合同。值得关注的是，该局还能游说联邦政府，通过影响政府决策来保护小企业权益。总体来看，小企业管理局能够为大多数小企业提供几乎所有方面的服务。同时，美国还有两个小企业管理系统，一个是隶属于白宫的小企业会议，一个是隶属于国会的小企业委员会。在实际运作中，白宫小企业会议和国会小企业

委员会等组织和机构，多数都是通过与小企业管理局合作，协同为小企业提供服务。

3. 完善有效的财税与金融支持体系，是美国小企业扶持政策的有力支撑

从财税扶持政策上看，美国政府通过财政专项补贴、税收优惠和政府采购三个方面对小企业予以支持。美国政府对符合相关条件的小企业，按照一定比例对其创新发展计划提供资金补助。如美国国会于1982年批准实施的小企业创新研究计划（SBIR），就让接下来20年时间里的7.6万多个小企业项目受益。1993年，美国批准小企业技术转让计划（STTR），规定联邦部门必须投入0.3%的研发经费，对小企业和非营利研究机构技术转让项目进行资助。美国政府为激励小企业增加科技投入，还对小企业采取减少新投资税收、降低公司所得税率、加速折旧和科技税收优惠等措施。美国小企业政策的亮点之一，就是通过立法的方式，规定联邦政府采购过程中，应将不低于23%的合同份额留给小企业。同时，法律还指定大企业将所得政府采购合同中不少于20%的份额，转包给小企业。从中小企业融资支持来看，美国联邦小企业管理局发挥了主要职能。它通过担保贷款、组合贷款、小额贷款、创业引导资金和赈灾贷款这五种主要途径，对中小企业提供资助。

4. 全方位的社会化服务体系，是美国扶持中小企业发展最强大的保障

广泛的社会参与性，使得美国小企业社会服务体系具备全方位、多层次、多角度的特征。包括政府机构在内的各种服务提供者各司其职、各尽所能、相辅相成，共同构成了一个市场主导与政府扶持有机结合的社会化小企业服务体系。首先是创业类服务机构，它包括企业和行业自发组织的各类商会、协会等。这些以提供灵活、适用的信息和咨询服务为特长的机构，如小企业发展中心（SBDC）、妇女企业中心（WBC）、退休经理服务团（SCORE）等，克服了行政机构服务固有的体制僵化带来的缺陷，每年都能为超过100万个小企业提供帮助。其次是技术服务机构，它们以推动创新技术开发利用、创新成果转化和转让为专长，为小企业提供技术支持和服务。根据《技术创新法》规定，美国联邦政府在商务部门设有联邦技术利用中心，在各国家实验室设置研究与技术应用办公室，他们均向小企业提供相关技术支持和服务。美国各州政府还建有科技工业园和企业孵化器，通过提供场所、资金和服务，支持创业阶段的小企业及科技人员，① 以推动小企业科技成果转化。

（二）日本的中小企业扶持政策

第二次世界大战后，日本经济高速发展，社会相对稳定。这些成就的取得，与中小企业快速发展密不可分。经过几十年的积累，中小企业日益凸显自身的重要性，在日本国民经济中发挥着举足轻重的作用。在世界发达国家当中，日本的中小企业政策堪称最主动、最稳定、最完善，具有鲜明的特点，值得深入探究。

1. 日本是全球针对中小企业发展立法最完善的国家

日本重视通过制定完备的产业政策对经济发展进行强力引导，对中小企业的政策支持也不例外。在1963年出台的中小企业纲领性法规《中小企业基本法》基础上，先后出台涵盖金融税收和技术创新，以及保障公平竞争、促进行业调整和破产防范等在内，共三十多部中小企业法律法规，形成了一整套完善的法律体系。② 值得关注的是，日本政府有针对性地在经济发展的不同阶段制定合适的中小企业政策，并根据经济形势的发展变化进行相应调整。

2. 建立中央和地方政府协调配合的中小企业行政管理体系

日本政府在通产省设置中小企业厅，为中小企业发展提出政策性意见，组织中小企业联合、改组、发展专业协作，调查与指导企业经营管理，帮其解决融资难题，指导企业诊断并推进企业技术进步和现代化。地方在商工科下设中小企业指导科，还设有由专家和官员组成的中小企业政策审议会，它们的主要职能是推动中小企业技术开发，帮助其开展经营诊断，促进企业之间的联合。③

---

① 陈柱冰、黄健、张巍：《美国小企业扶持政策考察报告》，中华人民共和国财政部网，http://www.mof.gov.cn/mofhome/qiyesi/zhengwuxinxi/tashanzhishi/201105/t20110517_549948.html。
② 王彦、田文斌、朗敏：《发达国家对中小企业政策支持的经验及借鉴》，《沈阳师范大学学报》（社会科学版）2011年第3期。
③ 郑海航、王磊：《国外中小企业发展促进措施比较及借鉴》，《首都经济贸易大学学报》2006年第5期。

3. 日本政府高度重视通过税收政策激励中小企业加大科技投入

对那些试验研究费用超过其销售额3%或者创业尚不满5年的中小企业，日本政府给予减免6%的法人税或所得税的优惠；对中小企业用于新技术的投资，扣除相当于购置价7%的法人税额；对那些重视节约能源、利用新能源及回收利用的中小企业，为其设备折旧提供优惠政策等。在金融扶持方面，针对资本市场不尽完善，中小企业难以从资本市场或风险投资公司获得资金的情况，日本政府成立了专门服务于中小企业的金融机构。这其中有中小企业金融公库、国民金融公库和工商组合中央公库等五家金融公库，还有互助银行、信用组合及信用公库等民间中小企业金融机构。[①] 日本政府通过这些金融公库，为中小企业经营提供长期低息贷款及保险担保，为处于创办初期或存在经营困难，以及20人以下的小企业，提供无抵押、无担保的小额贷款。日本政府还通过发行贴现、带息或一次性付清利息的金融债券等方式，为中小企业提供融资和资金支持。

4. 日本高度重视加强中小企业人才培养

人才匮乏是制约中小企业发展的瓶颈之一，日本政府对此极为重视。日本主要通过三个方面的工作来加强中小企业人才培养。一是奉行中小企业诊断指导制度，即通过在都道府县的政府机关成立中小企业指导机构，接受中小企业经营者的申请，由专业的、国家承认资格的中小企业诊断人士，对中小企业进行经营管理诊断，并发现和解决问题。二是由政府出资创办中小企业大学，采取非学历教育的方式，专门为创业者、中小企业经营管理人员、中小企业团体成员和各地政府机关中的中小企业指导者等提供相关培训。三是重视调动各种社会力量，如中小企业政策审议会、商工会、中小企业协会和中小企业事业团等，为中小企业培养适用的经营管理和技术人才。

5. 加强中小企业社会服务体系建设

为服务中小企业，日本建立了相对较为完善的官方、半官方和民间的社会服务体系。包括全国中小企业团体中央会，各都道府的中小企业工会、联合会、事业合作社等在内的民间中小企业服务机构，与中央的中小企业厅一起，

---

① 李成业：《国外金融支持中小企业发展的经验与启示》，《求知》2013年第1期。

为中小企业提供细致入微的政策咨询、经营诊断、技术开发与建议等服务和支持。

（三）德国的中小企业扶持政策

德国政府将中小企业视为"市场经济的心脏、增长与就业的发动机"，高度重视中小企业工作。德国长期采取"限大促小"政策，促使政府管理者发挥调控作用与市场化运作紧密结合。德国中小企业政策成效卓著，使得中小企业在德国经济体系中的支柱性作用，远比美国和日本等国更为突出。

1. 德国中小企业立法重视支持中小企业充分发挥自身优势

德国重视扶持中小企业发展，从20世纪70年代开始，联邦政府先后出台《中小企业组织原则》、《反对限制竞争法》及《反垄断法》等法规，帮助中小企业在与大公司的市场竞争中发展自身权益和维护其市场地位。德国立法重视给中小企业找到"组织"，如德国的《公法》明确规定，所有企业在申请开业之时，都必须加入一个商会。德国政府极其重视员工的职业培训，通过出台《职工技术培训法》，规定所有企业的青年人必须参加技术培训，相应地，企业有义务为青年人提供技术培训岗位。同时，拥有灵活制法权的各州市都制定了《中小企业促进法》或《中小企业增加就业法》，为扶持中小企业发展夯实了法律基础。

2. 德国重视通过行政机构有效管理，确保中小企业法律法规落实到位

成立于1958年的联邦卡特尔局，是德国扶持中小企业快速发展的关键机构。其主旨就是"限大促小"，即严格监督禁止大企业利用自己的垄断地位，采取压价或提价等不正当竞争手段打击限制中小企业，以及禁止大企业的合并和对中小企业的兼并。为指导中小企业运营，德国的联邦政府和各州政府内，均设有专门的业务职能部门。其他与中小企业相关的经济部门，也都分别设置相关机构，承担促进中小企业发展的职责。在隶属德国经济技术部的八个业务职能局中，就有一个是负责中小企业的中小企业局；成立于1951年的联邦外贸经济信息处，从事信息搜集、分析加工和传导，其主要服务对象是中小企业；成立于1999年底的项目小组，专为简化中小企业发展面临的繁琐手续，研究建立更加高效的系统与程序。

3. 中小企业财税金融支持政策有较强的高科技和市场导向作用

针对中小企业普遍存在的资金难题，德国政府采取了一般性财政扶持、研发贷款资助、改善环境和改善地区经济结构补贴等财政金融扶持。德国对中小企业的财政金融支持，有三个做法比较突出：一是实施担保贴息政策，对中小企业融资发挥主导作用。德国通过两大政策性银行，对向中小企业提供贷款的银行，给予2%~3%的利息补贴，同时政府还为这些银行的贷款，提供承保损失最高可达60%的担保。二是采取投资资助政策，支持中小企业开展技术创新与成果转化活动。德国联邦政府针对中小企业的创业资助力度很大，一般来说，经过审查，新创业企业可获得相当于企业投资总额18%的政府资助。待到企业正常运营，还能再得到相当于企业投资总额15%的资助。联邦政府还设立了创新基金（ERP）以支持自有资金不足者的创业实践，并在发生创业风险时由ERP承担80%、银行承担20%的损失。三是落实参展支持政策，以鼓励中小企业拓展国内外市场。德国政府每年拨专款资助企业参加各类展会以开拓市场，这些经费有99%都用于中小企业。为保证政策落实，德国联邦政府经济部直接雇用专业展览公司，给小企业提供布展服务，并指定专门机构即德国经济出口管理处，负责相关工作的检查落实。另外，从税收扶持政策来看，德国政府于1998年出台了中小企业减税计划，以保证其拥有更多的自由发展资金。①

4. 德国中小企业服务机构庞大且覆盖面广泛

德国在全国范围内拥有超过200家科技服务中心，同时还有众多的创业中心、工商联合会以及投资促进会等组织和机构。德国全国共有各类商会和协会超过150家，它们围绕中小企业的繁杂需求，开展多种服务活动。经过多年的培育和努力，以社会市场经济为鲜明特色的德国，逐步构建了一个以联邦及各级地方政府部门为基础，以遍布全国的各类半官方服务机构为支撑，以多种商会和协会为桥梁，以各类社会中介机构为依托，庞大且覆盖范围广、极具德国特色的社会化中小企业服务架构体系和网络。

---

① 王黎明、韦向群、朱利荣：《德国中小企业成功的秘诀》，《中国中小企业》2002年第4期。

二 美国、日本、德国中小企业扶持政策比较

（一）三国中小企业扶持政策的共同点

1. 正视中小企业市场地位，构建完备的中小企业法律法规体系

很多西方发达国家高度重视通过立法确定中小企业基本政策方向与政府管理原则。在很多发达国家，都有一部扶持中小企业的"圣经"式法典。以这样一部中小企业基本法为基础，各国逐步出台各种或旨在扶持中小企业参与公平竞争、或激励中小企业从事创业创新与成果转化活动、或为中小企业解决融资难题等有针对性的法律法规，各种法规共同构成了发达国家相对完善的中小企业法律体系。这些中小企业法律主要分三个层次：一是反垄断和限制大企业对小企业进行排挤与打击的法律，如美国出台的《克莱顿反托拉斯法》、日本颁布的《独占竞争法》、德国的《反不正当竞争法》等。二是保护中小企业参与自由竞争并鼓励扶助其自主性的法律，如美国的《小企业法》、德国的《反对限制竞争法》等。三是具有较强针对性的区域性或专业性法规，如日本的《中小企业金融公库法》等。[①]

2. 重视法律法规落实，建立完善的中小企业行政管理机构体系

以各级政府部门为主体，建立完善的中小企业管理机构系统，是发达国家和经济体普遍采取的做法。在美国，中小企业管理局是独立政府机构，在立法、融资等方面对中小企业提供服务；日本在通产省设置中小企业厅；德国联邦政府设中小企业管理局。这些管理机构主要拥有五大类职能：一是制定中小企业发展的政策法规，二是为中小企业发展规划及经营策略等提供咨询服务，三是传递国内外市场变化和先进技术信息，四是提供中小企业管理人员和职工技术培训等服务，五是帮助小企业解决发展中遇到的其他诸多困难等。在很多发达国家，中小企业的申办手续非常简单，如美国无需审批备案即可，个人业

---

① 胡振虎、夏厚俊：《国外中小企业政策比较及政策借鉴》，《商业研究》2005 年第 2 期。

主制企业的开办甚至无需备案。德国对新开办的小企业还提供数额可观的资助。[①]

3. 针对中小企业融资难题，制定全面的财税金融扶持政策

解决中小企业的资金瓶颈是一项世界性课题。从美国、日本、德国做法来看，三国都重点采取为中小企业提供税收优惠、财政补贴、贷款援助以及开辟直接融资渠道等手段，辅之以中小企业信用等级评估制度，增强企业致力于积累和长期发展的积极性。包括美国、日本和德国在内，许多国家都向中小企业提供比普通税率低 5~15 个百分点的优惠税率，针对中小企业创建初期存在的经营困难，以及产品与服务出口难等问题，进行税收减免。同时，提高税收起征点，加速固定资产折旧等，也是行之有效的减轻中小企业负担的手段。在实践中，多国对中小企业进行的财政补贴，主要用于鼓励企业技术进步、促进中小企业出口和吸纳就业等。各国对中小企业的财政补贴有限，并不像税收优惠那样是普惠的，它的获得需要满足一定条件，重在发挥引导功能。贷款援助是政府针对中小企业最需要资金的时期，如企业初创立时资金不足、企业技术改造升级资金缺口、企业出口信贷需求等。鼓励中小企业赴资本市场直接融资，是少数国家如美国采取的，探索开辟股票市场"第二版块"，为中小企业，特别是科技型中小企业直接融资开辟渠道。

4. 协同社会力量，构建全方位的中小企业社会化服务体系

既量大面广又势单力薄的中小企业，对社会化服务有着既广泛又具体的需求。从各种政策、法律、信息的咨询，到人才培养、投融资服务、资信评估，再到市场开发、国内外技术交流等，中小企业庞杂的需求仅靠政府机构提供是远远不够的。发达国家十分重视各种社会力量的参与，鼓励他们与政府机构协同促进中小企业服务工作。美国形成了包括小企业发展中心、开发公司和退休经理服务团，以及小企业投资公司和小企业研究所等在内的小企业支持系统；另外，美国还有 60 多个妇女企业中心、17 个出口援助中心以及 13 个"一站式资本店"等组织，分别为各个领域的中小企业提供多种服务。日本形成了由国家、都道府县、中小企业综合事业团、商工会、商工会议所、中小企业团

---

① 王黎明：《国外政府对中小企业的扶持体系及其启示》，《管理现代化》2003 年第 5 期。

体会等组成的全方位社会服务体系，可为中小企业提供包括经营诊断、技术指导、人才培养和市场信息等诸多服务。①

（二）三国中小企业扶持政策的主要差异

1. 不同国家制定中小企业政策的基本理念不同

这与各国经济发展所处阶段、经济全球化和新时代科技革命有很大关系。如美国对小企业政策的演变，就大致经历了 20 世纪 30 年代之前的自由放任、20 世纪 30 ~ 50 年代的保护扶持、20 世纪 50 ~ 80 年代的限制垄断并保护小企业参与市场公平竞争、20 世纪 90 年代以来重视科技创新这样四个阶段。日本在经济发展的三个不同阶段，其制定小企业政策的理念也有较大不同。1948年至 20 世纪 60 年代初期，日本奉行"经济民主化"理念，制定中小企业政策的主要目标，是纠正国内外制约中小企业发展的不利因素；20 世纪 60 年代到 1999 年，日本秉持的是产业结构政策理念，中小企业政策目标在于促进其现代化和缩小与大公司的差距。1999 年底，日本大幅修改并重新颁布《中小企业基本法》，自此，日本中小企业政策偏向竞争型，旨在支持中小企业多样化，鼓励创新、新创和风险型企业发展。

2. 不同国家对中小企业的界定标准有所不同

由于各个国家实际经济发展水平各异，对中小企业的界定标准也就有所不同。在美国，包括各级政府报告、各类学术文献以及法规政策在内，均没有所谓"中小企业"的说法，除了大企业，即"large business"，其他都是小企业，即"small business"。进入 20 世纪 80 年代后，美国流行的划分小企业的标准有两个。来自美国经济发展委员会的标准认为，在"企业独自经营，通常经理就是企业主"、"企业资本由一人或少数几人所有"、"产品主要在当地销售"、"企业规模在行业内相对较小"这四个条件中，符合任意两个就是小企业。另外一个标准来自美国小企业管理局，按照雇员数和营业额划分，认为制造业或采掘业企业雇员数不多于 500 人的是小企业，大多数非制造业企业年营业额不超过 700 万美元的是小企业。近年来，美国对小企业的划分界定进一步简化，仅根据雇员人数

---

① 刘志荣、姜长云：《国外中小企业支持政策的演变趋势》，《经济研究参考》2009 年第 64 期。

进行界定，认为雇员数不超过500人的企业即为小企业。① 目前德国采取的是欧盟对小企业的界定标准，这一划分比较细致，包括大型企业、中型企业、小型企业和微型企业，除了大型企业，其余均为中小企业。日本曾五次修改中小企业划分界定标准，每次皆尽可能提高划定标准上线，避免因划分和界定标准过窄导致政府扶持政策在实施过程中出现僵化，以精准实施中小企业保护政策。

3. 不同国家对中小企业扶持政策的侧重点不同

发达国家各自经济发展所处阶段和水平不同，采取的小企业扶持政策侧重点有所不同。以金融扶持措施为例，市场经济高度发达的美国，主要通过小企业管理局，采取贷款担保的形式向中小企业提供贷款援助。美国小企业管理局给小企业银行贷款提供担保，以鼓励并引导银行为小企业提供贷款。美国还创新扶持方式，通过小企业投资公司和NASDAQ股票市场，为中小型高科技企业提供资金援助。政府主导性较强的日本，则采取由政府设立专门的政策性金融机构，向中小企业提供低息贷款援助。日本通过设立"信用保证协会"及"中小企业信用公库"，为日本商业银行对中小企业的贷款给予担保。另外，在中小企业经营指导方面，美国侧重提供各类信息咨询和培训服务，日本侧重于中小企业经营诊断和辅导。

三　美国、日本、德国中小企业扶持政策对吉林省的启示

针对中小企业在国民经济中"强位弱势"的事实，吉林省2008年发布"民营经济25条"扶持政策，2011年提出"民营经济三年腾飞计划"，2013年初又出台了"突出发展民营经济"的若干条意见，旨在推动民营经济快发展、大发展。实践表明，这些政策的出台取得了一定成效。然而受相关政策设计理念、原则、方法及政策运作机理不够成熟所限，吉林省民营经济扶持政策远未达到预期效果。本文通过梳理美国、日本、德国三国扶持中小企业发展的

---

① 陈柱冰、黄健、张巍：《美国小企业扶持政策考察报告》，中华人民共和国财政部网，http：//www.mof.gov.cn/mofhome/qiyesi/zhengwuxinxi/tashanzhishi/201105/t20110517_549948.html。

做法，或许能为吉林省民营经济繁荣发展提供一些经验借鉴。

1. 理顺并落实各类中小企业扶持和管制法律法规，做到有所为有所不为

一切针对中小企业出台的法律法规，目的无外乎都是要实现高效管理、促进其公平参与市场竞争、解决实际难题、为其更好更快发展创造良好的外部环境等。然而，任何形式的政府政策出台，都可能造成小企业沉重的政策负担。一方面，对于任何一项政策法规，小企业通过学习了解并建立法规要求的系统，都会耗费大量固定成本，小微企业负担自然更重；另一方面，在缺乏专业人才的条件下，小企业管理者要付出大量时间和精力以满足法规要求，必然要影响其投入企业经营的时间和精力。这样的情况在许多发达国家同样存在。[1]从政府的各类管制政策来看，许多国家市场准入成本非常高，这些严格的准入管制并没有必然带来更优质的产出、更低的污染和更优质的商品。相反，这些措施带来了更大程度的腐败和更高比例的非正式经济，各种管制尤其是市场进入壁垒与投资呈负相关。[2] 因此，对于许多转型国家来说，改善政治经济环境，给予小企业公平待遇，是促进小企业发展的关键。[3] 多国经验表明，现代政府在扶持和促进中小企业发展的实践中，往往不是缺少可供参照与遵循的法律法规，而是没能理顺现有的中小企业政策措施，加上现有扶持政策因种种体制和机制的原因而无法落实到位，其效用就只能大打折扣。因此对于吉林省来说，理顺和落实现有的中小企业法律法规，对那些不具有操作性的支持政策予以清理，进一步放宽市场进入标准，加大环保和安全监管，保证市场竞争公平，持续改善省内政治经济环境，不断完善基础设施，真正做到有所为有所不为，才是更为明智的选择。

2. 创新中小企业融资方式，增强资金支持的绩效和导向作用

作为世界性的中小企业发展难题，融资难一直也是困扰吉林省民营经济发

---

[1] Walton J. Francls, Mark A. Joensen, An Evaluation of Compliance with Regulatory Flexible Act by Federal Agencies, *Small Business Research Summary* (S1076 - 8904), March 2001 (235). [2006 - 5 - 1]. http: //www. sba. gov/advo/research/rs215tot. pdf.

[2] Simeon Djankov, Rafael LA Porta, Florencio Lopez - de - Silanes, Andrei Shleifer, The Regulation of entry, *Harvard Institute of Economic Research Discussion Paper*, No. 1904, 2000, [2006 - 5 - 2]. http: //ideas. repec. org/a/tpr/qjecon/v117y2002ilpl - 37. html.

[3] I. Astrakhan, A. Chepureno, "Small Business in Russia: Any Prospects after a Decade?", *Futures* (S0016 - 3287), 2003 (35): 341 - 359.

展的重大问题。美国政府采购向小企业倾斜、鼓励高科技中小企业赴资本市场直接融资等，值得我们深入研究和借鉴。吉林省也提出要鼓励中小企业参与政府采购，但还没有更具体可行的操作措施。支持民营企业赴资本市场融资，更是需要完成许多配套领域的工作才能达成，这些是未来吉林省应该努力的方向。一个值得注意的问题是，对于许多发展中国家来说，各类中小企业直接支持计划与政策存在严重的问题。原因在于支持项目的设计，没有做到尽可能利用政府手中有限的资源投入，以使更多小企业获得成功。因此，小企业项目不能设在投资环境较差的地区；计划应仔细考察现有市场，靠市场机制驱动，分辨市场失灵的根源；对外部性较强的企业研发和培训等行为进行补贴时，应严格透明操作并与结果挂钩。简言之，政府应着力打造良好的市场交易环境，逐渐避免直接支持对私人产品产生挤出效应，同时对政策绩效予以系统监控，以确保控制成本、发挥效益。

3. 支持中小企业"走出去"，开拓国际国内两个市场

随着新一轮科技革命的到来和信息化席卷全球，经济全球化使得资本在全球范围内寻求更有效配置。在这种形势下，众多市场嗅觉灵敏并拥有创新技术的中小企业，更有可能走出国门投资海外，在地区和国际市场开拓中创造利润。对吉林省说，既要抓住全球产业转移浪潮吸引外来投资，更要鼓励自身有创意实力的中小企业走出地区和国门，开拓更为广阔的区域与国际市场。德国政府在这一点上做得比较突出，联邦政府重视支持出口企业参加各种展会以拓展国外市场。德国联邦政府每年都拨付大量资金，用以资助企业参加各类国内外展览，超过99%的费用都花在了中小企业身上。对资助企业参展，德国政府有详尽的规定。一般来说，每个企业单次参展，自身只需承担每平方米500马克的费用，其余部分均由政府补齐。此外，德国政府还对中小企业设立国外办事处给予支持，对中小企业国外办事人员的工资及房租等进行补贴。参照德国政府的做法，未来吉林省除了要创造良好的内部政治和市场环境，还应重视鼓励中小企业"走出去"，通过系统的研究和机制设计，加大力度扶持有实力的中小企业，到国内和国际市场上开拓更广阔的发展空间。

4. 动员全社会力量广泛参与，逐步完善中小企业社会化服务体系

建立完善的中小企业社会化服务体系，已经是当今全球各国政府形成的共识。广泛而多样的中小企业社会需求，是单靠政府、企业或社会力量任何一方都无法独自完成的复杂任务。把各种机构、组织、团体和协会的力量结合起来，成为解决中小企业社会需求问题的关键。无论是市场经济高度发达的美国，高度重视政府对经济调节作用的日本，还是社会市场经济的典型代表德国，都逐步建立了相对较为完善的中小企业社会服务体系，成为各国学习的典范。2011 年初，吉林省成立面向全省中小企业，提供专业化服务的公益性、服务型、开放式组织"中小企业服务联盟"，希望通过整合全省各地中小企业服务资源，便于为中小企业提供更全面实用的信息和咨询服务。这是一个好的开始。应该指出的是，中小企业社会服务体系的完善，同相关法律法规系统的构建一样，是一个系统、长期的过程，同样是"欲速则不达"的。只有在整个地区经济政治和市场环境稳步改善，中小企业扶持政策和实施与反馈机制都得到普遍提升的时候，中小企业社会化服务体系才会"水涨船高"，不断完善并发挥应有的服务作用。

参考文献

赵楠：《国外中小企业研究的最新进展》，《理论界》2011 年第 4 期。

赵国忻：《国外中小企业支持政策效果研究评述》，《经济学家》2007 年第 2 期。

倪晓峰：《美日中小企业发展政策比较研究》，《现代财经》2002 年第 12 期。

孙丽娟：《日本中小企业发展的经验及启示》，《日本研究》2004 年第 4 期。

李小菊：《美国、日本、德国中小企业融资经验及借鉴》，《北京工业大学学报》2005 年第 3 期。

周新玲：《美日中小企业政策及对我国的启示》，《学习与探索》2005 年第 3 期。

潘春晖：《国外中小企业融资体系对我国的借鉴》，《武汉金融》2006 年第 3 期。

杨国川：《德国政府扶持中小企业发展的举措及启示》，《国际经贸探索》2008 年第 3 期。

潘峰、阮启超：《国外中小企业发展对我国的启示》，《统计与决策》2004 年第 7 期。

Tulus Tambunan, "SME Development, Economic Growth, and Government Intervention in a Developing Country: The Indonesian Story", *Journal of International Entrepreneurship*, issue4, Vol. 6, 2008: 147 – 167.

Patrizio Pagano, Fabiano Schivardi, "Firm Size Distribution and Growth", *The Scandinavian Journal of Economics*, No. 2, Vol. 105, 2003: 255 – 274.

B.6

吉林省农村地区民营经济发展研究

姚 堃*

摘 要：

本文对吉林省特别是吉林省农村地区迫切需要发展民营经济的原因进行了深度剖析，并对现今省内农村地区发展民营经济存在的问题进行了分析，同时从营造良好的发展环境、培养高素质创业者、突出发展农业产业、建立可操作性强的投融资渠道等方面为加快吉林省农村地区民营经济发展步伐提出了对策建议。

关键词：

吉林省农村经济 民营经济 民营企业

一 吉林省发展民营经济的背景及现状分析

改革开放以来，民营经济在中国国民经济的高速发展过程中快速崛起。党的十五大报告中明确指出，民营经济已经成为中国国民经济中的重要组成部分。特别是在农村，民营经济已经成为中国农村经济快速发展的主要推动力量。发展民营经济，对于振兴县域经济，富民强省，促进吉林省经济社会繁荣和稳步发展具有重要意义。

（一）加快吉林省经济社会发展的需要

近年来，吉林省民营经济发展取得了令人瞩目的成绩。据统计，吉林省民营经济 2012 年实现增加值 6064 亿元，实缴税金 678 亿元，私营企业由 2008

---

* 姚堃，吉林省社会科学院农村发展研究所助理研究员、硕士，研究方向为农业经济。

年末的98159户增至15.5万户,增长57.9%;个体工商户由563028户增至95.3万户;全省农民专业合作社由2007年的不足100户发展到2.8万户,位居东北三省第一,数量占全国的4%。2013年上半年,吉林省民营经济和中小企业实现主营业务收入9833.9亿元,同比增长22.7%;累计实现增加值2282.5亿元,同比增长18.7%,占全省地区生产总值的比重达51.4%;全省规模以上民营工业累计实现增加值1245.7亿元,同比增长17.3%,高于全省规模以上工业平均水平4.3个百分点;规模以上民营工业企业累计实现利润170.9亿元,同比增长21.8%,户均实现利润420.6万元。这表示民营经济不仅支持了吉林省经济的快速增长,而且在财政税收和民众就业方面也做出了重要的贡献。同时,吉林省经济发展水平与全国其他发达省份相比仍有较大差距。2012年吉林省GDP在全国居第22位,排位靠后;规模以上民营工业在全国居第26位,落后于GDP排位,显示出民营经济发展相对滞后的重要矛盾。从民营经济角度分析,吉林省与其他发达省份相比差距明显:一是总量小。吉林省每万人拥有的民营企业数量是42家,而民营企业总数仅占全国民营企业总数的1.2%,低于吉林省人口、土地面积和GDP三个指标占全国2%的水平。二是发展层次不高,多数民营企业仍处于产业链底端,主要从事劳动密集型和资源消耗型产业,发展高新技术产业的企业少。三是创新能力不强。吉林省规模以上民营工业新产品的产值率为7.3%,低于规模以上工业新产品产值率17个百分点。四是软环境建设不完善。市场、金融、流通等服务体系发展不充分,尤其是金融体系对中小企业、民营经济的支持力度还有很大的提升空间;行政审批方面有待改善,政府部门服务效率有待提高;企业税费负担较重,占其主营业务收入的比重为6.2%,高于全国平均水平1.4个百分点。

综上所述,吉林省经济发展水平与其他发达省份相比,差距主要体现在其民营经济发展相对滞后方面。因此,发展民营经济,缩小与发达省份的差距,是加快吉林省经济社会发展的迫切需要。

(二)扩大就业规模,改善就业环境的需要

2012年,吉林省中小企业、民营企业从业人员达到602万人,占全省城镇从业人员的比重为78%,中小企业和民营企业的就业在全社会中处于非常

重要的地位。据吉林省人力资源和社会保障厅计算，2013年吉林省过剩劳动力总量达21万人，与此同时，很多企业还面临着"招工难"的问题，这显示出吉林省劳动力结构性过剩的问题。此问题的解决，需要通过学习、培训、实践等方式提高待业人员自身素质和业务能力，使其能够适应就业多样化需求。尤其在农村，在土地流转和集约经营的带动下，农村的剩余劳动力不断增多，农村的民营经济得到发展将会为当地的剩余劳动力提供更多就业岗位，既避免了需要农民离土离乡的不便问题，又在一定程度上解决了农民增收致富问题。据统计，农村民营企业的发展解决了农村就业人口总数的1/3以上。因此，从扩大就业规模、增加就业岗位、提高就业能力、改善就业环境等角度看，发展民营经济是非常必要的。

（三）富民的需要

中小企业在推进富民强省的过程中具有重要作用。2012年吉林省城镇人均可支配收入为2万元，低于全国平均水平4000元。吉林省农业从业人员所占比重较大，其收入情况同城镇居民相比具有一定的差距；进城务工的农民工所从事的仍大多是收入较低的体力劳动，其生活水平和富裕程度相对落后。解决"三农"问题的核心一直是如何使农民增收致富的问题，而农民增收问题的关键是扩大就业规模，扩大就业就需要进一步发展农村地区的三次产业。通过在农村积极发展民营企业，既可以吸纳大量剩余劳动力，又可以使农民参与到农业产业化的延伸链条中去，大大提高农民的收入。2011年吉林省农民人均纯收入突破7500元，其中来自以乡镇企业为主的民营企业收入占到人均纯收入的1/3以上，占收入净增部分的50%。因此农村民营经济的发展不但为农民提供了稳定的就业岗位和社会保障，更是现阶段农村经济社会发展的重要手段。所以，为了进一步提高居民收入和生活水平，必须发展民营经济。

（四）强省的需要

要想实现强省的目标，需要扩大经济总量，这在吉林省主要依靠投资拉动实现。一是由于吉林省城镇人均可支配收入较低，消费能力有限；二是由于区位原因，出口量不大，在经济发展的"三驾马车"中，主要依靠投资拉动。现行的投资拉动战略，工作重心在引进民营企业和民间投资上，其创新驱动能力强，对体制机制的改革有促进作用，同时会产生创新驱动，形成内生动力，这恰恰是吉林省新一轮经济增长所迫切需要的。扩大经济总量的另一方面需要优化经济结构，转变发展方式，实施的战略是"三化"统筹战略，即新型工业化、城镇化和农业现代化，无一不需要民营经济的支持。从新型工业化角度看，要用信息化武装工业化，拉长产业链条，形成产业集群。目前从事信息化产业和现代服务业的大部分是民营企业，这是其主要发展领域，大力发展民营企业就是在用信息化和现代服务业来促进传统制造业的发展，实现新型工业化；而要拉长产业链条，形成产业集群，没有民营企业的跟进和支撑也同样难以实现。大企业只是产业链和产业集群的基础，要促进产业集群的稳步发展，需要大力发展民营经济。2011年全省乡镇企业实现增加值突破1513亿元，乡镇企业增加值占全省GDP的比重达到15%；乡镇企业对农民就业增收的带动作用不断增强，共安置人员263万人，占全省城乡就业人员的20%；实缴税金突破113亿元，占全省地方财政收入的14%；农产品加工业销售收入突破3083亿元，比上年增长20%。乡镇企业（农产品加工业）已经成为全省国民经济发展的重要组成部分，已经是促进农民就业增收和农村经济社会发展的重要产业支撑。

吉林省是农业大省，实现农业现代化和完成新农村建设的压力一直较大，单靠国家政策支持远远不够，因此，吸引民营企业的资金显得十分重要。民营经济生命力和灵活性正是实现农业现代化，完成新农村建设所需要的。所以必须大力发展民营经济，以产业为主体，以企业为载体，积聚力量、稳步发展，实现农业现代化目标。总之，发展民营经济是吉林省快速发展、强大自身的战略需要。

二 吉林省农村发展民营经济存在的问题

（一）发展资金短缺，民营经济发展软环境欠佳

农村经济发展缺乏足够的资金支持，一直是吉林省解决"三农"问题过程中存在的主要问题。资金的缺乏导致农村地区以道路建设为主的基层设施

建设不足，制约了当地民营经济的发展壮大。比如吉林省西部有些县市道路建设不足，再加上乱收费等现象的存在，使得有些物流车辆宁可绕行此县市，提高运输成本，也不愿意在此县市经过，这就严重影响了当地经济的长远发展。同时，政策扶持明显不到位，各地政府对于本地民营企业扶强不扶弱的现象普遍存在，没能切实地落实省里制定的相关政策，也缺乏企业获得政策支持的具体条件和量化指标。政务办理程序复杂不透明，效率低下、责任不明，轻引导、重罚款，只收费、不服务等现象普遍存在。往往把能快办的事拖慢，把能办的事说成不能办，对农村发展民营经济造成了严重的负面影响。

（二）企业管理制度落后，严重缺乏领军人物及高级管理人才

现在吉林省农村民营经济的发展仍以专业合作组织及乡镇企业为主体，其中合作社则更为贴近纯粹意义上的农村地区。根据对省内民营经济发展情况相对较好的乡镇进行实地调研可以发现，想要在民营经济方面有所发展，一个优秀的有能力的领军人物必不可少，而这样的领军人物按现状来看，往往是各地区的基层干部，并且主要是村书记。哪个地方的基层干部有能力，有魄力，能发现好的项目并得以落实，哪个地方的经济发展情况就好。而这样的领军人物从整个吉林省农村地区层面来看，少之又少。同时，全省现有农村民营企业中，绝大多数仍采用家族式或宗亲式管理分配方式，缺乏现代企业管理方法和制度，企业组织者及参与者多为农民，所受教育程度不够、自身素质相对低下、小农意识明显，这样的情况在企业规模小、产量低时尚无大碍，但会严重影响企业的长远发展及壮大。

（三）行业定位波动性大，农业没有成为农村民营经济的支柱产业

从吉林省农村民营经济总体看，初期参与者主要选择小工艺、小加工，小贸易，小庭院，建筑、纺织、物流等行业。中级创业者多进入劳动密集型和技术密集型相结合的产业。比如说机械行业，搞零部件、机械加工。高级创业者专注于技术密集型的产业，比如电子信息、医药、生物化工、新材料。很少有创业者和企业瞄准种植业、养殖业开发。因为这些产业被认为是低端、弱势、

低利润产业，没有人愿意投资发展。这是因为：一是没有发挥好支柱产业优势。农产品加工业是吉林省支柱产业，我们要充分利用这个优势，继续做大做强农产品加工业。二是目前来看，农产品的品牌意识缺乏。吉林省有许多农产品的质量是全国乃至是世界一流的，只是品牌意识淡薄，没有将好的产品卖出好价钱，原因就是没有创出品牌，缺少全国乃至世界知名的名牌产品。有政府引导不够的原因，也有农民及农业企业的自身品牌意识不足的原因。三是缺乏对农业经济的深刻认识。随着国家扶持农业政策的进一步深化，农业弱势产业的地位将发生变化，将会吸引更多的人、企业和资金进入农业，从事农业生产。

（四）金融信贷支持不足，投融资渠道不畅

近年来，虽然国家对农村金融支持力度有所加大，但总体看来仍显不足，农村地区投融资渠道有待拓宽。融资难，一直是吉林省农村民营企业发展的"老大难"问题。吉林省农村的民营企业多数规模比较小，虽然在经营方面具有"船小好调头"的灵活优势，但是企业想要扩大生产规模、开发更新新产品和新技术，却缺乏发展资金。农村地区金融机构不但网点少、效率低、资金供给不足，而且多数金融机构因所有权非农化，难以真正针对"三农"需求开展经营。土地无法进行抵押，农村房屋住宅又没有产权等问题，导致农村民营企业想要贷款却缺少抵押物，能够从正规金融机构获得的贷款十分有限，5万元以上的贷款就已经基本无法获得。

三　农村地区发展民营经济的经验借鉴

民营经济与国有经济相比较而言，在农村，国营农业的比重很小，耕地面积只占4%，96%的耕地由农民耕种。党的十一届三中全会后，以农村为突破口，拉开了改革开放的序幕，在农民创造了土地的家庭承包经营使人民公社解体土地经营成为"公有私营"的同时，原社队企业得到了迅猛蓬勃发展。由于人民公社解体，成立了乡政府，于1985年将社队企业更名为乡镇企业，成为农村民营经济的主导力量和整个国民经济的重要组成部分，走出一条具有中

国特色的新型工业化道路，被国际政要称为中国经济高速增长的"秘密武器"。

农业部统计资料表明，2011年全国乡镇企业实现总产值550385亿元，比上年增长11.11%；完成固定资产投资62940亿元，增长15.3%；上缴税金13412亿元，增长12.1%；实现利润32426亿元，增长10.97%；完成出口交货值43734亿元，增长11.33%；从业人员1.62亿人，其中新增294万人，吸纳城镇下岗失业人员742万人；支付工资26270亿元，增长11.87%；农民从企业得到工资性收入人均2471元，增长18.45%；支农建农和用于社会公益事业支出401亿元，增长5.56%；有123万进城的农民工返乡"第二次创业"。2011年乡镇企业总数为2844万个，其中个体工商户占77.33%，其产值占总产值的21.4%；私营企业占17.4%，其产值占总产值的37.29%，其余为集体所有制为主的股份合作企业等。2011年乡镇企业产值增长幅度东部地区为10.39%，中部地区为12.18%，西部地区为11.95%，东北地区为12.09%。三次产业比重为1.25：74.98：23.77。乡镇企业增加值占农村增加值的2/3以上，占全国增加值的1/3以上，其中工业增加值占全国工业增加值的一半。2011年中央财政用于"三农"支出首次突破1万亿元，而乡镇企业缴纳的税金达1.34万亿元，超过中央财政支出30%。

乡镇企业具有强大的活力，不仅成为农业剩余劳动力转移的主要场所和农民增加收入的重要来源，以及农村各项建设的强大支柱，而且成为整个国民经济持续高速增长、应对国际金融危机以及促进社会稳定而举足轻重的支撑力量，使人们逐步取得共识。在全国60多万个行政村中，有一批经济收入在亿元以上包括10亿元、30亿元、50亿元以至100亿元以上的"明星"村庄，最高的华西村达500亿元，人均GDP超过了美国的平均水平。这些村庄依靠乡镇企业的发展，不仅使本村农民富裕起来，而且还带动周围一批农村走上共同富裕之路；不仅在收入上赶上甚至超过城市居民收入水平，而且在住房、教育、医疗以及养老等社会福利事业方面也赶上甚至超过城市居民水平，使城乡差别缩小甚至消失；不仅依法纳税，成为当地政府财政收入的主要来源，而且还为地方兴办各种社会福利事业，为促进社会和谐做出了贡献；不仅在经济上成为当地的重要支柱，而且依托企业的利润反哺农业，在农业产值占总产值的比重下降到1%以下的情况下，延长农业的生产链，促进生产－加工－销售一体化经营，提高了农业的现代化水平和农业劳动生产率，达到农业发达国家的水平，从事农业生产的农民都是有文化、懂技术、会管理的新型现代农民。

与其争论"国进民退"或"民进国退"，不如解放思想，改革创新，从以人为本的科学发展观和有利于发展生产力、有利于改善人民生活水平、有利于促进社会和谐的原则出发，走适合中国国情之路，30多年农村改革与发展的历史经验就是最好的验证。

四 吉林省农村地区民营经济发展对策

（一）着重提高对民众的宣传力度，努力提供优惠政策，营造良好服务环境

在全社会范围特别是农村地区加大舆论宣传力度，提高民众尤其是农民对于发展民营经济重要性的认识，努力实现民营企业与国有企业、集体企业优势互补、共同发展的良好局面。以政府为主体，以各级财政为支撑，增加资金投入，提高对优秀民营经济体的奖励额度，加强对发展初具规模特别是发展前景良好的民营企业的扶持力度，给予农村经济体更加宽松和稳定的政策支持。在政策制定上应当明确企业获得政府奖励和扶持的标准和细则。鼓励成熟的企业尤其是已经取得成功的农民企业家以结对帮扶的形式，以资金、技术和人才入股的方式回归农村，共同发展农村民营经济。改革现行市场准入制度，降低企业注册登记门槛和成本，打破地方保护主义和市场壁垒，增加对外透明度，使民营企业能够真正实现低成本扩张。切实转变政府职能，改进和减少行政审批流程，积极为民营企业提供信息、咨询、金融、技术等方面的支持，营造优惠的政策环境和优质的服务环境。

（二）积极培养领军人物，大力支持专业合作组织

加强开展基层干部培养工作，使得基层干部有能力有技术带领农民发展民营经济，以颇具数量的农村经济合作组织为载体，积极鼓励各合作组织间的合并及重组，摒弃那些发展停滞、形同虚设的空壳组织，大力发展现状良好尤其

是成长潜力明显的合作组织。充分利用吉林省高校和科研部门数量充足的优势，加强其同农村民营企业的沟通和交流，可以以人才入股的方式为民营企业提供大量的技术及管理人才，实现双赢的目标，弥补农村民营企业人员组成素质较低、管理落后等缺陷，为企业进行科学定位，使其从起步就走上科学的、可持续发展的道路。同时，以农村专业合作组织为基础发展民营企业作为农村民营经济的主体，要加大对其支持力度。一要加大项目扶持力度，通过改变支农方式，努力把合作社作为支农项目建设的实施主体；二要加大财政补贴力度，尤其要优先扶持生产社会所需重要农产品（如粮食、奶类、生猪、油料等）的专业合作社；三要加快金融支持政策的出台，使得国家政策性金融机构降低贷款门槛，为合作社提供多渠道资金支持；四要切实落实各种农业政策，凡是国家规定的农业生产、加工、服务、流通及其他凡是与农业经济活动相关的税收优惠政策，合作社都应当享受，并且要根据实际情况需要进一步制定和完善相关政策；五要加大教育培训力度，培训出一批有技术、善管理的高级管理人才，培养出一支能够辅导农民专业合作社业务的人才培训队伍；六要继续加强舆论宣传和示范指导活动。

（三）充分利用吉林省自身优势，发展适合农村民营企业的产业

吉林省作为传统农业大省，农业生产一直在经济发展中扮演重要的角色，而吉林省农村民营经济也已经成为吉林省农村经济发展的重点，拥有其自身的优势和特点。作为以农业生产为重点的省份，不能盲目照搬其他地区的发展模式，应围绕特色农产品生产、农牧产品深加工、农村生态文化旅游等方面，突出发展有地方特色及优势的农业产业，着力发展种植业、养殖业、农产品加工业以及农产品运输业。从农业的产业优势和农村乡镇的地缘优势出发，充分利用各地的农产品资源优势及区位优势，发展涉农民营经济产业。比如西部白城、松原地区，适合发展畜牧饲养业、加工业，牛（包括奶牛）、羊、猪、鸡、兔的饲养及加工业，杂粮杂豆（包括向日葵、马铃薯、辣椒）等经济作物生产、加工业，农产品运输业等。中部长春、四平、辽源及吉林一部分地区，适合发展粮食（主要是玉米、水稻）生产及加工业，经济作物（辣椒、西瓜、烟叶）生产及加工业，果蔬（包括苹果梨、葡萄）生产、加工、运输

业、畜产品养殖业及加工业，渔业养殖及运输，农产品运输业。东部吉林市一部分、白山、延边地区，适合发展有机水稻生产及加工，山珍、野菜采集和种植，果蔬（延边的苹果梨是重点产业）种植、加工、运输，林下产业（各种药材，以人参业为主）种植及加工业（人参药食同源后产品需求剧增），畜产品养殖（延边黄牛、白山等地黑猪）及加工业。

（四）加快完善农村金融信贷服务体系建设，拓宽农村投融资渠道

加快完善农村金融、信息等服务体系建设，在农村民营企业信贷、结算、融资等金融问题及政策变化、市场信息变化等方面提供更符合农村民营企业现实情况及切身利益的服务。在保证资本金充足、严格金融监管和建立合理的退出机制的前提下，鼓励在县域内设立多种所有制的社区金融机构，允许私有资本、外资等参股。大力培育自然人、企业法人和社团法人发起的小额贷款组织，引导农户发展资金互助组织，规范民间借贷。根据农村发展的实际需要，可以把一定规模的农村经济合作组织构造成新型的农村民营金融机构。

B.7

吉林省民营企业文化建设存在的
问题及推进对策研究

曲芳艾*

摘 要：

民营企业的快速、稳定、健康发展离不开一个适合本企业的企业文化，如何帮助吉林省民营企业，特别是小、微型民营企业建构企业文化的问题凸显出来。本文通过对吉林省民营企业文化建设的实际调研，就吉林省民营企业文化建设中存在的问题，进行客观地分析与研究，并就推进其发展提出了可实施的具体建议。

关键词：

民营企业文化　企业文化建设　吉林省

2009 年《国务院关于进一步实施东北地区等老工业基地振兴战略的若干意见》中，为优化经济结构，建立现代产业体系，推出了大力发展非公有制经济和中、小民营企业的具体措施。这一系列具体措施为吉林省民营经济加快发展增添了动力和活力。2013 年 3 月 5 日十二届全国人大一次会议审议的政府工作报告，高度重视发展民营经济。指出，民营经济是民生经济、富民经济，是实现中国梦的重要推动力量。提出，要毫不动摇地鼓励、支持和引导非公有制经济发展……与此同时，吉林省省委、省政府下发了《关于突出发展民营经济的意见》，为民营经济的发展提供了更广阔的空间，吉林省民营企业迎来了前所未有的大好时机。把握发展契机，确保民营企业快速、稳定、健康

* 曲芳艾，吉林省社会科学院马克思主义研究所副研究员，研究方向为政治学。

地发展，更需要适宜的企业文化与之相契合。但民营企业的快速、稳定、健康发展离不开一个适合本企业的企业文化。研究表明，企业形成自己独特的企业文化，是搞好管理工作的无形动力，是企业生存发展的内在需要；强有力的企业文化是企业取得成功的"新金科玉律"，即企业文化是企业生命的基础、发展的动力、行为的准则、成功的核心。因此，有必要就如何更好地推进吉林省民营企业文化建设进行深入全面研究。

一　吉林省民营企业文化的地域特点

区域文化差别导致不同的企业文化特点。许多小、微型民营企业的经营活动受地方文化的影响，其生产经营活动具有典型的地方特色，企业员工的行为方式也深深地留有地方文化的印记。不同的文化特征培育了不同的人格类型，不同的文化环境形成对外在世界的不同认知系统，也决定了人们不同的内在价值观念和道德水平。吉林省地处东北区域，其社会文化也称"关东文化"和"黑土地文化"。这种区域文化，一方面，地域辽阔、土地肥沃和长期的农耕经济造就了东北人勇于开拓、吃苦耐劳、大气豪爽的品格，这种品格在当今的市场经济时代，值得继承和弘扬；另一方面，由于受"农本文化"的熏染，东北地域文化中，极度缺乏创新意识，缺乏创业思想，易于满足，具有小富即安的社会心态。这种文化意识不仅使吉林省原有文化中的消极因素加强，而且使整个文化土壤创新因素受到抑制。因此，这种文化品格在企业文化建设中务必破除。邴正教授强调："在振兴东北老工业基地的过程中，不仅老工业基地需要改造，社会需要改造，文化也需要改造。"我们可以在推进民营企业文化建设的过程中，发扬吉林省地域文化的积极因素，剔除消极因素，同时让企业文化反过来促进吉林省区域文化的优化和改进。

在吉林省大力提倡民营经济大发展，尽快摆脱经济不发达状态，逐步缩小同发达省份的差距之时，除了地域文化差别等客观因素外，关键取决于吉林省民营经济与企业文化发展的进程和状况，取决于科学地处理经济效益与文化建设的辩证关系。企业文化建设不能一蹴而就，需要在长期经营发展过程中，经过积累和沉淀，在企业内部营造的文化氛围中逐步形成、完善、发展起来，并对企业的经营活动有良好的促进作用。美国长期研究企业管理问题的著名专家托马斯和小罗伯特在《寻求优势》一书中，强调企业文化的主导作用和一致性是最佳公司的基本品质。

二 吉林省民营企业文化建设存在的问题及原因分析

从吉林省民营企业的总体情况看，民营企业的企业文化建设呈现出起步晚、发展不均衡等特点。据统计，2012 年全省规模以上的民营企业有 11543户。2013 年吉林省列入企业文化建设交流基地的企业有 34 户，其中民营企业仅有 4 户（分别是长春聚德龙铁塔集团有限公司、白山市喜丰塑业有限公司、吉林动画学院、长春市汇通驾校）。它们相对都有较长的经营期和发展期，企业文化已经过长期的积累与沉淀，进入相对的成熟阶段。例如，长春聚德龙铁塔集团有限公司，是一个有着 38 年发展史的公司。公司引导职工坚持"诚信经营"的信念，对用户承诺如金，并提出了"像爱惜自己的眼睛一样保证产品质量；像爱惜自己的生命一样保证安全；像爱惜自己的时间一样保证用户的工期；像爱惜自己的名誉一样保证公司的信誉"的行动准则，逐步形成了"诚信为本，客户为尊，拼搏为魂"的企业价值观念，据统计，公司已获得百余项国内、国外荣誉奖项，公司正逐步实现"立足多元世界，创造国际品牌"的奋斗目标。事实上，吉林省大部分民营企业，尤其是小、微型民营企业仍处于对企业文化建设的初步认识和探索阶段。在走访中，许多私企老板对企业文化的认识仅仅停留在每年搞一次春游、开一次联欢会的层面上。普遍存在认识上不够深入，甚至对企业文化知之甚少，企业文化建设仍处于无从谈起的现实境况。

1. 吉林省民营企业文化建设存在的主要问题

（1）企业的家族式文化色彩浓厚。许多民营企业是家族企业，企业文化具有家族意识色彩。存在企业内部决策者过多，企业的所有权和管理权不分的现象，并且企业的经营决策大多是主观臆断，缺乏科学、理智的分析，缺乏有效的监督和制约制度。

（2）企业的经营目标和方向具有不确定性。企业没有树立远景目标，缺乏实现梦想的勇气，注定了企业在创业初期，就无法成就大事业。这源于企业对利润的极度追求，有的甚至不择手段、见利忘义。根本在于缺乏计划性，盲目性地发展，使企业无法形成正确的企业精神和企业价值观，来指导企业的经营行为和经营策略。

（3）企业对员工"人文关怀"的随机性。走访调查发现，"以人为本"的管理理念已经得到民营企业的普遍认可。对小企业而言，因为机构设置简洁，经营者更方便与员工直接沟通，对员工生活、工作存在的问题更易了解并给予帮助，企业对员工的"人文关怀"行为与效果体现得较为直接。但同时也存在随意性和随机性，并没有形成有效的、规范的管理机制。

（4）企业员工具有较大的流动性。企业文化是被企业内全体员工普遍认同、接受的一种价值观，然而，民营企业员工往往缺乏同企业一体化的意识，缺乏与企业共渡难关的精神，尤其是企业多年培养的技术、管理人才"跳槽"现象严重。这不仅极大地影响了企业的正常运行和发展，而且影响到企业文化建设的接续连贯性。

2. 吉林省民营企业文化建设存在问题的原因分析

（1）企业缺乏民主管理。许多民营企业的管理特点是集权化的家长式管理模式。此种管理方式在创业初期所体现的优势，随企业的发展渐渐呈现出权力过分集中的弊端，体现在企业与员工缺乏沟通、产生隔阂，导致企业凝聚力、管理水平下降，甚至造成企业决策失误。流水不腐，户枢不蠹，民营企业要做大做强，在充分发挥决策者的个人能力外，还要建立有效合理的管理参与模式。若将业主与员工、私有观与共管观合理整合，必将使企业员工能集思广益，下情上达，将企业的前途与员工的个人命运有机统一，那么企业必然会焕发蓬勃发展的力量从而推进企业的发展。

（2）企业管理制度不健全。企业的制度是在企业活动中建立的一种能使广大员工自觉性和能动性得到充分发挥的制度机制。在创业初期，企业管理深深烙下企业经营者的个人风格与特点，有的甚至带有集权特色，这同时也埋下了企业发展的盲目性、缺乏计划性等隐患，阻碍了企业的长期发展。企业制度形成的企业文化引发员工相应的思想行为意识，形成相应的企业经营氛围。假如，没能为员工提供一定的福利保障制度和进一步提升能力与展现才能的渠道，便会导致员工缺乏归属感和主人翁意识。

（3）企业文化建设的浅表化。民营企业的企业文化建设大多仅局限于企业文体娱乐活动层面，忽视了深层精神内涵和道德情操的培养。调研发现，大部分小、微型民营企业在企业文化建设方面，大多体现在组织职工出游、年节职工聚餐、文艺会演等组织活动上。经理人的企业文化观念仅停留在表象层面，而缺乏技术培训、科技竞赛、探讨交流等深层意识的组织活动，以此来体现企业文化的价值所在。

（4）企业文化建设受重视度不够。政府相关部门与民营企业缺乏有效的、畅通的沟通渠道，导致政府难以倾听到民营企业的声音和诉求；政府宣传和组织学习力度不够；民营企业特别是小、微型民营企业无法在第一时间了解相关政策、把握商机。例如，走访中，发现许多小、微型民营企业会自觉将国旗插在店面上，而其中想入党者，却不知该向哪些部门申请。

三　推进吉林省民营企业文化健康发展的对策建议

吉林省作为东北老工业基地之一，是我国重要的重化工业基地和商品粮基地，为新中国工业体系的建立立下汗马功劳。近年来，特别是中央实施振兴东北老工业基地政策以来，东北各地方政府加快了改革开放进程，产业环境有了极大改善，民营经济有了长足的发展。但是，应当看到，与沿海发达地区相比，吉林省的创业环境还不尽如人意，需要进一步改善创业环境，尤其是需要进一步改善小、微型民营企业生存和发展的环境，这需要政府部门的高度重视和大力支持。除去外部环境，民营企业的自身文化建设更为重要。民营企业在不同的发展阶段其企业文化建设的特点也有所不同，每个发展阶段民营企业文化的建设都要根据所处环境、条件不同而进行及时调整、转换，但企业的总体目标与企业理念不能随意改变，而且要依靠全社会的共同努力，推进吉林省民营企业的企业文化建设，使吉林省民营企业能够快速、健康地发展，为吉林省民营经济的腾飞创造条件。

1. 正确认识民营企业不同发展阶段的企业文化建设

民营企业的发展过程大致分为三个阶段：创业期、成长期、竞争期。不同时期企业文化建设的侧重点有所不同。一个企业正常运作，取得发展，必须不断地解决企业和每个员工的价值取向、行为模式、职业道德及形象等问题。而这些都要求有一个科学的足以体现企业特色，真正能扬长避短，优化其经营机制的企业文化模式。例如，白山市喜丰塑业有限公司（简称喜丰公司）始终以振兴民族工业为己任，以"让喜丰农膜为亿万农民带来最大收益"为企业宗旨，坚持"一切服从质量、一心为了用户"的质量方针，成为全国首批"重合同、守信用"的民营企业，目前是亚洲最大的农用薄膜生产企业。喜丰公司以一系列基本战略构成的这一独特的文化模式，指导着喜丰公司有效地实现企业发展战略。所以，培育、构建和塑造民营企业文化发展的模式，是建设企业文化、搞好企业管理的基本功，对企业文化生成、发育、强化，有着重大的意义。下面就企业不同的经营发展期，围绕企业经营发展策略，对企业文化类型转换来进行分析，为吉林省民营企业文化建设提供参考。

企业处在创业期时，员工数量少、工作量小、内部协调容易，公司面临许多不确定性，公司前途未卜。企业需要树立明确目标，进行良好沟通，来培养较强责任心的活力型企业文化，防止无远大目标，急功近利，不负责任的停滞型企业文化。企业应将一些主要价值观念通过规则或职责规范制定出来，使企业成员形成基本一致的共同价值观念和经营方法，为企业今后的发展打下扎实的基础。

企业处在成长期时，企业的规模迅速扩大，员工人数急剧增加，企业内部产生纷争，极易形成官僚作风，在市场激烈竞争的环境下，导致企业经营效益下降。在企业需要新的经营策略时，企业高管难以转变经营策略。这时应把工作与娱乐并重，需要拼命干、尽情玩型的企业文化，防止呆板工作、例行公事、官样文章的官僚型企业文化。这时企业要简化决策程序，协调外部环境，帮助经理人处理好企业日趋复杂的决策问题。

企业进入竞争期时，企业产品销售额增长处于逐渐减缓乃至出现停滞，甚至下降的阶段。此时市场需求渐趋饱和，同类产品企业为了保护各自的市场占有率，往往会展开激烈的竞争，这也是企业生存与发展的关键时刻。此时企业应形成鼓励内部竞争和创新的硬汉型企业文化，防止投资大、见效慢、孤注一掷的赌注型企业文化。这时企业经理人需要充分发挥领导才能和领导艺术，推动企业改革，在残酷竞争中寻求生存与发展。

2. 政府应积极扶持和帮助民营企业文化健康发展

政府的扶持与帮助是民营企业克服经营中许多实际困难的不可替代的重要力量。近些年，吉林省民营经济发展的外部环境不断改善，对民营企业文化建设也更加重视，并切实地为民营企业文化建设发展提供了一定的服务和支持。吉林省在发展民营经济的目标中提出"素质提升"工程，指出核心是企业家，关键是人才，重点是管理。并于 2010 年，全面开展了以 100 户企业（50 户国有企业和 50 户民营企业）为重点单位的企业文化建设"三提升"活动，即提升员工素质、提升企业精神、提升品牌形象，这为民营企业的文化建设提供了良好的政策环境和机遇。作为政府部门还需要在以下几个方面为民营企业文化建设提供支持和保障的力量。

（1）树典型和示范引导。树立企业文化建设典型，对那些积极和成功构塑企业精神和企业价值的民营企业，进行表彰和奖励；搭建企业家交流平台，定期组织企业家们与专家学者互动，相互交流企业文化建设方面的经验，商量对策，取长补短，为我所用，从而帮助其他民营企业不断地改进和完善适合自己的企业文化。

（2）走基层和科学指导。及时组织相关人员深入到生产型企业为其提供技术支持，提高其产品的技术含量；到管理型、服务型企业进行蹲点指导，帮助其规范管理，提高其服务质量等。

（3）引进和培养企业人才。目前，民营企业大多面临企业员工频繁变更岗位，尤其面临那些经多年培养、具备特定技能的员工，当本企业经营不景气而急需其发挥作用时"跳槽"的窘境。帮助企业顺利走出人才流失的困境，不仅需要帮助企业及时引进人才，更需要帮助企业完成人的素质开发和素质提升工作，从而为民营企业提供持久的智力支持。

（4）培养和造就优秀企业家。优秀的企业家不仅要具备艰苦创业、知难而上为企业创造最大利润的精神，同时也应具有服务社会、探索人生的境界和襟怀。要为各类闯将、拔尖人才创造最佳经济、文化和社会心理环境，在这种丰富的文化土壤中，企业家吸取和借鉴正确的、有价值的东西，不断完善与发展自己的管理思想和管理风格，并用自身卓越的领导能力，在企业的产品及服务上体现其管理思想和管理风格。

（5）鼓励和支持文化建设的资金投入。政府应鼓励和支持企业用于文化建设方面的硬件投入。企业文化的建设需要额外的人员开支和资金投入，这往往是经营者不愿负担的成本。这时，政府可按区域或按行业划分成立专门的组织服务机构，通过资源整合、资源共享，来为小、微型民营企业在企业文化建设方面提供相应的服务。

3. 民营企业应加强自身企业文化建设

民营企业在经营过程中，企业文化的培育和建设是一项浩大的战略性工程。长远的企业目标、合理的管理机制、灵活的经营发展策略等构成了企业内部环境要素，也是民营企业进行企业文化建设的重要环节。这些要素通过不断优化和完善，逐步形成企业精神和企业价值观，并以此来指导企业运行、规范企业行为。例如，有着13年办校经验的民办院校——吉林动画学院，提出了"坚持走学、产、研一体化人才培养道路"的办学理念，学院以"自尊、自强、创新、创造"作为校训，重视创新人才培养模式，已经形成以教学为主导、科研为支撑、产业为导向的产学研一体化人才培养模式，并已成为全国动漫产业的佼佼者。民营企业如何在生产经营过程中发展自己的企业文化，从而创造最大的经济效益，调研发现以下几方面很关键。

（1）提升企业的管理水平。民营企业要及时走出家族式管理模式，提倡"以人为本"的管理理念。民营企业应把员工、顾客和社会三个层次有机结合起来，以诚实、守信、可靠的经营理念，实现以点到面、以小到大的经营策略。其根本就是坚持人的平等性和平等观念。企业文化倡导的平等是政治上的一视同仁和经济上的同工同酬，即在企业内部要发扬民主，广开言路，向每个员工提供平等的竞争机会。

（2）密切联系企业实际。口号式、僵化的企业文化已不适应现代企业发展的需要。面对变幻莫测的市场环境和残酷的竞争对手，企业应及时对文化要素进行合理、有效地整合和管理，要宣扬我国优秀的传统和民族文化，吸收国外私营企业的科学技术和先进的工作方法，参照其他发达省份民营企业先进的管理经验，构建适合企业自身特点的企业文化模式。

（3）增强社会责任意识。民营企业应形成良好的服务意识和亲善意识，取得社会的鼓励与认同。企业与社会是一致的，企业发展要与时俱进，与社会需求、时代潮流相符合，在利国、利社会中拓展发展空间。假如，企业文化不仅强调企业自身的目标，同样强调社会的目标，不仅注重企业精神的探索，而且同样注重社会文明的建设，那么企业文化建设的成就既表现为企业凝聚力的加强，也表现为社会凝聚力的加强。因此，民营企业应积极参与社会活动，承担社会职责，这是提升企业正面形象，获取更多的信息与资源的有效途径。塑造正面的企业形象，力求在民众中建立良好的商业和社会口碑，取得社会广泛的认可，是企业固本求元、长久发展的正途。

（4）树立正确的企业价值观。民营企业的私有性质，决定了经营者为了提高生产能力和扩大经营规模，往往把人力、物力、财力重点放在见利多、见利快，能够为本企业和员工带来直接实惠的项目上。有的民营企业由于本位利益的膨胀，甚至欠税、逃税，或生产伪劣商品，或不惜以污染自然环境为代价获取企业利益。这一切源于企业单纯追求个人财富和无限扩大资本私有的价值观，而这与我国社会主义核心价值观是相悖的。我国当代民营企业精神和企业价值观与我国社会主义核心价值观，二者是一致的、同步的。树立和谐的、可持续发展的企业价值观，就是让企业避免乱开发物质资源，维护生态平衡，避免过度消费劳动者的劳动能力，营造和谐的社会氛围。这种价值观能驱使企业员工同经营者一同在创造财富、扩大市场的过程中，在优胜劣汰的竞争环境里，无限推动资本增值和增殖，真正实现为个人、企业、国家谋福祉的美好愿望。

城镇化建设

Urban Construction

B.8

吉林省城镇化历史进程分析与
发展趋势预测

徐 嘉 纪明辉*

摘 要：

1978年改革开放以来，吉林省的城镇化发展经历了从停滞到复苏、从高速推进到稳定发展的历程，逐步进入新型城镇化发展的轨道。整个发展进程中既取得过城镇化率持续高于全国平均水平的成绩，也遭受过国有企业转制改革带来的阶段性曲折，在当前全国推进新型城镇化发展的历史时期，面临着城镇化率上升缓慢，城镇化质量不高，人口城镇化与土地城镇化不协调等诸多困难和问题。本文通过对历史进程的回顾与历史数据的分析测算，预测未来十年吉林省城镇化率上升水平并提出可操作的政策建议。

* 徐嘉，吉林省社会科学院城市发展研究所助理研究员，研究方向为城市经济与管理；纪明辉，吉林省社会科学院软科学研究所助理研究员，研究方向为数量经济。

关键词：

　　城镇化　　工业化　　户籍　　逻辑斯谛曲线

　　经过改革开放 30 多年来的持续发展，吉林省的城镇化已经步入了中期阶段，在过去的阶段性进程中，既经历了初始的复苏高速提升期，也经历了持续发展推进期，今后新型城镇化与吉林特色城镇化将成为未来吉林省城镇化发展的主要方向。

一　吉林省城镇化发展的阶段分析

（一）1978~1989 年，城镇化快速推进阶段

　　1978 年十一届三中全会后，随着党的工作重心逐步转移到经济建设上来，吉林省的城镇化建设逐步走出长期以来的停滞局面开始恢复。这一阶段吉林省城镇化主要表现为以下几个特征。

　　1. 城镇化率高速提升

　　吉林省非农业人口由 1978 年的 659.5 万人，增加到 1989 年的 930.8 万人。11 年间，按户籍登记的非农人口增加了 271.3 万人。按非农人口计算的城镇化率由 30.7% 增长至 38.9%，年均增长 2.2%。连续 11 年增幅均在 1%以上。吉林省城镇化率一直领先全国平均水平（见表 1、表 2）。

　　2. 城镇建制步伐加快

　　1978 年吉林省有 3 个地级地区、1 个自治州、1 个盟、2 个省辖市、8 个地辖市 39 个县、2 个自治县、7 个旗、9 个市辖区。到 1989 年，城镇数量发展到 22 个，全省共有 6 个省辖市、1 个地区、1 个自治州，22 个县、16 个县级市、3 个自治县、18 个市辖区。这一阶段成为城市数量增长最快的时期（见表 2）。

　　3. 城市体制改革逐步推进

　　首先体现在小城镇地位恢复方面。十一届三中全会后，随着家庭联产承包责任制在农村的推行，恢复乡镇建制，小城镇作为城乡结合部，重新得到重

视，为发展城镇体系打开了局面。其次体现在"市管县"体系创新方面。长春、吉林、四平分别作为城市经济体制综合改革试点，扩大了城市经济管理权限。最后体现在计划单列市的设立方面。1983 年后，长春作为吉林省省级经济管理权限的计划单列市，为今后城市群发展奠定了基础。

表1　1978～1984 年吉林省城镇化水平情况

单位：%，万人

年　份	1978	1979	1980	1981	1982	1983	1984
城镇化率	30.7	32.1	32.7	33.4	33.8	34.5	35.1
城镇化增长率	—	4.6	1.9	2.1	1.2	2.1	1.7
非农人口	659.5	701.2	723.3	745.7	763.7	782.1	802.6

注：数据根据吉林省统计年鉴非农业人口数值计算。鉴于吉林省统计年鉴数据统计口径的历史局限，表1、表2、表3 的城镇化率均根据吉林省统计年鉴中的户籍非农业人口数值计算。

表2　1985～1989 年吉林省城镇化水平情况

年　份	1985	1986	1987	1988	1989
城镇化率(%)	36.4	37	37.8	38.5	38.9
城镇化增长率(%)	3.7	1.6	2.2	1.9	1.0
城市数量(个)	14	21	21	22	22
非农人口(万人)	837.0	857.0	883.5	908.7	930.8

注：数据根据吉林省统计年鉴非农业人口数值计算。

这一阶段城镇化所表现的特点，背后有诸多深层次因素与改革措施作为动力。

1. 户籍政策改革

1984 年，中共中央发布一号文件，允许务工、经商、办服务业的农民自带口粮在城镇落户。"先进城后建城"的恢复性政策推动了城镇人口的增加，知识青年与知识分子、干部及家属大批返城参与城市建设，在城镇重新就业，另外恢复高考及高考政策的延续也带动了农村青年学生进城落户。1985 年户籍改革里程碑式政策《关于农民进入城镇落户问题的通知》出台，户籍制度开始松动，城镇非农业户口商品化开始。1985 年身份证制度的实行，使由过去的以户为主的管理模式开始向以人为主的管理模式转化。

2. 经济改革发展

1980 年颁布的《进一步做好城镇劳动就业工作》提出，逐步允许城镇劳动力在一定范围内流动。1986 年全民所有制企业改革启动，1987 年"一个中心、两个基本点"提出，全国进入经济体制调整改革阶段。随着农村经济的发展，城乡集市贸易的开放，使得大量农民进入城市和小城镇，在南方和东南沿海城市，乡镇企业迅速崛起，既促进了小城镇经济与整体发展，也带来了大量暂住人口。农副产品开始告别短缺与计划阶段，为城镇化发展提供了必要的物质基础。

3. 城镇化政策的实施

这一阶段城镇人口增长较快，同时出现了住房、医疗、教育等公共服务不堪重负的问题，1980 年出台了关于我国城镇发展的总方针，即"控制大城市规模，合理发展中等城市，积极发展小城市"。1984～1986 年国家开始"撤社建乡"，并降低建制镇标准。1986 年国家针对"建市"标准进行修改和调整以后，县级市获得了较快的发展。国家城镇政策"加强小城镇建设是中国社会主义城市化的必由之路"的提出，表明城镇化政策的重点由严格控制城市人口增长向鼓励小城镇发展转换。

（二）1990～2000 年，城镇化全面推进阶段

这十年是吉林省城镇化全面推进阶段，虽然中间也经历了经济体制改革带来的"阵痛"，但总体仍呈现上升态势。这一阶段吉林省城镇化主要表现为以下几个特征。

1. 流动人口增加初现端倪

根据 1990 年第四次与 2000 年第五次人口普查数据，吉林省城镇人口由1990 年的 1060.24 万人增至 2000 年的 1331.8 万人，城镇化率由 42.7% 增至49.7%，10 年间提高 7.0 个百分点，年平均增长速度为 1.5%，仍高于全国平均水平（见表 3、表 4）。吉林省人口迁移流动的规模和强度都有了明显的提高和增强。2000 年第五次人口普查的资料显示，吉林省迁移流动人口的总数高达 355.7 万人，占吉林省人口总数的 13.3%，与 1990 年第四次人口普查相比，迁移流动人口增加了 235.3 万人，增长近 1 倍。

表3　1990～1995 年吉林省城镇化水平情况

年　份	1990	1991	1992	1993	1994	1995
非农人口城镇化率(%)	39	39.3	39.8	40.9	41.8	42.3
非农人口城镇化增长率(%)	0.3	0.8	1.3	2.8	2.2	1.2
城镇数量(个)	22	22	23	25	26	27
非农人口(万人)	951.9	966.2	985.4	1021.2	1050.4	1077.8

注：数据根据吉林省统计年鉴非农业人口数值计算。

2. 户籍与常住人口城镇化差异显现

吉林省非农人口城镇化率 1990 年为 39%，常住人口城镇化率为 42.7%，两者相差 3.7 个百分点，2000 年非农人口城镇化率为 43.5%，常住城镇化率为 49.7%，两者相差 6.2 个百分点，差距进一步增大。特别是 1996 年后，由于常住人口与户籍人口差异逐渐增大，吉林省统计数据开始分列，此后，城镇化率均专指城镇常住人口城镇化率（见表4）。

表4　1996～2000 年吉林省城镇化水平情况

年份	1996	1997	1998	1999	2000
城镇化率(%)	46.9	47.1	47.2	48.4	49.7
城镇化增长率(%)	—	0.4	0.2	2.5	2.7
城镇数量(个)	28	28	28	28	28
非农人口(万人)	1094.5	1115.9	1122.9	1131.9	1143.0
城镇人口(万人)	1224.1	1236.9	1248.7	1286.5	1331.8

注：数据根据吉林省统计年鉴城镇人口数值计算。鉴于吉林省统计年鉴数据统计口径的历史局限，表4、表5、图1的城镇化率均根据吉林省统计年鉴中城镇人口数值计算。

3. 城镇化率经历先升后降的发展过程

由于市场经济体制改革，20 世纪 90 年代吉林省经济发展可分为"八五"时期和"九五"时期两个阶段，吉林省城镇化发展呈现先升后降的趋势。"八五"阶段，全省 GDP 由 463.47 亿元增加到 1137.23 亿元，增长 1.5 倍，人均生产总值由 1878 元增长到 4402 元，增长了 1.3 倍。"九五"时期全省 GDP 由 1346.79 亿元增加到 1951.51 亿元，仅增长了 0.4 倍，人均生产总值同样仅增长 0.4 倍。"九五"时期是吉林省经济困难期，各项经济指标都有所下降，城镇化率增幅放缓。1987～1998 年年均增长缓慢，直至国有企业改革初见成效后，又获得了 2% 以上的高增长率。

通过总结这一阶段的政治经济政策，得出影响城镇化的诸多因素如下。

1. 城镇化政策调整

1993 年经国务院同意，建设部等颁发了《关于加强小城镇建设的若干意见》。1995 年，国家体改委等提出了《小城镇综合改革试点指导意见》。1998 年《中共中央关于农业和农村工作若干重大问题的决定》中，提出"发展小城镇，是带动农村经济和社会发展的一个大战略"。2000 年，中共中央、国务院先后在《关于促进小城镇健康发展的若干意见》中和"十五"规划的建议中分别指出"抓住机遇，适时引导小城镇健康发展，应当成为当前和今后较长时期农村改革与发展的一项重要任务"、"我国推进城市化条件已逐渐成熟，要不失时机实施城镇化战略"。"十五"规划中还第一次专门制订了《城镇化发展重点专项规划》。

2. 体制机制调整

在户籍制度方面，1997 年《小城镇户籍管理制度改革试点方案》和《关于完善农村户籍管理制度意见》的出台，解决了在小城镇长期就业或居住的符合当地落户条件的农村人口在小城镇落户的问题。吉林省在 1999 年制定了《关于实现县域突破战略的鼓励扶持政策》和《加快省"十强镇"改革和发展的若干政策》，制定了《小城镇户籍制度改革方案》、《关于全省小城镇建设的决定》、《关于对全省乡镇企业小区放权和放宽政策的意见》，积极发展小城镇建设。这些政策改革加速了流动人口转移，加大了小城镇吸纳劳动力的能力。

3. 市场经济体制改革波动

这一阶段吉林省城镇化之所以出现先扬后抑的发展态势，主要原因是，"八五"时期上升阶段过后，国有企业改革开始，吉林省作为老工业基地，特别是"九五"期间，资源型城市主导产业步入衰退期，经济陷入困境，城镇化遭受挫折。一些地区出现城市人口下降、工业化程度和城镇化率下降的局面，但从 2000 年开始，伴随着国有企业改制深入，资源型城市转型成功，吉林省城镇化重新恢复活力。

（三）2001 年至今，城镇化发展趋缓阶段

进入 21 世纪后，随着乡镇企业的升级改造，产业园区的大力发展，城市群、城市带的全面崛起，城镇化发展进入了以大城市为依托，以增强承载能力为重点，大中小城市、小城镇协调发展的新型城镇化时代。吉林省城镇化在这一阶段呈现出如下特征。

1. 城镇化增速明显放缓

吉林省城镇人口 11 年仅增长了 137 万人，增速明显放缓，城镇化率由2001 年的 49.8% 上升到 53.7%，提高了 3.9 个百分点，年均增长率达 0.7%。非农人口城镇化率由 43.8% 增至 46.9%，提高了 3.1 个百分点。城镇化发展趋于平缓，城镇化率提升速度转慢，特别是 2007 年后，城镇化增长率均未超过 0.5%，2010 年与 2011 年甚至出现停滞现象（见表 5）。城镇化水平在全国的位次由 2000 年的第 7 位下降到 2010 年的第 11 位。根据历次人口普查数据，1990~2000 年，吉林省城镇化率年均增长速度在全国居第 25 位，2000~2010年，年均增长速度在全国居第 29 位，城镇化增长速度不断减缓。

2. 城镇体系逐渐完善

2001 年以来，全省共撤乡镇 313 个。城镇体系继续呈 "金字塔" 式分布，结构趋于合理。2010 年末，全省有县级市 20 个、县（市）40 个，其中市辖区 20 个、镇 425 个。城镇职能分工明确，以长春为核心，吉林、四平、辽源、松原等城市作为城市群内的次级中心城市的中部城市群是全省经济发展的核心。东部城镇人口比重较大，资源型城市较多；西部城市以白山为代表，城镇密度较小，城镇人口较少。随着城镇人口的增加，规模扩大，城市竞争力也有所提升（见表 6、表 7）。

表 5　2001~2012 年吉林省城镇化水平情况

单位：%，万人

年　份	2001	2002	2003	2004	2005	2006	2007	2008	2009	2010	2011	2012
城镇化率	49.8	50.9	51.8	52.3	52.5	53.0	53.2	53.2	53.3	53.4	53.4	53.7
城镇化增长率	0.2	2.2	1.8	1.0	0.4	0.9	0.4	0.1	0.2	0.1	0	0.3
非农人口	1154.7	1177.8	1195.4	1202.4	1206.3	1208.8	1215.9	1224.8	1226.8	1242.1	1309.1	1266.7
城镇人口	1340	1373.5	1399.7	1416.5	1426.5	1442.4	1451.2	1454.9	1460.7	1465.6	1468.2	1477.0

注：数据根据吉林省统计年鉴城镇人口数值计算。

表6　吉林省城镇体系框架

四个等级	规模等级	2010 年	
		城　镇	数量(个)
特大城市	100 万人以上	长春、吉林	2
市(州)	50 万~100 万人	四平、松原(含前郭)、白山(含江源)	7
	20 万~50 万人	延吉、通化、辽源、白城	
县　城	10 万~20 万人	蛟河、榆树、公主岭、东丰、梅河口、桦甸、舒兰、洮南、敦化、珲春、德惠、农安、九台、梨树	38
	10 万以下	辉南、汪清、双辽、扶余、长岭、柳河、通榆、伊通、镇赉、和龙、乾安、龙井、大安、永吉、图们、临江、安图、靖宇、磐石、抚松、通化县、集安、长白、东辽	
小城镇		英俊镇、奢岭镇、卡伦镇等(不含20个县城镇)	406

注：数据来源于2010年吉林省第六次全国人口普查。

表7　2006~2012 年吉林省特大城市综合竞争力排名

单位：位

年份	2006	2007	2008	2009	2010	2011	2012
长春	36	43	36	31	37	33	43
吉林	138	153	120	95	94	95	86

注：数据来源于倪鹏飞主编的《中国城市竞争力报告2012》相关资料整理。

3. 人口城镇化滞后于土地城镇化

随着以市场化为主体、多层次多元化住房体系的形成，土地城镇化发展迅速，城市规模不断扩张。2001~2012 年的十几年间，全省城市建成区面积由 793.12 平方公里增长到 1293.82 平方公里，增长率为 63.13%，年均增长 4.5 个百分点（见图1）。土地城镇化年均增速快于人口城镇化增速 3.8 个百分点。

进入21世纪的十年来，国家和吉林省多措并举，积极探索新型城镇化道路。

1. 城镇化政策推进

2002 年，中国特色城镇化与协调大中小城镇协调发展成为 21 世纪城镇化建设的主流方向。针对小城镇发展的规划布局提出了"发展小城镇要以现有的县城和有条件的建制镇为基础，科学规划，合理布局"。2007 年中共中央在

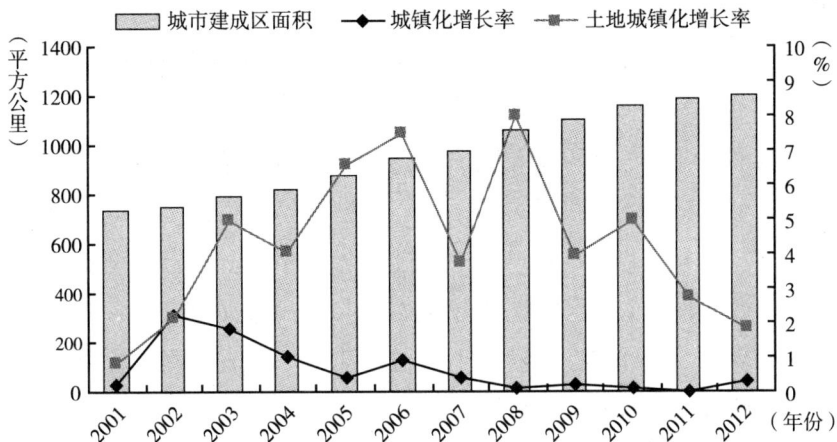

图1 2001～2012年吉林省土地城镇化率与人口城镇化率对比

资料来源：根据吉林省统计年鉴城镇人口数值计算。

党的十七大报告中就城镇化的新形势进行了全局展望，再次明确并强调了中国特色城镇化的发展原则，"走中国特色城镇化道路，按照统筹城乡、布局合理、节约土地、功能完善、以大带小的原则，促进大中小城市和小城镇协调发展"。同时提出了城市群与大城市发展的主流共识，提出了城镇化与经济增长的互动关系，"以增强综合承载能力为重点，以特大城市为依托，形成辐射作用大的城市群，培育新的经济增长极"。这些政策为完善吉林城市体系建设提供了纲领指导。

2. 规划设计先行

《吉林省城镇体系规划》（2006～2020年）、《吉林省中部城镇群规划》（2005～2020），提出了实施"两个聚集"的城镇化发展战略及"强化中部、构筑支点、区域联动"的空间发展战略。2007年编制了《吉林省小城镇平台建设规划》等一系列推动特色小城镇发展的战略规划。2010年通过了《中共吉林省委、吉林省人民政府关于统筹推进吉林特色城镇化的若干意见》，2012年编制完成《吉林省城镇化发展"十二五"规划》，通过了《吉林省城乡规划条例》，初步形成由城镇体系规划、特色城镇化发展规划、城市总体规划和专项规划等各级各类规划构成的全省城镇化规划体系。

3. 制度政策保障

2001 年 5 月，针对户籍制度改革的《关于推进小城镇户籍管理制度改革的意见》出台，以城乡分割制度为核心的户籍管理制度在小城镇全面废除。2008 年，党的十七届三中全会继续"推进户籍制度改革，放宽中小城市落户条件，使在城镇稳定就业和居住的农民有序转变为城镇居民"。2011 年，吉林省发布了《关于积极稳妥推进户籍管理制度改革的实施意见》，全面放开县级城市的落户政策，对依法保障农民土地权益、着力解决农民工实际问题等方面都做了明确规定。吉林省将城乡"土地增减挂钩"与表土剥离相结合，这是吉林省在土地城镇化与人口城镇化平衡方面做的有益尝试。

二　吉林省城镇化发展中的问题

全面衡量城镇化状况，不仅要从城镇化水平及增长率方面看，还要比较城镇化与工业化、城镇化与人民生活、城镇化与基础设施的关系。下面将吉林省城镇化建设情况与全国进行对比，从比较中检视吉林省城镇化中的问题。

（一）城镇化率增速低

吉林省城镇化率由 2000 年的 49.7% 增长为 2012 年的 53.7%，提高 4.02 个百分点，年平均增长 0.7 个百分点。全国城镇化率由 2000 年的 36.2% 增长到 2012 年的 52.6%，增长了 16.4 个百分点，年平均增长率为 3.1 个百分点。吉林省城镇化率虽一直高于全国平均水平，但差距在逐渐缩小，2000 年，吉林省城镇化率高于全国 13.5 个百分点，但是到 2012 年，仅比全国高 1.1 个百分点。主要原因是吉林省城镇化率平均增速慢于全国，2000～2012 年吉林省城镇化增长率仅为全国平均的 1/5。相应的吉林省城镇化率在全国排名也有所变化。2000 年，吉林省人口城镇化率在全国排名第 7，到 2012 年，排名降为第 12。

（二）城镇化与工业化偏差低

世界工业化和城镇化的历史表明，工业化是城镇化的发动机，城镇化是工业化的促进器。二者存在相互制约、相互促进的关系。钱纳里 1988 年对 100

多个国家综合分析后，得出在常态发展状况的"发展模型"。在该模型中，工业化的初期和中期阶段，城镇化随工业化加速推进，且城镇化的水平会超过工业化水平，即随着人均生产总值的增加，城镇化与工业化差额为正，且逐渐增大。

我国的状态始终是城镇化滞后工业化，但随着城镇化建设的推进，城镇化率对工业化率呈现追赶态势，二者偏差系数曲线向上倾斜。2009年，城镇化率超过了工业化率，说明全国整体的城镇化滞后问题正在得到改善。2000年以来，吉林省城镇化与工业化的偏差始终为正，但走势却是逐年下降，与全国以及钱纳里"发展模型"中走势相反。2012年，吉林省工业化率为53.4%，与城镇化率（53.7%）相差0.3个百分点，偏差系数为0.006。但是与全国和发达省市以及辽宁和黑龙江两省相比，吉林省城镇化率领先工业化率的差额是最小的。全国城镇化率与工业化率的偏差系数为0.16，北京、上海和广东的偏差系数分别为2.80、1.26和0.39，辽宁和黑龙江的偏差系数分别为0.23和0.29。吉林省作为老工业基地，自有的优势产业和特色产业集聚于工业，工业的发展对地区经济发展举足轻重，所以工业发展仍要继续。目前，吉林省城镇化与工业化偏差已基本达到0，吉林省城镇化率增长继续较慢的话，也将出现城镇化滞后工业化的局面。以国际和国内发达地区城镇化经验来看，在工业化中期阶段，城镇化率应随着工业化进程的推进与工业化的偏差逐渐增大，所以，吉林省的城镇化应继续向前推进（见表8、图2）。

表8　城镇化水平与工业化水平关系：吉林省与全国对比

年　份		2000	2002	2004	2006	2008	2009	2010	2011	2012
吉林省	城镇化	49.66	50.88	52.30	52.97	53.21	53.32	53.36	53.36	53.7
	工业化	39.40	40.17	42.59	44.80	48.20	48.66	51.99	53.09	53.4
	偏差系数	0.26	0.27	0.23	0.18	0.10	0.10	0.026	0.005	0.006
全国	城镇化	36.22	39.09	41.76	44.34	46.99	48.34	59.95	51.27	52.57
	工业化	45.92	44.79	46.23	47.95	47.45	46.24	46.67	46.61	45.32
	偏差系数	-0.21	-0.13	-0.10	-0.08	-0.01	0.05	0.07	0.10	0.16

注：工业化率按第二产业的产值占GDP的比重计算，偏差系数为城镇化率/工业化率-1。

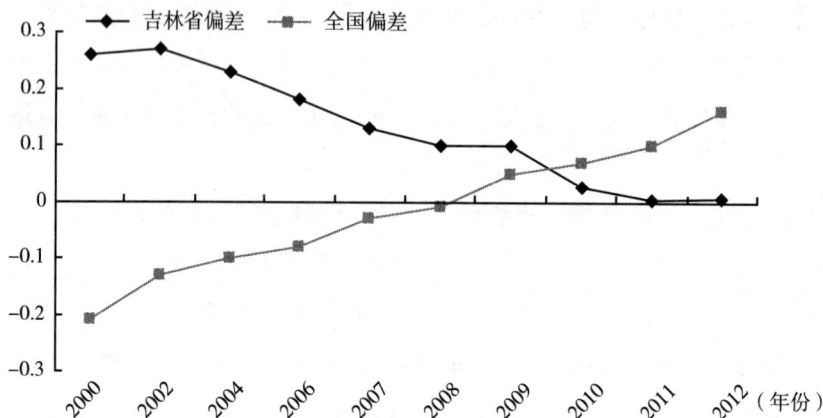

图2　吉林省和中国的城镇化与工业化偏差系数时间趋势

（三）城镇设施建设水平低

推进城镇化，必须按照城镇人口增长趋势，相应提高城镇的综合承载能力。

与全国相比，吉林省城市基础设施建设水平指标总体较低。2012年，城市用水普及率和城市燃气普及率分别为92.71%和89.46%，比全国平均水平分别低4.33个和4.13个百分点；每万人拥有公共交通车辆9.31台，比全国平均少2.5台；人均城市道路面积和人均公园绿地面积分别为12.61平方米和10.96平方米，分别比全国平均少1.78平方米和1.30平方米。

再看城市人居生活环境情况，随着人口压力的刚性扩张和生活水平的不断改善，城市生活垃圾增长快速。2012年吉林省城市生活垃圾清运量已达508.6万吨，垃圾无害化处理量只有232.9万吨。生活垃圾无害化处理率仅为45.8%，与全国平均水平（84.8%）相差很大。吉林省建成区绿化覆盖率为33.9%，也低于全国平均5.7个百分点。

虽然吉林省城镇化率在全国排名比较靠前，但城镇基础设施以及人居环境质量指标表现不能与城镇化率相匹配，在全国31省区市排名中均处后列（见表9）。

表9　2012年吉林省与全国城市基础设施和人居生活环境指标对比

排名	城市设施水平					城镇居民生活	
	城市用水普及率(%)	城市燃气普及率(%)	每万人拥有公共交通车辆(标台)	人均城市道路面积(平方米)	人均公园绿地面积(平方米)	生活垃圾无害化处理率(%)	建成区绿化覆盖率(%)
吉林省	92.38	89.46	9.75	12.61	10.96	45.8	33.9
全　国	97.16	93.15	12.25	14.39	12.26	84.8	39.6
吉林省在全国的排名	26	22	24	20	17	29	27

（四）城镇居民收入低

2012年，吉林省城镇居民人均可支配收入为20208.04元，城镇职工平均工资38407元，均低于全国平均水平。这两项指标在全国的排名分别为第23和第26。相对较低的工资及收入水平使吉林省城镇对人口的吸引力较弱，2010年第六次全国人口普查数据显示，吉林省城镇省际迁移表现为净迁出。2010年，省外迁入吉林省城镇的人口为36.9万人，城镇迁往省外的人口为118.9万人，净迁出人口为82万人。迁出人口是迁入人口的3.2倍。迁出人口中，劳动年龄人口的比重和高素质人口的比重均高于迁出地的平均水平。人口迁移流动特别是省际人口迁移流动对吉林省城镇化具有负面影响，劳动年龄人口和高素质人口的迁出不利于吉林省城镇人力资本存量的增加。

三　吉林省未来10年城镇化水平预测

城镇化有其自身的发展规律，美国城市地理学家诺瑟姆在1975年研究了世界各国城市化过程，并将城市化轨迹概括为生长理论曲线，即著名的逻辑斯蒂曲线。根据该曲线的描述，城镇化的发展过程要经过初期、中期和后期三个阶段。初期与后期城镇化发展较为缓慢，中期是城镇化的加速发展时期，这一时期城市人口占总人口的比重为30%～70%（见图3）。

吉林省正处于城镇化的加速阶段，而且加速过程应该一直持续数十年。根据逻辑斯蒂曲线，整个加速阶段城镇化应该是不断提升的线性变化过程，所以

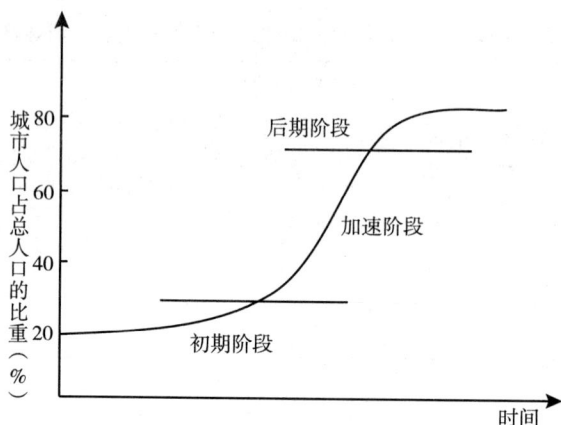

图 3　城市化进程规律曲线

用式 1 表示城镇化水平与时间的关系，然后利用时间序列预测法来预测吉林省未来十年的城镇化水平。简新华和黄锟 2010 年在《经济研究》发表文章，使用的就是此方法对中国城镇化水平进行预测，从 2012 年预测数据来看，准确率为 96%。

$$u = 1/(1 + \lambda e^{-kt}) \qquad\qquad\text{（式 1）}$$

其中，u 为城镇化水平，t 为时间。因为 1995 年及以前吉林省城镇人口数据缺失，所以以 1996～2012 年的数据为依托进行城镇化预测。设 1996 年 $t = 0$，1997 年 $t = 1$，2012 年 $t = 16$。λ、k 为参数。

对式 1 进行变换，可得 $\ln(\frac{1}{u} - 1) = \ln\lambda - kt$，令 $\alpha = \ln\lambda$，$\beta = -k$，$u' = \ln(\frac{1}{u} - 1)$，则有 $u' = \alpha + \beta t$。

根据 1996～2012 年吉林省城镇化率计算出 u'，然后利用 Eviews6.0 软件对系数进行估计。结果为 $\alpha = 0.1156$，$\beta = -0.019$，该方程的调整 R^2 为 0.87，说明 u' 与 t 之间线性回归拟合程度较好。通过计算求得 $\lambda = 1.1225$。

由此可得吉林省城镇化水平的时间序列方程为：$u = 1/(1 + 1.1225e^{-0.019t})$

对吉林省 2013～2022 年城镇化水平预测值如表 10 所示。

表10　2013～2022年吉林省城镇化水平预测

单位：%

年份	城镇化率	年份	城镇化率	年份	城镇化率
2013	55.17	2017	57.04	2021	58.89
2014	55.64	2018	57.50	2022	59.35
2015	56.11	2019	57.97		
2016	56.57	2020	58.43		

依据过去规律对吉林省未来城镇化率进行预测，结果不容乐观。将吉林省与全国城镇化水平预测值相比较，到2019年，吉林省城镇化率达到57.97%，而全国水平为58.10%，吉林省将落后全国平均水平（见图4）。

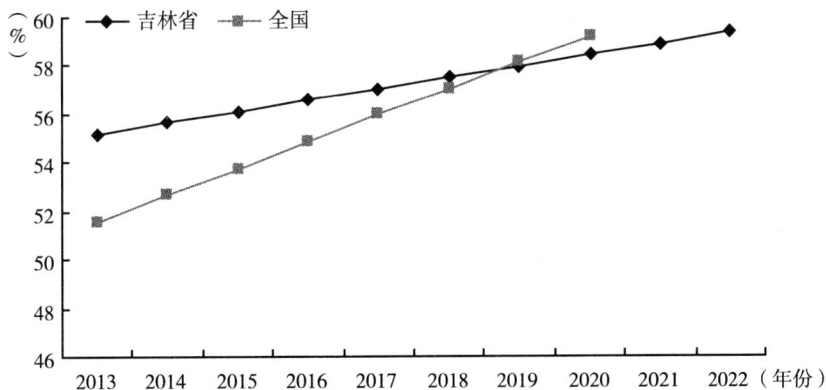

图4　吉林省与全国城镇化率预测值比较

四　吉林省推进城镇化的对策

根据吉林省城镇化发展"十二五"规划，到2015年，吉林省城镇化率要达到60%，以现有增长速度是很难达到预期目标的，要接近目标就需要各方采取更加有力和切实的措施。

（一）夯实城镇化产业基础，逐步增强城镇的吸纳能力

推进城镇化，必须加强产业支撑，提升吸纳就业的能力，夯实城镇化的经

济基础。要把转变工业发展方式和调整工业内部结构作为重点，改造提升传统产业，培育壮大新兴产业。要注重增强就业吸纳能力。发展吸纳就业能力强的现代城镇产业体系。着力提高城镇服务业比重，营造有利于服务业发展的政策和体制环境，坚持生产性服务业与生活性服务业并重、现代服务业与传统服务业并举、拓展新领域、发展新业态、培育新热点。采取综合措施，转变农业发展方式，完善农业现代产业体系，促进农业生产经营规模化与现代化，切实保障城镇化、工业化与农业现代化协调同步，以农业现代化筑牢城镇化、工业化的基础。

（二）统筹抓好城镇化各项基础设施建设，增强城镇承载能力

加强公用设施建设，坚持科学规划、统筹推进、适度超前的原则，系统化、网络化、立体化建设市政公用设施，切实满足城镇经济社会发展的需要。加快城镇生态文明建设，把生态文明理念贯穿于城镇规划、建设、管理的各个方面、各个环节，建设功能配套、景观良好、整洁文明、生活舒适的人居环境。切实解决好重要民生问题，大力发展教育、文化、卫生等社会事业，加快健全公共服务体系，大力推进公共租赁住房等保障性住房建设。

（三）加强城镇化相关制度建设，加快促进"空间城镇化"到"人口城镇化"的转变

城镇化绝非单纯的城市空间扩张，其实质是通过相关制度改革和建设，使农民转化为市民，真正融入城市。在现行统计的城镇人口中，约有1/5的农民工及其家属虽然常住城镇，但在公共服务等方面还没有完全享受与城镇居民相同的待遇。因此，推进城镇化的一个重要任务，就是要把符合条件的农业人口逐步转变为城市居民，这样可以在实质上提高人口城镇化水平。下一步要按照有关精神，稳步解决符合条件的农民工在城镇落户问题。对一时难以落户的，也要注意解决他们在劳动就业、工资待遇、子女教育、社会保障等方面遇到的问题。特别是20世纪80年代以后出生的农民工主体，他们融入城市的意愿更为迫切，逐步解决好他们的身份转换问题，对城镇化健康发展和社会和谐稳定意义重大。

（四）稳步提高城镇居民收入水平，形成城镇化与居民收入提高相互促进的良好局面

要使城镇居民有稳定的收入来源，一是要千方百计增加就业机会。要扩大就业规模，实施更加积极的就业政策，多渠道开发就业岗位，努力促进充分就业。二是解决收入分配矛盾，强化对低收入群体的保护。新增财力要重点用于民生，要努力缩小收入差距。特别要增加低收入群体的收入，健全养老、医疗、工伤、生育、失业、住房、低保、优抚等各项保障制度，不断提高保障能力和保障水平。要加大对困难群众的帮扶力度，应继续提高最低工资标准、最低生活保障标准、离退休人员的养老金及老年农（居）民养老补贴等，完善基本生活必需品价格上涨与困难群众生活补贴联动机制。三是落实优惠政策，鼓励自主创业。积极从税费征收、资金信贷等方面着手，认真落实就业工作相关优惠政策，使下岗失业人员能够切实利用优惠政策的扶持，实现再就业，积极推进创业促就业工作的全面开展。

B.9

2013～2020年吉林省城镇化
发展目标研究

肖国东　付　诚*

摘　要：

城镇化并不是直接影响经济增长的一种要素投入，但它可以通过作用于经济增长的投入要素来间接促进经济增长，同时城镇化发展也深受投资、经济发展、人口战略等诸多因素的影响。在实证分析得出吉林省城镇化与经济增长之间具有长期动态的均衡关系的基础上，本文建立了区域经济增长的城镇化发展宏观模型，依据吉林省城镇化发展的历程和现实情况，对吉林省城镇化发展基准目标与多方案进行科学预测。为保证吉林省城镇化发展目标的实现，应该处理好城镇化与市场化、土地资源、城市群、重点城镇、产业结构调整的关系。

关键词：

城镇化　结构化模型　目标预测

城镇化是发展经济的主要动力和空间载体，制定合理的发展目标，稳步、科学、持续地推进城镇化是未来经济发展的客观需要。为加速吉林省城镇化进程，进一步提高城镇化质量，走新型城镇化道路，依据吉林省城镇化发展历程和现实情况，对吉林省城镇化发展目标进行了科学预测，以找准发展策略和政策定位。

---

* 肖国东，吉林省社会科学院经济研究所助理研究员、吉林大学商学院博士研究生，研究方向为数量经济、产业经济；付诚，吉林省社会科学院社会学研究所所长、研究员，研究方向为社会学。

一 吉林省城镇化与经济发展的相互作用分析

城市化本质上是一个人口地域集中的过程，在不完全竞争市场条件下，人口和经济集中便于经济活动利用相互间的技术和金钱外部性，提高生产率，带动资本形成，推动经济增长。但这只是一般认识。从目前已掌握的资料看，由于对城镇化形成机制的研究比较初级，没有把城镇化与经济发展之间的基本经济关系探讨清楚，以至于出现经济增长带来城市化水平的提高，城市化又加速经济增长的简单判断。其实，城镇化与经济增长之间的关系十分复杂，一些实证研究也表明城市化并不导致经济增长。换句话说一个国家一个地区采取鼓励城市化的政策，不能典型地促进经济增长。但有一点是可以肯定的，即对应于每一发展水平，必定有一个最优的城市化水平与之相适应，而城市化不足或过度城市化都将对经济增长产生负面影响。

（一）吉林省经济增长对城镇化是否有长期影响

经济增长是城镇产生和发展的首要前提，是城镇化的根本动力。从某种意义上说，考察经济增长对城市化的促进作用，就是考察城市产生、发展和不断壮大的机制。有关城市化和经济增长的命题一直沿着两条主线发展：一个是发展经济学的人口迁移模型；另一个是内生经济增长模型。为了全面解释城镇化水平和经济增长之间的关系，本文采用的是内生经济增长模型。

1. 格兰杰因果关系模型及检验

通过对两变量时间序列数据进行格兰杰因果关系检验，可以发现经济增长对城镇化水平是否有影响。UR 代表城镇化率，$AGDP$ 代表人均 GDP，建立城镇化水平与经济增长之间的格兰杰因果关系模型：

$$\text{Ln}(UR_t) = \alpha_{10} + \alpha_{1i}\sum_{i=1}^{k}\text{Ln}(UR_{t-i}) + \beta_{1i}\sum_{i=1}^{k}\text{Ln}(AGDP_{t-i}) + \varepsilon_{1t}$$

$$\text{Ln}(AGDP_t) = \alpha_{20} + \alpha_{2i}\sum_{i=1}^{k}\text{Ln}(AGDP_{t-i}) + \beta_{2i}\sum_{i=1}^{k}\text{Ln}(UR_{t-i}) + \varepsilon_{2t}$$

模型中下标 t 为年度，k 最大滞后阶数，ε 为误差项。利用最小二乘法

（OLS）对其参数进行估计，最大滞后阶数取 5，得到的检验结果如表 4 所示。

表 4　经济增长与城镇化水平的格兰杰因果关系检验

因果关系原假设	滞后期数	F 统计量	P 值	检验结果
城镇化不是人均 GDP 的格兰杰原因	1	0.48704	0.49754	接受
人均 GDP 不是城镇化的格兰杰原因	1	9.62027	0.00842	拒绝
城镇化不是人均 GDP 的格兰杰原因	2	0.67368	0.53153	接受
人均 GDP 不是城镇化的格兰杰原因	2	4.86519	0.03344	拒绝
城镇化不是人均 GDP 的格兰杰原因	3	0.75085	0.61445	接受
人均 GDP 不是城镇化的格兰杰原因	3	2.04318	0.06144	接受
城镇化不是人均 GDP 的格兰杰原因	4	0.34157	0.90332	接受
人均 GDP 不是城镇化的格兰杰原因	4	1.98023	0.10802	接受
城镇化不是人均 GDP 的格兰杰原因	5	0.10284	1.78335	接受
人均 GDP 不是城镇化的格兰杰原因	5	0.97106	0.32495	接受

表 4 的检验结果表明：滞后 1 期和 2 期时，P 值分别为 0.49754 和 0.53153，远大于 0.05，显示其在 5% 的显著水平下，接受 Ln（UR）不是 Ln（$AGDP$）的格兰杰原因原假设，P 值分别为 0.00842 和 0.03344，小于 0.5，拒绝 Ln（$AGDP$）不是 Ln（UR）的格兰杰原因原假设，那么 Ln（$AGDP$）是 Ln（UR）的格兰杰原因，即经济增长变动是城镇化水平的格兰杰原因。当滞后 3～5 期时，各个 P 值都大于 0.05，接受 Ln（UR）不是 Ln（$AGDP$）的格兰杰原因，接受 Ln（$AGDP$）不是 Ln（UR）的格兰杰原因，说明当滞后 1 期和 2 期时，经济增长变动对城镇化水平的影响显著，而滞后 3～5 期时，经济增长对城镇化水平的影响并不显著。

2. 协整检验

协整理论主要用于寻找两个或多个非平稳变量之间的均衡关系，如果某两个或多个同阶时间序列向量的某种线性组合可以找到一个平稳的误差序列，那么这些非平稳的时间序列之间存在长期均衡关系，即具有协整性。

（1）单整检验。

由于只有相同单整阶数的两个变量才可能存在协整关系，因此，协整分析之前首先要检验变量的单整阶数。进行城镇化水平与人均 GDP 的协整分析，首先要检验这两个变量的时间序列是否平稳。表 5 的结果显示：Ln（UR）和 Ln（AGDP）序列为非平稳性序列，对两个序列进行二阶差分，进行 ADF 检验，其值都大于的临界值，两个序列都为平稳序列，Ln（UR）和 Ln（AGDP）都是二阶单整序列。

表 5 城镇化水平与经济增长序列单位根检验结果

序列二阶差分	ADF 检验值	临界值 5%	P 值	结论
D(LnUR,2)	− 6.093387	− 1.970978	0.0000	平稳
D(LnGDP,2)	− 2.753310	− 1.968430	0.0097	平稳

注：表中结果是带有常数项和趋势项滞后 3 期的二阶差分序列检验结果。

（2）协整模型及检验。

检验两变量间的协整关系，通常采用 Engle – Granger 两步法检验。采用该方法进行城镇化水平与人均 GDP 的协整检验，第一步，用 OLS 方法估计变量 Ln（UR）对 Ln（AGDP）的回归方程：

$$Ln(AGDP) = g_0 + g_1 Ln(UR) + \varepsilon$$

加入年度数据后，估计结果为：

$$Ln(UR) = 3.196 + 0.136 Ln(AGDP)$$
$$T = (34.850)(8.047)$$
$$R^2 = 0.90 \quad D-W 值 = 2.29$$
$$\varepsilon = Ln(UR) - 3.196 - 0.136 Ln(AGDP)$$

第二步，检验残差的平稳性。表 6 中残差项 ε 的单位根检验显示，P 值远小于 0.05，拒绝回归方程存在单位根的假设，即残差项不存在单位根，残差项是平稳的。因此，吉林省经济增长与城镇化水平之间具有长期动态的均衡关系。

表 6 残差序列单位根检验结果

残差序列	ADF 值	临界值	P 值	结论
RESID	− 3.223511	1.970978	0.0037	平稳

（二）城镇化对经济增长的作用分析

作为经济增长的伴生现象，城镇化对经济增长具有反作用。城镇化主要通过两种途径来推动经济增长，一方面，城镇化带来的集聚经济加速物质资本、人力资本等要素的积累促进经济增长；另一方面，城镇化使得剩余劳动力从农村向城市转移，促进非农业的发展，进一步加速产业结构的升级，进而促进经济增长。兼顾经济合理性和资料的可得性，前者主要用人均物质资本、人均知识资本反映；后者用第二产业增加值占地区生产总值的比重和第三产业增加值占地区生产总值的比重反映。

要得到城镇化通过两种途径推动经济增长的绩效，主要看以上各影响因素对经济增长的贡献。采用的方法是逐步回归，先对人均产出分解模型进行估计，并分别检验每一个变量的显著性，然后逐渐增加其他变量，确定通过检验的估计方程。表 7 显示，模型 $M_1 \sim M_4$ 显示上述四种因素对人均产出的影响，均没有通过计量检验，说明相关性不够。而综合考虑各因素的模型 M_5，由于存在严重的自相关，也遭遇通不过检验的问题。经过自相关处理后，M_6 的计量统计效果较好，R^2 达到 0.95，各变量都与人均产出（经济增长）存在正相关，最后得到的模型 M_6 回归方程为：

$$Ln(y) = 5.029 + 1.894Ln[y(-1)] + 0.506Ln(k) + 0.038Ln(d) + 0.052Ln(STRI) + 0.019Ln(STRS)$$

从估计方程中看到，在这些因素中物质资本仍然是起到了主要作用，其回归系数为 0.506，知识资本的作用不显著，t 值仅为 0.81，第二产业对经济增长的贡献要比第三产业作用更明显，其回归系数分别为 0.052 和 0.019。

表 7　人均产出的决定因素（因变量为 lny）

Dep. Var.	M_1	M_2	M_3	M_4	M_5	M_6
constant	0.079 (1.135)	2.320 (2.78)	4.357 (10.02)	1.590 (2.315)	1.703 (2.640)	5.029 (3.408)
Lnk	0.894 (30.67)	—	—	—	0.583 (3.155)	0.506 (2.351)

Dep Var.	M₁	M₂	M₃	M₄	M₅	M₆
Lnd	—	0.406 (5.912)	—	—	0.142 (2.265)	0.038 (0.810)
STRI	—	—	0.079 (6.062)	—	0.058 (1.733)	0.052 (2.103)
STRS	—	—	—	0.027 (1.980)	0.021 (1.805)	0.019 (2.013)
AR(1)	—	—	—	—	—	1.894 (6.957)
D－W stat	0.57	0.18	0.39	0.24	0.61	1.70
调整 R^2	0.81	0.56	0.72	0.48	0.92	0.95
F－stat.	923.53	39.28	638.99	20.01	1246.50	1408.92

注：表中括号内列出的为系数 t 的统计量。

那么，各要素与城镇化关系究竟怎样，可以通过分析城镇化与人均物质资本、人均知识资本和产业结构之间的相互关系得到。为了分析结果具有可靠性，采用自相关方法进行校正。估计结果（见表8）显示，城镇化对人均物资资本、人均知识资本的回归，都通过了检验，其回归方程分别为：

$$Ln(k) = 0.604 + 2.310Ln(UB)$$
$$(R^2 = 0.87 \quad D－W 值 = 2.13)$$
$$Ln(d) = 0.107 + 0.038Ln(UB)$$
$$(R^2 = 0.76 \quad D－W 值 = 1.76)$$

而城镇化对第二产业增加值比重、第三产业增加值比重的影响，是自相关校正后通过检验的，其回归方程分别为：

$$Ln(STRI) = -1.89 + 0.88Ln[STRI(-1)] + 0.59Ln(UB)$$
$$(R^2 = 0.96 \quad D－W 值 = 2.58)$$
$$Ln(STRS) = 2.59 + 0.73Ln[STRS(-1)] - 0.40Ln(UB)$$
$$(R^2 = 0.56 \quad D－W 值 = 2.02)$$

通过上文分析可知，虽然模型 M₆ 统计效果较好，经济增长的主要因素都在模型中有所体现，但有些很难测量的因素在模型中还没有给予考量，如人力资本对经济增长的贡献就很难测量。在对经济增长贡献中的无法测量部分，本

文用模型 M_6 中残差项 μ 来代表，其表达式为：

$$\mu = \text{Ln}(y) - 5.029 - 1.894\text{Ln}[y(-1)] - 0.506\text{Ln}(k) -$$
$$0.038\text{Ln}(d) - 0.052\text{Ln}(STRI) - 0.019\text{Ln}(STRS)$$
$$(R^2 = 0.89 \quad D - W \text{ 值} = 1.98)$$

通过自相关校正后，城镇化对残差项的回归方程为：

$$\text{Ln}(\mu) = -7.03 + 0.30\text{Ln}[\mu(-1)] + 1.28\text{Ln}(UB)$$

从最终估计结果（见表8）看，城镇化水平对人均物质资本、人均知识资本的作用系数显著，而且表现为正相关，说明城镇化水平提高，人均物质资本和人均知识资本也相应有提升的趋势。第二产业增加值比重和第三产业增加值比重经过校正后出现积极变化，城镇化对第二产业增加值比重的作用系数显著正相关，而城镇化对第三产业增加值比重的作用系数并不显著，且呈负相关，说明城镇化对第二产业发展具有较强的促进作用，而城镇化对第三产业发展的促进作用还没有很好地发挥出来。虽然模型中没有体现人力资本等因素，但城镇化对残差项的回归结果显示，城镇化水平的提高对人力资本等因素产生了积极的作用。

表8 城镇化对人均产出的影响因素 （自变量为 UB）

Dep Var	Lnk	Lnd	$STRI$	$STRI$	$STRS$	$STRS$	μ
constant	0.604 (1.98)	0.107 (−1.90)	−3.70 (−2.87)	−1.89 (−3.33)	1.50 (1.14)	2.59 (2.90)	−7.03 (−1.03)
UB	2.310 (30.91)	0.038 (1.80)	1.90 (5.81)	0.59 (2.92)	0.54 (1.62)	−0.40 (−1.76)	0.30 (1.06)
AR(1)	—	—	—	0.88 (9.55)	—	0.73 (3.79)	1.28 (6.71)
D − W stat	2.13	1.76	0.24	2.58	0.53	2.02	1.98
R^2	0.87	0.76	0.71	0.96	0.15	0.56	0.89
F − stat	52.41	102.90	33.67	91.83	0.12	7.59	2.51

注释：表中括号内列出的为系数 t 的统计量。

上述计量结果表明，目前吉林省仍处于工业化中期，包括城市化在内的结构变动对经济增长的推动效应还未充分显现，经济增长对城市化的作用明显强于城市化对经济增长的效应。对吉林省而言，物质资本是城镇化影响经济增长的重要渠道，而城镇化对知识资本、第三产业增加值比重的促进作用还没有很好地发挥。当前进一步促进产业结构升级，提高知识资本和人力资本，在推进吉林省城镇化进程中会起到助推器的作用。

二 吉林省城镇化发展的宏观预测模型估计

以上交互作用对城镇化与经济增长的关系做出了论证。指标显示吉林省城镇化与经济增长之间存在长期稳定的关系，但经济结构的变化对城镇化的作用并没有充分显现。为了进一步清晰地反映经济增长与城镇化的内在逻辑关系，同时也为了预测城镇化未来发展趋势，我们通过生产函数将城镇化发展纳入区域经济增长之中。虽然，城镇化并不是直接影响经济增长的一种要素投入，但它可以通过作用于经济增长的投入要素来间接促进经济增长，这是我们建立模型的主要依据。城镇化发展深受投资、经济发展、人口战略等诸多因素的影响。为全面揭示城镇化发展过程，本文基于要素贡献和城镇化发展多种影响因素，建立了基于区域经济增长的城镇化发展宏观模型。模型分为生产函数、资本、劳动力、人口和收入、其他等 6 个部分，26 个方程。其中（-1）表示滞后一期，代表上年数量，F 代表生产函数。外生变量为固定资产投资和城镇人口机械增长率（净迁入）。

（一）城镇化发展的宏观预测模型

1. 生产函数

行为方程：

(1) $Ln(GDP) = Ln(A) + \alpha Ln(K) + \beta Ln(L)$ （$\alpha + \beta = 1$）；

(2) 第一产业增加值 = F（化肥施用量，电力投入，耕地面积，农业劳动力）；

(3) 化肥施用量 = F［化肥施用量（-1），化肥施用量（-2）］；

(4) 电力投入 = F［电力投入（-1），电力投入（-2）］；

(5) 耕地面积 = F［耕地面积（-1），耕地面积（-2）］。

恒等式：

（6）第二、第三产业增加值 = 地区生产总值 - 第一产业增加值；

2. 资本与固定资产投资

行为方程：

（7）资本 = F［资本（-1），固定资产投资］；

（8）固定资产投资 = F［固定资产投资（-1），GDP 增速］；

（9）城镇固定资产投资 = F［城镇固定资产投资（-1），人均道路面积，固定资产投资］。

3. 劳动力

行为方程：

（10）农村劳动力 = F［农村劳动力（-1），GDP（-1），城乡收入比］；

（11）城镇劳动力 = F［城镇劳动力（-1），固定资本投资，非农业劳动生产率］；

（12）非农业劳动生产率 = F［非农业劳动生产率（-1）+ 人均固定资本］；

恒等式：

（13）城乡收入比 = 城镇居民人均收入／农村居民人均收入。

4. 人口数量

行为方程：

（14）总人口 = F［总人口（-1）］×（1 + 人口综合增长率）］；

（15）城镇人口 = F（城镇居民可支配收入 + 城市人均居住面积 + 人均道路面积）；

（16）人口自然增长率 = F［人口自然增长率（-1）+ 人口自然增长率（-2）］；

恒等式：

（17）人口综合增长率 = 人口自然增长率 + 人口机械增长率；

（18）农业人口 = 总人口 - 城镇人口；

（19）城镇化率 = 城镇人口／总人口。

5. 收入

行为方程：

（20）城镇居民可支配收入 = F［城镇居民可支配收入（-1）+ 非农业劳动生产率］；

（21）农村居民可支配收入 = F［农村居民可支配收入（-1）+ 第一产业增加值］；

恒等式：

（22）人均固定资本 = 固定资本形成／第二、第三产业劳动力。

6. 其他

行为方程：

（23）城市人均居住面积 = F［城市人均居住面积（-1），城镇居民人均收入］；

（24）人均道路面积 = F［人均道路面积（-1），城镇固定资产投资（-1），T］；

（25）用水普及率 = F［用水普及率（-1），人均 GDP，T］；

（26）燃气普及率 = F［燃气普及率（-1），城镇固定资产投资，T］。

（二）模型估计与检验

根据吉林省统计年鉴提供的资料，在经过数据平减处理后，运用计量经济学方法建立了基于区域经济增长的城镇化年度预测模型。具体模型估计如下（式中各变量及变量名见表9）。

（1）$\mathrm{Ln}(GDP) = 0.768 + 0.653\mathrm{Ln}(K) + 0.347\mathrm{Ln}(L)$；

$\quad \mathrm{R}^2 = 0.974 \quad \mathrm{D - W}$ 值 = 1.901

（2）$\mathrm{Ln}(GDP_1) = -13.689 + 0.560\mathrm{Ln}(DIANLI) +$

$\quad\quad\quad 1.819\mathrm{Ln}(HUAFEI) + 0.919\mathrm{Ln}(GENGDI) + 0.25\mathrm{Ln}(NL)$

$\quad\quad\quad \mathrm{R}^2 = 0.901 \quad \mathrm{D - W}$ 值 = 2.500

（3）$\mathrm{Ln}(HUAFEI) = -0.809 + 1.114\ \mathrm{Ln}[HUAFEI(-1)] +$

$\quad\quad\quad 0.0306\ \mathrm{Ln}[HUAFEI(-2)]$

$\quad\quad\quad \mathrm{R}^2 = 0.950 \quad \mathrm{D - W}$ 值 = 1.927

（4）$\mathrm{Ln}(DIANLI) = -0.232 + 1.178\ \mathrm{Ln}[DIANLI(-1)] +$

$\quad\quad\quad 0.031\ \mathrm{Ln}[DIANLI(-2)]$

$\quad\quad\quad \mathrm{R}^2 = 0.956 \quad \mathrm{D - W}$ 值 = 1.895

（5）$\mathrm{Ln}(GENGDI) = -0.713 + 0.802\mathrm{Ln}(GENGDI)(-1) +$

$\quad\quad\quad 0.115\mathrm{Ln}(GENGDI)(-2)$

$\quad\quad\quad \mathrm{R}^2 = 0.830 \quad \mathrm{D - W}$ 值 = 2.012

（6）$GDP_2 = GDP - GDP_1$

（7）$\mathrm{Ln}(K) = 9.32 + 0.299\ \mathrm{Ln}(K)(-1) + 0.99\mathrm{Ln}(GUDINGTOUZI)$

$\quad\quad\quad \mathrm{R}^2 = 0.990 \quad \mathrm{D - W}$ 值 = 1.788

（8）$\mathrm{Ln}(GUDINGTOUZI) = -5.146 + 0.249\ \mathrm{Ln}[GUDINGTOUZI(-1)] +$

$\quad\quad\quad 1.320\ \mathrm{Ln}GDP$

$\quad\quad\quad \mathrm{R}^2 = 0.973 \quad \mathrm{D - W}$ 值 = 1.810

（9）$\mathrm{Ln}(UGUDINGTOUZI) = 0.005 + 0.037\mathrm{Ln}[UGUDINGTOUZI(-1)] +$

$$0.924 \, \text{Ln}(GUDINGTOUZI) + 0.071 \, \text{Ln}(DAOLU)$$

$$R^2 = 0.99 \quad D-W \text{值} = 1.788$$

$(10) \text{Ln}(NL) = 4.962 + 0.214 \text{Ln}[NL(-1)] -$

$$0.0155 \text{Ln}[GDP_1(-1)] + 0.0483 \, \text{Ln}(BIZHI)$$

$$R^2 = 0.85 \quad D-W \text{值} = 1.678$$

$(11) \text{Ln}(FNL) = 2.483 + 0.567 \, \text{Ln}[FNL(-1)] +$

$$0.0439 \, \text{Ln}(GUDINGTOUZI) - 0.001 \text{L} \, \text{Ln}(FNLV)$$

$$R^2 = 0.842 \quad D-W \text{值} = 1.994$$

$(12) \text{Ln}(FNLV) = -0.5873 + 0.7639 \text{Ln}[FNLV(-1)] +$

$$0.1404 \, \text{Ln}(RENJUNZIBEN)$$

$$R^2 = 0.971 \quad D-W \text{值} = 2.256$$

$(13) BIZHI = USHOURU/NSHOURU$

$(14) N = N(-1) \times (1 + ZONGHE)$

$(15) \text{Ln}(FNK) = 7.474 + 0.1050 \, \text{Ln}(USHOURU) +$

$$0.1591 \text{Ln}(ZHUZHAI) + 0.119 \text{Ln}(DAOLU)$$

$$R^2 = 0.959 \quad D-W \text{值} = 1.611$$

$(16) \text{Ln}(ZIRAN) = 1.2578 + 0.4024 \text{Ln}[ZIRAN(-1)] - 0.0407 \text{Ln}[ZIRAN(-2)]$

$$R^2 = 0.79 \quad D-W \text{值} = 1.801$$

$(17) ZONGHE = ZIRAN + JIXIE$

$(18) NK = N - FNK$

$(19) UB = FNK/N$

$(20) \text{Ln}(USHOURU) = 0.840 + 0.899 \, \text{Ln}[USHOURU(-1)] + 0.1069 \text{Ln}(FNLV)$

$$R^2 = 0.995 \quad D-W \text{值} = 1.589$$

$(21) \text{Ln}(NSHOURU) = 0.676 + 0.328 \, \text{Ln}[NSHOURU(-1)] + 0.747 \, \text{Ln}(GDP_1)$

$$R^2 = 0.989 \quad D-W \text{值} = 1.471$$

$(22) RENJUNZIBEN = K/N$

$(23) \text{Ln}(ZHUZHAI) = -1.272 + 0.713 \, \text{Ln}$

$$[ZHUZHAI(-1)] + 0.238 \, \text{Ln}(USHOURU)$$

$$R^2 = 0.952 \quad D-W \text{值} = 1.665$$

$(24) \text{Ln}(DAOLU) = 0.490 + 0.0066 \, \text{Ln}[DAOLU(-1)] +$

$$0.1842 \, \text{Ln}[UGUDINGTOUZI(-1)] + 0.02421 T$$

$$R^2 = 0.967 \quad D-W \text{值} = 1.729$$

$(25) \text{Ln}(YONSHUI) = -0.0471 + 0.1803 \text{Ln}[YONSHUI(-1)] +$

$$0.4434 \text{Ln}(AGDP) - 0.0566 T$$

$$R^2 = 0.872 \quad D-W \text{值} = 1.904$$

$(26) \text{Ln}(RANQI) = 2.555 + 0.254 \text{Ln}[RANQI(-1)] +$

$$0.101 \text{Ln}(UGUDINGTOUZI) - 0.008 T$$

$$R^2 = 0.831 \quad D-W \text{值} = 1.972$$

表 9　估计方程变量

变　　量	变量名	变　　量	变量名
GDP	地区生产总值	N	总人口
K	资本	NK	农业人口
L	劳动力	FNK	城镇人口
GDP_1	第一产业增加值	USHOURU	城镇居民人均可支配收入
GDP_2	第二、第三产业增加值	BIZHI	城乡收入比
GENGDI	耕地面积	ZHUZHAI	城市人均居住面积
HUAFEI	化肥施用量	DAOLU	人均道路面积
DIANLI	电力投入	ZONGHE	人口综合增长率
NL	农业劳动力	ZIRAN	人口自然增长率
GUDINGTOUZI	固定资产投资	JIXIE	人口机械增长率
UGUDINGTOUZI	城镇固定资本投资	ZIBENXINGCHENG	固定资本形成
NL	农村劳动力	NSHOURU	农村居民人均收入
FNL	城镇劳动力	YONGSHUI	用水普及率
FNLV	非农业劳动生产率	RANQI	燃气普及率
RENJUNZIBEN	人均固定资本	UB	城镇化率
		AGDP	人均 GDP

三　吉林省城镇化发展基准目标与多方案预测

要预测吉林省的城镇化发展指标，首先需要明确城镇化发展的基本走势，这是制定发展方案的基本依据。在此基础上通过调整投资、改善经济结构和调整人口发展策略形成多种发展方案。

1. 吉林省城镇化率基准目标预测

（1）诺瑟姆曲线模型。

"诺瑟姆曲线"是世界城市化发展的公理性曲线，它是 1979 年美国地理学家诺瑟姆提出的，该公理指出：世界各国城市发展过程的轨迹是一条被拉长的"S 形"曲线。根据该曲线的描述，城市化过程需要经过初期、中期和后期三个阶段：①初期阶段（城市人口占总人口的比重在 30% 以下）。这一阶段农村人口占绝对优势，工农业生产力水平较低，工业提供的就业机会有限，农业剩余劳动力释放缓慢。因此要经过几十年甚至上百年的时间，城市人口比重才能提高到30%。②中期阶段（城市人口占总人口的比重在30%～70%）。这一阶段由于工业基础已比较雄厚，经济实力明显增强，农业劳动生产率大大提高，工业具备了吸收大批农业人口的能力，城市人口比重可在短短的几十年内突破50%而上升到70%。③后期阶段（城市人口占总人口的比重为70%～90%）。这一阶段农村人口的相对数量和绝对数量已经不大，为了保持社会必需的农业规模，农村人口的转化趋于停止，最后相对稳定在10%以下，城市人口比重则相对稳定在90%以上的饱和状态。后期的城市化不再主要表现为变农村人口为城市人口的过程，而是城市人口内部职业构成由第二产业向第三产业转移。

Logistic曲线能够很好地描述诺瑟姆曲线的原始模型"标准的S形曲线"，也体现了城镇化和时间的关系，因此，在吉林省我们将"诺瑟姆曲线"的原始模型"标准的S形曲线"表示如式2所示：

$$y = 1/(1 + \mu e^{kt}) \tag{式2}$$

其中y为城镇化水平，t为时间，μ、k为参数，并定1996年为起始年用0表示，2012年为终止年用16表示，为准确有效的估计结果，将式2的非线性模型转换成式4的线性模型，具体过程如下：

$$Ln(1/y - 1) = Ln\mu - kt \tag{式3}$$

令$Ln\mu = a$，$-k = b$，$Ln(1/y - 1) = Y$，则式3就可以转化为：

$$Y = a + bt \tag{式4}$$

（2）显著性检验及回归分析。

根据1996～2012年的吉林省城镇化水平数据，采用最小二乘法（OLS），利用Eviews6.0软件估计式4中的参数，参数a估计结果为0.1021，参数b估计结果为-0.0185，R^2为0.89，P值小于0.05，如表10所示。由表10可见y和t存在显著的相关性，回归方程为$Y = 0.1021 - 0.0185 \times T$，通过式3，$Ln\mu$为0.1021，可知$\mu$为1.1075，参数$k$为-0.01853，那么城镇化水平时间序列方程为：

$$y = 1/(1 + 0.1021e^{-0.0185t}) \tag{式5}$$

表 10　回归结果

变量	相关系数	T 值	P 值	R 值
C	0.1021	6.605172	0.000	0.81
T	-0.0185	-11.24848	0.000	

（3）城镇化水平预测

通过式 5 进行估算 1996～2012 年吉林省城镇化水平拟合（预测）值，表 11 显示了其真实值和拟合值的误差，表 12 显示了 2015 年、2020 年城镇化率的预测值。

表 11　吉林省城镇化水平拟合（预测）值与真实值的比较

单位：%

年份	真实值	拟合（预测）值	误差
1996	46.90	47.45	0.55
1997	47.07	47.91	0.84
1998	47.23	48.37	1.14
1999	48.41	48.83	0.42
2000	49.66	49.30	-0.36
2001	49.80	49.76	-0.04
2002	50.88	50.23	-0.65
2003	51.77	50.69	-1.08
2004	52.3	51.15	-1.15
2005	52.52	51.61	-0.91
2006	52.97	52.08	-0.89
2007	53.16	52.44	-0.72
2008	53.21	52.79	-0.42
2009	53.32	53.06	-0.26
2010	53.36	53.44	0.08
2011	53.36	53.75	0.39
2012	53.68	54.01	0.33

表 12　2013～2020 年吉林省城镇化水平预测

单位：%

年份	城镇化率	年平均增长率
2015	55.10	0.87
2020	58.83	1.15

3. 吉林省城镇化发展目标多方案分析

关于外生变量与城镇化关系的分析仅是基于单变量之间的关系对城镇化率做出的一种简单判断。究竟能否实现，还要看投资、经济增长、人口迁移、结构优化等方面的配合情况。本文基于区域经济增长的城镇化宏观模型，在对上述外生变量进行科学估计的基础上，综合分析多种影响因素，经过反复测算，得到吉林省城镇化发展目标多方案。

（1）高速方案。

固定资产投资每年提高 30.5 个百分点（2012 年增速），人口迁入率为21.60‰，2013～2020 年这 8 间城镇化率增长 1.16 倍，到 2020 年城镇化率为62.37%，城镇固定资产投资可达到 17309.55 亿元（以 1996 年为基期）。其中，人均 GDP 可每年提高 13.37 个百分点；城镇居民可支配收入每年提高13.21 个百分点，到 2020 年城镇居民可支配收入为 55169.23 元（以 1996 年为基期）；城市人均居住面积每年提高 5.5 个百分点，到 2020 年城市人均居住面积为 44.65 平方米；城市人均拥有道路面积每年提高 14.8 个百分点，到 2020年人均拥有道路面积 36.40 平方米。

（2）中速方案。

固定资产投资每年提高 22.6 个百分点，人口迁入率 17.56‰，2013～2020年这 8 间城镇化率增长 1.12 倍，到 2020 年城镇化率为 60.55%，城镇固定资产投资可达到 15692.57 亿元（以 1996 年为基期）。人均 GDP 每年提高 10.82个百分点；城镇居民可支配收入每年提高 10.75 个百分点，到 2020 年城镇居民可支配收入为 45989.96 元（以 1996 年为基期）；城市人均居住面积每年提高 4.6 个百分点，到 2020 年城市人均居住面积为 42.17 平方米；城市人均拥有道路面积每年提高 13.21 个百分点，到 2020 年人均拥有道路面积 32.64 平方米。

（3）低速方案。

固定资产投资每年提高 17.50 个百分点，人口净迁入率 12.49‰，2013～2020 年这 8 间城镇化率增长 1.08 倍，到 2020 年城镇化率为 58.29%，城镇固定资产投资可达到 14385.31 亿元（以 1996 年为基期）。人均 GDP 每年提高 9 个百分点；城镇居民可支配收入每年提高 8.9 个百分点，到 2020 年城镇居民可支配收入为 40207.08 元（以 1996 年为基期）；城市人均居住面积每年提高 3.9 个百分点，到 2020 年城市人均居住面积为 39.88 平方米；城市人均拥有道路面积每年提高 11.5 个百分点，到 2020 年人均拥有道路面积 28.42 平方米（见表 13）。

表 13　具体城镇化发展主要指标

指　标	2012 年	2015 年	2020 年	属性
城镇化率(%)	53.68	高速:55.45 中速:54.89 低速:54.17	高速:62.37 中速:60.55 低速:58.29	预期性
城镇人口(万人)	1476.96	高速:1553.19 中速:1530.11 低速:1500.37	高速:1768.57 中速:1713.56 低速:1646.68	预期性
城镇固定资产投资（亿元，1996 年为基期）	6507.3*	高速:9896.80 中速:9489.43 低速:9142.29	高速:17309.55 中速:15692.57 低速:14385.31	预期性
人均 GDP（元，1996 年为基期）	29121.94	高速:42429.83 中速:39624.77 低速:37914.23	高速:79470.71 中速:66246.43 低速:58027.87	预期性
城镇居民可支配收入（元，1996 年为基期）	20216.45	高速:29489.81 中速:27515.88 低速:26276.21	高速:55169.23 中速:45989.96 低速:40207.08	预期性
城市人均居住面积（平方米）	29.31*	高速:34.74 中速:33.62 低速:32.85	高速:44.65 中速:42.17 低速:39.88	预期性
人均拥有道路面积（平方米）	11.9*	高速:18.10 中速:17.53 低速:16.27	高速:36.40 中速:32.64 低速:28.42	预期性

续表

指　标	2012 年	2015 年	2020 年	属性
燃气普及率	88.28 *	高速:92.10 中速:90.90 低速:89.02	高速:99.73 中速:96.83 低速:94.13	预期性
用水普及率	92.7 *	高速:96.44 中速:95.07 低速:94.85	高速:99.0 中速:97.33 低速:95.75	预期性
非农业产业从业人员比重(%)	57	60.13	65.36	预期性
人均城镇建设用地面积(平方米)	81.6 *	94.73	116.11	预期性
城镇基本养老保险常住人口覆盖率(%)	44.83	61.71	≥90	约束性
城镇基本医疗保险常住人口覆盖率(%)	92.75	95	≥95	约束性
城乡居民收入比(以农为1)	2.35	2.32	≤2.80	约束性

注：＊为2011年数据。

细致分析以上方案可发现，低速方案与基于诺瑟姆曲线模型的发展方案基本相同，城镇化发展的潜力并没有得到充分发挥。中速方案是综合考虑近些年经济高速发展状况后确定的方案，具有较强的信度，也是可以达到的水平。高速方案虽然积极，但需要有更加快速的经济增长做支撑，在今天全球经济发展趋势并不明朗，国内经济总体上呈现趋稳发展的态势下，发展风险高，要顺利推进难度很大，建议审慎进行。

四　提高城镇化发展质量的建议

未来吉林省城镇化发展不能操之过急，应采取与工业化发展同步推进的办法，稳中求快，步步为营。要看到，经过连续多年的快速发展，吉林经济发展的潜力已经充分释放，要保持两位数以上的增长确实面临比较多的困难，需要在延长产业链、培养经济增长点上做出更多的努力。从全国范围看，城镇化已经摒弃以小城镇发展为主的发展模式，在积极推动城市升级改造的基础上，大力推进城市群、城市圈发展，力求在合作的基础上拓展城市化发展目标。吉林省亦应采取现实态度，立足现有优势，做好五方面的工作。

第一，正确处理好城镇化与市场化的关系。发展城镇化必须与市场化同步，不可冒进。国内发展经验表明，城镇化受市场和政府双重驱动，但以市场作用为主。特别是随着市场取向的经济体制改革的逐步展开和深化，市场机制的作用越来越强。城镇空间布局、城市主导产业的选择、城镇化投融资、城乡间要素流动、城市基础设施建设等都需在市场机制的作用下完成，政府不能包办代替。发展城镇化，确实需要政府参与，但政府参与一定要遵循"最小投入得到最大产出"的最优化原则展开，不能人为地圈地迁人，行政造城。政府工作重点是生成、催化和提升市场力量，提供公共物品，营造有利于城镇化发展的法律法规和政策环境，放松管制，减少干预，让市场去选择发展路线，以此吸引资源和生产要素向有利于城镇化发展的地方合理流动和集聚。

第二，着力解决人口城镇化与土地城镇化不协调问题。目前城镇可用土地资源已接近饱和，如何既要城镇化水平不断提升，又要节约土地资源，实现城镇化与城市同步发展呢？一是强化城镇发展规划的顶层设计，出台《吉林省城镇化发展规划纲要》，避免各自为战状况的发生。二是加强土地利用总体规划与城镇建设规划的衔接，合理安排城镇新增建设用地，通过产城融合，促进人口向新城区集中。三是探索支持特大城市、大城市、中小城市、小城镇健康发展和促进产业转型升级的差别化用地政策。以此限制各级政府"借地生财"、"摊大饼式"的扩张，使城镇在人口集聚方面实现效应最大化。四是努力提升城市单位面积产出水平，最大限度地提高城市承载力。

第三，通过加速长吉一体化和培育中部城市群，加快推进城镇化进程。城市群是推进工业化和城镇化的重要载体和平台，是带动区域经济发展的龙头。吉林省中部城市群基础比较好，集中了全省70%以上的人口和80%左右的国内生产总值，构成了全省城镇体系的脊梁，在东北地区城市体系分工中的作用举足轻重。加快长吉一体化和培育中部城市群建设，是提高吉林省区域竞争力，最大限度地发挥首位城市集聚效应的关键所在。当前和今后一段时间内，应在"稳中快进、领先发展"的基调下，不断提升长春、吉林两个特大城市的集聚辐射功能，通过高起点统筹城市空间布局、交通物流网建设和产业布局，合理配置四平、辽源和松原三市的资源，逐步解决中部城市群城镇发展不均衡问题，使四平、辽源和松原成为吉林省中部地区既接受长吉辐射，又具各自特色的城市发展增长极。

第四，协调推进其他区域中心城市和县城、重点城镇的发展，争取形成城镇组团。一是全力推进延龙图、通化、白山和白城市扩大城市规模，完善城市功能，增强城市承载能力，承担起区域城市发展主轴的作用。二是切实提升县城人口集聚能力。伴随着农村人口流动的加快，吉林省一些乡镇产业呈现出发展的疲态，而县城的经济吸引力逐步增强，要采取有效措施进一步做大县城，通过加快开发区、工业集中区和城市基础设施建设，壮大产业，提质扩容，增强县域经济带动功能。三是加快区域性特色小城镇建设。缺乏活力和集聚能力是吉林省小城镇发展面临的主要问题。今后若干年，不能再搞全面出击，应充分尊重市场规律，坚持"试点先行、规范引导"，有重点地支持一批区位条件好、资源丰富、产业有基础的特色城镇发展，促进其空间规模扩大和人口集聚，将其打造成农村劳动力转移的主要承接空间，形成产业调整与劳动力转移相互促进的良好发展局面。

第五，将产业结构调整与城镇化有机结合起来。城镇化的发展关键是要有产业的支撑。这种产业支撑不仅在建城中十分重要，而且是提升整个城镇化水平的前提条件。过去，很长一段时间，我们忽视了工业化与城镇化的内在关系，对产业结构优化工作做得不够，造成目前吉林省产业结构中高知识、高技术产业比重偏小，服务业比重长期偏低等失衡问题，直接导致城镇化对经济增长贡献度不足。因此，要理性看待城镇化对经济增长的影响，在没有完全做好产业结构优化调整工作的前提下，不能贸然加快城镇化发展，否则将会产生一系列社会问题，建议在认真研究扎实推进城镇化的进程中，切实加快产业结构调整和升级，并加以推进。

B.10

吉林省城镇化发展过程中
土地流转问题研究

张丽娜 张 鑫*

摘 要：

党的十八大报告中明确提出"要坚持走中国特色新型工业化、信息化、城镇化、农业现代化道路，推动信息化和工业化深度融合、工业化和城镇化良性互动、城镇化和农业现代化相互协调，促进工业化、信息化、城镇化、农业现代化同步发展"的发展战略。城镇化过程中必然涉及农村人口、土地等要素的空间调整与转化，土地资源的合理有效利用对于城镇化的健康发展至关重要，而土地流转在二者之间起着关键性的桥梁作用。本报告对吉林省城镇化进程中土地流转的现状特点进行了总结，并对土地流转的制约因素进行分析判断，最后提出有建设性的对策建议。

关键词：

土地流转 流转机制 制约因素

城镇化的发展离不开土地和农民问题，主要是围绕着农村劳动力和土地利用效率产生的问题。城镇化的本质就是农民进城，就是农村人口转移到城市和城镇的过程，不管转移到城市还是城镇，只要由在农村从事农业转变为在城市和城镇从事第二、第三产业，均可谓之城镇化。城镇化过程是农村人口、土地

---

* 张丽娜，吉林省社会科学院城市发展研究所副所长、副研究员，研究方向为区域经济；张鑫，吉林省社会科学院法学研究所助理研究员、法学硕士，研究方向为区域法治、农村法治。

等要素向城市转移、转化的过程。一方面表现为农村劳动力的转移和就业的过程；另一方面是农村人口转移过程中所发生的农民与土地之间关系的变化，是土地资源的重新调整与合理配置过程。因此，必须通过完善土地流转机制，解决农村人口转移带来的土地资源利用低效率以及土地资源长久闲置的问题，逐渐实现土地的规模化经营，进一步统筹城乡发展。

一 吉林省城镇化进程中土地流转的现状特点

总体来看，目前我国农村土地流转的势头强劲，截至 2012 年 12 月底，全国土地流转面积约 2.7 亿亩，占家庭承包耕地面积的 21.5%，经营面积在 100 亩以上的专业大户、家庭农场超过 270 多万户。吉林省城镇化进程中的土地流转始于第二轮土地承包工作完成之后，经过全省上下多年的努力，吉林省农村土地流转管理机制进一步健全。随着农村土地流转市场服务体系对土地流转的引导、管理和各项服务的广泛开展，农户的流转土地行为得到了规范，极大地促进了全省农业和农村经济发展。目前全省农村土地流转发展呈现出流转地域逐渐扩展、形式日趋多样、主体日趋多元、数量逐年稳步增长、效果逐步显现的主要特点和良好态势。

（一）土地流转面积呈逐年稳步上升趋势

吉林省农村土地流转面积 2009 年为 39 万公顷，2010 年达到了 41.2 万公顷，2011 年达到 43.1 万公顷。从调研的几个市县的情况看，2012 年柳河县农村土地流转面积 47 万亩，占全县耕地面积的 35%，转移农村剩余劳动力 9 万人，占农村人口的 36%，全县城镇化率达到 51%。截至 2013 年 8 月末，九台市共流转土地面积 2.9 万亩，占承包耕地总面积的 15.5%；榆树市土地规模经营面积达 231 万亩，占耕地总面积的 39%。

（二）流转主体多元化发展

从近三年的统计数据及调研情况看，目前吉林省农村土地流转以农户为主逐步向农村种养大户、个体工商户、农业龙头企业、农民专业合作社、专业农场发展。截至 2012 年末，九台市成立农民专业合作社 1672 家，其中土地股份合作社 7 家，土地托管合作社 15 家，土地信托合作社 5 家，种植业合作社 642 家，农机合作社 268 家。全市新认定的家庭农场有 40 家，种植大户 400 家。截至 2013 年 8 月末，榆树市各种农民经济合作组织达到 2826 个，各类合作社的总资产近 25 亿元，入社成员达到 8 万人，带动农户近 12 万户，培养国家级示范社 2 个，省级示范社 18 个。全市初步具备家庭农场雏形的准家庭农场达到 2172 家，其中种植业 2023 个、养殖业 113 个、种养结合 36 个。延边州通过家庭农场形势，形成了农业的规模化经营，促进了城镇化的发展。全州专业农场总数达到 451 家，专业农场经营土地面积 35719 公顷，其中，流转农民土地 30718 公顷，占专业农场总规模的 86%。2011 年 199 家专业农场中有 98% 实现了赢利，共实现净利润 1.07 亿元，平均每个专业农场赢利约 54 万元。

（三）土地流转形式日趋多样

过去农村土地流转的形式，主要是指农用地在农户间的转包。近几年形成了以转包为主转让、租赁、入股、互换、抵押、委托代耕等多种形式并存的形式。吉林省部分县（市、区）积极创新土地承包经营权质押贷款，开辟了一条农村土地经营权质押融资新渠道。此外，吉林省部分地区还尝试利用土地增减挂钩政策，将农村建设用地整理复垦为耕地，相应增加城镇建设用地指标，并将城镇建设用地指标出让获得的部分收益返回用于农村土地整治和新村、乡镇基础设施及公共设施建设。长春宽城区兰家镇作为农村集体建设用地流转试点，目前占地 17.2 公顷的增减挂钩点居民回迁房主体建设全部完工，具备了回迁入住条件。公主岭市范家屯镇的平洋村现有 6 个自然屯的 537 户村民全部迁入新建的 5 万平方米农民新型社区，建设用地置换和宅基地复耕后所获得的收入，为农民支付入住后的水费、电费、取暖费等一些相应的费用，为农民融入城市提供相应的支撑。

（四）农民的参与流转实现规模经营的积极性增强

近年来，由于各地加快了结构调整和农业产业化经营的步伐，土地产出效益明显提高。农民进行土地流转的积极性有了较大提高。吉林省有少数地方农村土地流转已经进入规模化发展阶段。2011 年全省规模经营 10 公顷以上土地的面积达到 4.45 万公顷，占全省土地流转总面积的 10%。吉林市、延边州部分村集体经济组织实现了整村流转，双阳、前郭等地一宗土地流转规模就达到 400 公顷以上。

（五）土地流转的效益明显

近几年，吉林省土地流转带来的经济效益和社会效益都比较明显。一是增加了农民的收入。延边州土地流转价格从过去每公顷 2000～3000 元提高到 4000 元以上，有些已达到 5000 元以上，加上国家的惠农补贴和劳动力转移外出打工收入，流转土地农户现金收入大幅增加。磐石市烟筒山镇官鲜村精米合作社土地流转面积 120 公顷，实现土地流转户和种田大户效益双丰收，户均增收 3 万元以上。二是促进了土地的集约化、产业化。吉林省白城市洮北区三合乡夏家村成立了烤烟协会，流转土地面积 121 公顷，实行规模种植烤烟和集约化生产，降低了生产成本，增加了经济效益，提高了市场竞争力，使农民每公顷增收近 5000 元。三是加速了城乡一体化。土地流转加快了农村劳动力转移步伐，使农民从土地上解放出来，进城务工或出国打工，有的办理了城市户口变为市民，提高了城市化水平。

（六）各地区土地流转进展水平不均衡

从全省的实际情况看，虽然各地区都存在着土地承包经营权流转的现象，但由于自然环境、资源禀赋、经济发展水平等方面的差异，土地流转进程并不均衡。经济发达地区的土地流转规模明显高于经济较落后地区，比如延边家庭农场发展较快，规模较大，而且效益相对较高。而且近城郊的地区要好于偏远乡村，长春周边乡镇以及距离长春较近的县市土地流转的规模比相对较远的大很多。以特色农业作为经营优势产业的地区土地流转所产生的经济效益高于生产传统粮食作物的地区。例如柳河县近几年通过规划稻米、烟叶、山葡萄、苗木等特色园区建设，引导土地向园区集聚，向产业大户集中，规模化、产业化雏形初显。以红石镇、驼腰岭镇、五道沟镇为中心的标准化烟叶种植园区，土地流转面积超过 6000 亩，农民增收 4900 万元，上缴税金 3000 万元；以安口镇为中心的苗木种植园区发展迅速，带动全县苗木种植面积突破 10 万亩，其中 100 亩以上的达到 100 户，1000 亩以上的 3 户，涌现出一批收入超百万元、超千万元的苗木产业大户；以向阳镇为中心的国家标准化五味子示范园区，建成国家标准化五味子示范园区 3600 亩，总产值达到 4500 万元。

二 城镇化进程中土地流转的主要制约因素

尽管吉林省近些年来土地流转规模有所扩大，但土地流转率与发达地区相比仍旧差距甚远，这其中与农民思想意识、土地权限等一些因素有关。

（一）农民的"恋土情结"阻碍了土地流转进程

吉林省是农业大省，农民的"恋土情结"更加浓厚，土地是农村家庭生产资料和生活来源的重要保障。以农业生产为主要经济来源的农民，习惯于靠种地养活自己，担心土地流转后会失去生活的依靠。小农经济、小富即安的思想意识依然较重，一些地方的农民满足于守土经营的现状，造成了土地有效流转的阻力，影响了土地规模化、集约化经营。加之国家近些年来实施了一系列的惠农政策，并且取消了农业税，农民在土地收益上得到了更大的实惠，对土地的未来收益还存在较大的增值预期。尤其是随着城镇化的快速发展，一些城市近郊区和经济相对发达地区的土地被陆续征用为建设用地或工业用地，征地农户从中获取了相当可观的货币补偿，导致部分农民为了等待土地升值后被征用，宁愿将土地闲置也不愿意将土地实行流转。因此，土地流转大多集中在本村内部流转，向企业和村外人员流转较少，从而制约了土地流转规模，更有碍城镇化的进展。

（二）农村集体土地所有权主体虚位，权能残缺

土地所有权是农村土地制度的基础，但目前集体土地所有权制度中却存在着严重的主体虚位、权能残缺的问题。《民法通则》第 74 条规定："集体所有的土地依照法律属于村农民集体所有，由村农业生产合作社等农业集体经济组织或者村民委员会经营、管理。已经属于乡（镇）农民集体经济组织所有的，

可以属于乡（镇）农民集体所有。"而《土地管理法》第10条规定："农民集体所有的土地依法属于村农民集体所有的，由村集体经济组织或者村民委员会经营、管理；已经分别属于村内两个以上农村集体经济组织的农民集体所有的，由村内各该农村集体经济组织或者村民小组经营、管理；已经属于乡（镇）农民集体所有的，由乡（镇）农村集体经济组织经营、管理。"可见，两部法律都将"农民集体"确定为农村集体土地所有权的主体，但前者规定的是村、乡镇"两级所有"制度，后者规定的是村民小组、村、乡镇"三级所有"制度，二者存在明显的立法冲突。同时，这种多元主体模式在现实操作中存在巨大争议，往往到具体的土地上就无法分辨到底属于哪一级集体所有。实际上，法律上的所有权主体只有自然人、法人和非法人组织，而"集体"并不是一个法律术语，难免会造成定性上的困难，集体所有成了被高度抽象化了的悬空状态，导致了所有权主体的虚置。这一问题的存在会直接导致相关利益主体在农地流转过程中争当产权主体，增加交易成本，这是造成农村土地流转困难的主要原因。

所有权作为一种最充分、最完整的物权，权利主体依法享有占有、使用、收益、处分的权利。然而，农村集体土地所有权却是一种在权能范围上受到严格限制的所有权，国家对其用途、流转和处置进行严格的管制，不能进行买卖、出租、抵押或以其他形式转让，权能残缺不全，处于一种无价格衡量的"虚拟财产"状态。如规定非农建设用地只能自用，集体建设用地除企业破产、兼并外，不得出让、转让或者出租；流转只有一种途径，即由国家征收后依法出让，而征地补偿款远低于市场交易价格，使原本应属于集体土地的收益流入国库，集体土地所有权的经济利益得不到保护。作为由集体土地所有权派生出的土地承包经营权，也是一种权能不充分的物权，突出表现在权利流转方面，如转让被限定在一个比较封闭的范围内、不允许抵押等。

（三）土地流转行为不规范

目前吉林省农村的土地流转签订合同随意性很强，以口头协议居多，缺少书面证明材料，发生纠纷后没有处理依据。签订的流转合同，也不同程度地存在着概念不清、条款过于简单或繁琐，造成约定不明、双方权利和义务不具体、不对等、流转期满后处理办法不明确等问题。一些乡镇存在不经发包方同意私自流转，致使流转行为不受法律保护。加之流转合同不统一，合同入档率低，操作性不强，遇到利益冲突时，解决难度大、工作量大。截至 2013 年 8 月末，扶余市农村土地仲裁委员会接待仲裁案件 85 起，劝其协商解决 3 起，填写立案申请书 62 起，立案受理 33 起，已经裁决 18 起，这些案件共涉及土地面积 56.88 公顷，涉案金额 314 万元。

（四）地方政府在农村土地流转中存在职能错位问题

土地承包经营权流转在本质上说是一种市场化的民商事法律行为，为了避免市场失灵造成的弊端，政府应当以适当的方式介入其中，依法履行管理、协调、服务、制定规则等职能。但目前，地方政府在农地流转中存在着较明显的职能错位问题。一是政府对农地流转提供管理和服务不足。在提供规范统一的合同样本，农地流转登记服务、流转信息咨询、土地价值评估、流转信贷扶持、专业合作社发展、农村社会保障、基础设施建设、农业科技推广及职业教育扶持等方面疏于作为。二是一些地方政府存在违规甚至违法的流转土地行为。受政治利益和经济利益的驱使，一些地方政府把农村土地流转当成提升政绩的手段，不顾土地的实际利用情况，运用行政权力，强迫农民流转土地，公然违背了法律明确规定的平等、自愿原则，侵犯了农民的土地承包权和经营自主权。甚至有的地方为了攫取更大的商业价值，擅自改变流转土地的农业用途，导致产生了很多遗留问题。本来是为了纠正市场失灵而介入的政府行为，不仅没有为土地流转市场提供更好的公共服务，而且还造成了新的问题。

（五）土地流转配套机制不够完善

一是土地流转信息沟通渠道不畅。部分地区尚未建立起规范的土地流转市场交易运作体系和相关服务平台，导致土地流入与流出的信息不对称，往往出现需要土地流转时双方缺乏有效的联系渠道，影响了土地的正常流转，有时只能将土地撂荒或简单耕种，造成转入转出两头难，极大地影响了土地资源的合理流动和优化配置。二是解决土地流转纠纷的机制不健全。目前，因农村土地流转产生的纠纷主要有四种解决方式：当事人自行和解，请求村民委员会、乡镇人民政府协调解决，向农村土地承包仲裁机构申请仲裁解决，向人民法院起诉。现实中，由于传统的无讼及以和为贵观念的影响，同时也是因为仲裁和诉讼方式程序相对繁复、费用较高，多数纠纷是通过自行和解，及找村干部或其他有名望的人调解的方式解决的。但这两种制度都比较缺乏执行力，难以保障当事人合法权益的实现。如和解、调解不成，有部分当事人会选择仲裁和诉讼的方式，另有部分当事人则会把纠纷搁置下来。这样一来，农村中许多土地流转纠纷无法得到及时、有效地解决，阻碍了农地的顺利流转，也影响了农村社会的稳定与和谐。

（六）土地征收补偿标准不合理

在农村集体土地征收过程中，征地补偿标准过低是长期以来备受关注的问题。按照《土地管理法》的规定，"征收土地的，按照被征收土地的原用途给予补偿。征收耕地的补偿费用包括土地补偿费、安置补助费以及地上附着物和青苗的补偿费"。目前的征地补偿标准，是按照征用地的原用途予以补偿，所补偿的是农民对土地的劳动投入，而非土地的资产化价格，而农业投入相较于土地变为国有后的实际市场价格差距较大，使农民难以分享到工业化、城市化带来的土地增值的福利。加之集体土地所有权主体不明，土地收益分配关系混乱，部分机构和经济组织对补偿费用不同程度地截流和拖欠，最后真正落到农民手里的补偿款总是要比国家给付的少得多。补偿标准的不合理极易导致农地征收过程中被征地农民的不满，既影响了农村地区的发展与稳定，也阻滞了正常的城镇化进程。

三 解决城镇化进程中土地流转问题的对策建议

农村土地流转是促进节约集约用地、发展规模经营、调整农业产业结构、增加农民收入的必由之路。城镇化的本质是"人口的城镇化"，农民能否顺利转化为市民是未来城镇化发展的一个重要基础。针对吉林省城镇化进程中土地流转的制约因素，可以从以下几方面考虑。

（一）加快城镇化步伐，为土地流转提供有力的保障

土地的流转必将带来人口的流动，通过农村土地经营使用权的流转，帮助进城农民尽快完成身份的转换，才能真正实现城镇化。只有加快城镇化发展步伐，充分注重城镇化质量的提升，不断完善各项措施和制度，才能加快土地流转的速度。一是要加快农村社会保障制度改革，增强农村社会保障能力。加快推进农村养老保险试点，增强对失地农民的社会保障，进一步完善农村最低生活保障、农村医疗保险、大病救助、农村养老保险、新农合等多层次的农村社会保障体系；扩大农民工工伤、医疗、养老保险覆盖面，减少流转失地农民的后顾之忧，为推动农村土地流转提供有力的支撑。二是要加快社会公共服务均等化进程。推进城乡教育、卫生、社会保障均衡化发展，创造与城市居民同等的农民学习就业机会、同质化的医疗保障环境、基本对等的社会保障条件。三是加快推进农村劳动力转移就业工作。围绕制定农村劳动力转移就业工作规划、拓宽转移就业增收渠道、深化转移就业户籍制度和土地政策改革、做好转移就业保障服务等工作，开展农村劳动力就业综合改革试点；拓展省级劳务输入基地，打造劳务品牌，稳定劳务输出规模；开展农村劳动力技能培训，提升农村劳动者就业竞争能力；完善就业信息化建设，搭建农村就业服务平台，带动更多的农村劳动力进城务工、经商和就地就近转移就业。

（二）加大宣传与扶持力度，营造土地流转良好氛围

一是要利用各类媒体采取灵活多样的形式，宣传土地流转方面的法律法规和政策，营造有利于土地流转、发展规模化经营的良好氛围。加强对《农村土地承包法》、《农村土地承包经营权流转管理办法》、《吉林省农村土地承包经营管理条例》和《吉林省关于农村土地承包经营权流转的若干意见》等相关法律、政策的宣传，使农民逐步认识到土地流转的重要性和必要性。二是加强政府服务职能。地方政府及相关部门要树立主动为土地流转服务的观念，推动土地流转工作健康发展。同时要坚持依法、自愿、有偿流转原则，尊重农民在土地流转中的主体地位，遏制行政权力的扩展冲动和错位的政绩观，在客观

条件成熟、流转确实有利于农业增效和农民增收的情况下，适时推动土地依法流转。三是要加大扶植力度。研究各种惠农政策与土地规模经营的对接问题，加大对实施适度规模经营主体的扶持力度。对实施规模经营的主体，给予适当的财政性补贴或奖励。四是实施项目扶持。各类涉农项目要优先安排专业大户、家庭农场、农民专业合作社，项目资金重点向规模经营主体倾斜。还应该在税收、用地、金融等方面给予支持。通过对新型农村适度规模经营主体的支持，可以帮助其不断发展壮大，也会增加对土地流入的需求量，通过需求和价格的影响促进土地流转。

（三）加强法律法规建设，为土地流转创造充分的法律依据

吉林省应当充分发挥地方立法对于农地流转的引领和推动作用，尽快就农地流转中的一些重大而紧迫的问题出台相关法规。一是明确集体土地产权，建议由在村民中有较高威望的村民委员会作为集体土地所有权的代表，在民主选举、民主决策、民主管理、民主监督的框架下，依法行使对土地的所有权。二是拓展土地承包经营权权能，当前要积极进行土地承包经营权抵押试点，开辟农村抵押融资新渠道。三是加快农民土地确权工作，土地承包经营权确权登记发证后，农民手中的土地经营权有了明确的"身份"认定，对于创新土地流转方式，减少土地流转纠纷，简化土地流转程序等都将起到积极作用。同时，农民对土地承包经营权心中有底，也可以放心地进行流转。四是规范农地流转程序。尽快拟订土地流转合同书的规范格式，合同中必须明确土地的农业用途、流转形式、土地的位置和面积、流转的价格及支付方式、流转年限和双方责权利关系等重要内容。尽快制定关于土地流转申报、审批、登记的一系列配套程序，保护流转当事人的合法权利，同时有利于监管部门对土地流转市场的监督管理。

（四）完善土地流转市场服务体系建设，加强服务管理功能

建立农村土地流转三级服务机构。县乡两级成立农村土地流转服务中心，建立农村土地流转有形市场，设置交易大厅，为农村土地流转双方搭建交易平台，开展农村土地流转登记备案、信息发布、合同签订和鉴证、政策

咨询、价格指导评估、纠纷调处等服务。村级成立农村土地流转服务站，负责收集辖区内有土地流转意向的农户信息，托管举家外出和无劳动力耕种的农户土地，与农村土地流转受让方签订协议或合同，形成县、乡、村三级农村土地流转服务网络。加强农村土地流转信息库建设，实行数字化管理，应用现代手段开展农村土地流转管理和服务。一切服务全部免费，所需经费纳入财政预算。

（五）完善多元化的农村土地流转纠纷解决制度，畅通纠纷解决渠道

对目前的农村土地流转纠纷的制度内解决机制，应当以实现制度设计的简易、便民、高效、公正为目标，予以进一步地完善。一是充分发挥和解与调解制度的优势，将其作为仲裁、诉讼等纠纷解决制度的前置程序，法官和仲裁员应当在尊重当事人意愿的前提下积极促成庭外和解，促进纠纷及时、公正地解决。二是完善农地流转纠纷仲裁制度，可在县一级设置便民的仲裁机构，简化仲裁程序，对农村仲裁收取较普通仲裁更低的费用，保障仲裁机构的独立性，尽可能减轻仲裁机构的行政色彩，保证仲裁人员公正、仲裁结果客观、仲裁费用独立。三是完善涉农诉讼，在基层法院设置巡回审判庭专就农村纠纷，包括农地流转纠纷进行审理，对于法律关系简单、诉讼标的额小的案件适用小额诉讼程序，建立健全公益诉讼制度，对于涉及农民群体利益的农地流转纠纷鼓励通过公益诉讼的方式予以解决。

（六）设置合理的农地征收补偿标准，实现农民利益最大化

现行的征地补偿标准过低、货币安置形式过于单一，对失地农民的生活起不到长期保障作用。应当借鉴国外"以被征土地和相关资产的市场价格为主要参考标准，采用现金补偿、实物赔偿兼用"的方式，在确认农民集体土地财产权利的基础上，依照市场价格来确定补偿款额，实现征地补偿费用的市场化。补偿金除了要考虑土地征收前的价值外，还要考虑土地的位置、预期收益、当前供求状况以及失地者转产成本等因素，以一次性金钱补偿方式为主，以向失地农民提供社会保险为辅，切实保障农民合法权益。

参考文献

刘珺:《我国城镇化发展过程中土地流转问题研究》,《当代经济》2013 年第 3 期。

吴爽:《土地征收过程中农民平等权的保护》,《农村经济》2012 年第 6 期。

罗昶、梁洪明:《当前农村征地纠纷的制度性分析——以农地产权制度和土地征收制度为例》,《云南大学学报》(法学版)2009 年第 11 期。

邓江凌:《农村集体土地所有权主体虚位问题及其解决思路》,《理论界》2011 年第 7 期。

吉林省城镇化建设中小城镇发展问题研究

吉林省城镇化建设中小城镇发展问题研究课题组 *

摘　要：

　　随着吉林特色城镇化建设的全面推进，在建设新型城镇化发展大趋势下，做好大中小城市协调发展成为新命题。2010 年中央提出发展小城镇策略以来，吉林省小城镇建设的地位与作用不断提升。在小城镇发展过程中也遇到了诸多体制机制障碍，需要根据省情进行新的调整，积极推进小城镇建设，以此解决人口城镇化、优化产业结构、缓解大城市承载能力等一系列问题。

关键词：

　　小城镇　产业结构　农民市民化

一　小城镇在吉林特色城镇化建设中具有重要作用

　　根据第六次人口普查数据，在吉林省城市体系框架中，从居住在不同规模的城市人口占城镇总人口的比重来看，居住在长春、吉林两个大城市的城市人口占城镇总人口的 31.78%，四平、松原（含前郭）、白山（含江源）3 个中等城市人口占全部城镇人口的 11.63%，延吉、通化、辽源、白城 4 座小城市人口占全部城镇人口的 10.86%。大中小城市吸纳了吉林省 54.27% 的城镇人口，另 45.73% 的城镇人口居住于 38 个县城（含县级市，不含延吉市和前郭县）和 406 个小城镇（不含 20 个县城镇），大城市人口聚集效应明显。经合

---

* 吉林省城镇化建设中小城镇发展问题研究课题组，执笔人：徐嘉、刘星显、李冬艳。

组织国际经验表明，当城市发展到某个阶段后，进一步的集聚带来的负面效应会逐渐超过正面效应，导致城市竞争力下降，集聚经济的发展并非没有上限。2010年与2000年相比，长春和吉林两地城镇人口所占全省比重上升2.5个百分点，GDP占比则下降10.1个百分点。为预防人口过度集聚给大城市带来的"城市病"等问题，为保证经济稳步增长，吉林省发展小城镇势在必行。

（一）吉林省发展小城镇建设的意义

1. 小城镇建设是平衡城乡二元利益冲突的重要依托

城镇化是农村人口转化为城镇居民的过程，伴随着城乡人口对优质资源的共同追求，自然资源、社会资源、利益结构等方面的矛盾日益加重。吉林省内优质的教育、医疗、环境等资源主要集中在以长春、吉林为代表的9个大中城市，农村人口不得不跨区转移，以获得最佳社会资源。加快小城镇建设，可以平衡城乡利益冲突，实现统筹发展，使农村人口就地就近集聚，将农村转移劳动力分散消化在大中城市之外，有利于新农村建设与城市群的搭建。可以形成科学的城镇化空间体系，缓解大城市急速扩容的压力和系列问题。如长岭县太平川镇打造均衡教育机制，通过生源附带的陪读人群，聚集了大量农村人口，使教育资源成为小城镇吸引农村人口集聚的突破口。长春市宽城区兰家镇利用土地增减挂钩，规划建立占地面积77.5万平方米的5个农民集中居住区，兴建了农民公园、大型综合性医院、九年制中小学、三所大专院校等公共资源。逐步统筹社会保障，切实推进城乡双向一体化，实现城乡政治、经济、文化统筹发展，确保从城镇到新农村的合理有效过渡。

2. 小城镇建设是优化产业结构的助推动力

小城镇的长远发展都伴随着产业的聚集，小城镇建设和产业发展相辅相成。小城镇发展，势必催生现有产业结构的优化调整。小城镇与特色产业化、工业化的良性互动是建立在内生外源合力驱动之上的，吉林省小城镇按照"宜工则工、宜农则农、宜商则商"原则，分别培育发展了以多种特色类型产业支撑的小城镇，诸如：以榆树市五棵树镇等为代表的农业产业化型；以磐石市明城镇等为代表的工业主导型；以梅河口市山城镇等为代表的商贸流通型；以抚松县松江河镇等为代表的旅游开发型；以长春英俊镇、松原市长山镇和延吉市朝阳川镇等为代表的卫星型、沿边境的口岸型和民族型等。特色化的小城镇建设，加快了城市经济、产业结构调整步伐，促进三产整体提升，同时推动了产业结构内部调整，加快了城镇化的进程。

3. 小城镇建设是吸纳农村剩余劳动力的主要途径

小城镇建设有一定的地缘优势，可兼顾第一、第二、第三产业，劳动力转移和定居成本较低，成为农村富余劳动力的"蓄水池"和"转化器"。目前吉林省农业劳动力存在就业不足现象，"两个月用来过年，三个月用来耕田，其他时间都是空闲"，是吉林省广大农民的现实写照。根据2010年第六次全国人口普查数据，全省劳动年龄人口所占比重为79.6%，但从业人员劳动参与率仅为57.1%，在广大农村、小城镇，这一比率更低。发展小城镇，让先富起来的农民到小城镇投资经商，发展第二、第三产业，促进生产要素流动，扩大就业空间，就成为了转移农村剩余劳力的突破口。据有关方面测算，通过发展小城镇，使乡镇企业适当集中，比分散建厂方式可提供的就业能力（包括连带效用）能扩张50%以上。国内外实践证明，在大、中型城市安排一个劳动力所需要的就业资本装备是小城镇就业资本装备系数的7~10倍，小城镇发展就业成本低。小城镇发展，有利于持续开展农村产业化，通过土地流转和集约化经营，提高农业机械作业水平，不断减少直接从事第一产业的劳动力数量。推进小城镇发展是在财政力量有限的经济欠发达地区的必然选择。

4. 小城镇建设是拉动内需促进投资的强大引擎

据世界银行专家估计，我国城市化水平每提高1个百分点至少拉动GDP上升1.5个百分点。小城镇建设，可以开发农村市场，培育以小城镇为中心的小区域经济中心。其基础设施的完善，政府服务功能的提升，也为乡镇企业和农村经济向集约化、规模化发展提供了适当的场所和载体。农民既有农业产业经营带来的稳定收入，又有市民化身份转变带来的就业工资，收入多元化，直接拉动消费，促进服务业发展。小城镇建设还可直接推动工矿业、物流业、建筑业等第二、第三产业的发展，以及其本身在建设过程中的房地产开发；水、电、气、供热管道的施工；城市绿化环卫的搭建；排污垃圾处理设施等更能拉动投资与安置就业。固定资产投资适度向公益性、消费性转变，如道路、电力、通信等，本身也是经营性投入，通过经营很快收回投资并取得较高效益。

据不完全统计，近两年长春市开发建设较快的 20 个小城镇，平均每镇每年开发的住宅（含商铺）在 2 万平方米以上，铺装水泥（柏油）路 10 公里左右，还有集中供热、供排水等基础设施的建设，既刺激了消费，也鼓励了投资，促进了就业，增加了农民收入。

（二）吉林省小城镇发展特征趋势较为明显

1. 小城镇规模偏小、数量增多

2011 年吉林省共有城关镇和一般镇 427 个，比改革开放初期增长了 3 倍多，总人口达到 1353.05 万人，占全省总人口的近一半，镇区总人口 365.04 万人，镇的城市化率为 26.98%。理论上，小城镇只有当人口达到 1 万人时才能发挥经济中心对镇域的集聚和扩散作用；2 万人时这种作用比较明显；超过 5 万人才能起到明显的带动作用。根据全国第六次人口普查数据，全省有 70% 以上的小城镇的人口规模不足 3 万人，有 70% 的小城镇的非农业人口不足 4000 人。2011 年全省 427 个建制县中仅 71 个建制县镇区人口超万人，只有 14 个建制镇镇区人口超 5 万人。《吉林省城镇化发展"十二五"规划》提出到 2015 年，10 万~20 万人以上县城达到 20 个，5 万人以上小城镇达到 10 个以上。着力发展 2 万~5 万人口的小城镇，突出培育 5 万人以上的小城镇，是未来吉林省小城镇规模建设的趋势。

2. 土地城镇化快于人口城镇化

居民生活改善，城镇建设迅速推进。水、电、路、通信等基础设施逐步完善，商店、饭店、旅店、公共交通等设施数量与质量均有提高。2009 年小城镇人均储蓄存款余额达 2875 元，比 2005 年增加 813 元，增长 39.4%，全省各镇财政总收入 57.29 亿元，比 2005 年增长 70.9%。2001~2011 年的几年间，全省城市建成区面积由 793.12 平方公里增长到 1270.99 平方公里，增长率为 60.25%，年均增长 4.83 个百分点。土地城镇化年均增速快于人口城镇化增速 4.13 个百分点。对土地资源的依赖偏重，也使得吉林更倾向于土地城镇化的发展。人口城镇化，特别是户籍人口城镇化进程缓慢。

3. 小城镇成为流动人口新聚集地

"十一五"期间，吉林省农业劳动力转移力度加大，五年累计向城镇转移农村劳动力 112 万人，每年农民工进城务工人数均能达到 15 万~20 万人。通过县域经济每年向小城镇转移的农村劳动力近 5 万人。根据吉林省第二次全国农业普查数据，农村外出从业劳动力中，在乡外县内从业的占 25.2%，在县外市内从业的占 30.7%。可见小城镇就地吸纳劳动力比率很高。按当前总人口 5 万人以上的 69 个建制镇来计算，若未来近 10 年内，平均接收农村的富余劳动力为 5000~8000 人，则共可吸纳剩余劳动力为 34 万~55 万人，其他人口规模的小城镇平均吸纳剩余劳动力 2000~3000 人，则总共能吸纳 71 万~107 万人，那么未来近 10 年小城镇共可吸纳 105 万~162 万人，大概 50% 的农村剩余劳动力可以通过小城镇实现就近就地转移就业与生活。小城镇逐步成为人口城镇化和吸纳农村剩余劳动力的未来发展趋势。

二 当前吉林省小城镇建设的制约因素

（一）小城镇产业支撑力不强，制约了小城镇人口集聚能力

产业的强力支撑是小城镇发展壮大的前提，产业发展是城镇化的最坚实基础，加快产业发展和项目建设是吸引农村人口向城镇转移的主要途径和方式，也是提高城镇化水平，保持城镇活力，推动城镇发展的重要途径。目前吉林省小城镇建设普遍缺乏中心产业的有力支撑，与工业化、现代农业的发展脱节现象比较严重，各产业对小城镇建设的支撑力度较弱，制约了小城镇人口的集聚能力。

1. 小城镇产业结构不合理，发展动力不足，降低了对农村人口的吸引力

作为东北地区的老工业基地，吉林省小城镇工业产业具有一定的基础，但普遍存在着规模小、技术含量低、效益差、环境污染严重等诸多问题，地区产业结构不合理。吉林省小城镇大多以传统经济为主导的工业化和城镇化的发展模式为主，缺少除农业之外的其他成规模的、支柱性或主导型的产业或产业集群。全省 80% 以上的小城镇由农村型聚落或由原来的乡镇发展而来，与农村经济的发展密切关联，分布广、数量多，但规模小，人口构成复杂，镇区范围内农业人口比重大。一般认为，小城镇人口只有达到一定规模，才能正常发挥

城镇聚集功能和规模效益，吉林省小城镇平均人口规模小，使得小城镇不仅缺乏对企业和经济发展的凝聚力和聚集效应，而且不能充分发挥其对周边乡村地区的辐射和带动作用。吉林省相当一部分小城镇主要以为周边农村提供商品交换、物资集散等为职能，致使小城镇缺乏支柱性产业，城镇化发展后劲普遍不足，将资源优势转化为商品优势和经济优势的能力较差。由于经济基础薄弱，缺乏充分的发展动力，吉林省小城镇工业化进程缓慢，城镇化动力相对不足。

2. 小城镇产业布局不合理，总体实力较弱，吸纳农村人口能力薄弱

吉林省小城镇普遍缺乏特色产业，产业趋同现象明显，没有形成比较优势，区位优势和产业优势不突出。在产业选择上，存在较大的盲目性与随意性，小城镇没有明确、鲜明的特色领域，难以有效整合资源，打造品牌效应，形成长久发展机制。由于缺乏合理的产业统筹规划，相邻小城镇互补联动能力难以发挥，产业集群发展相对滞后，总体上还处于起步阶段，小城镇集群效应不充分。目前，吉林省中、东、西部城镇数量呈逐渐递减状态，出现了城镇化地域发展的不平衡，中部初步形成网络，东部分布较散，西部十分薄弱。东部地区小城镇约占全省总数的31%，中部地区小城镇约占全省总数的54%，西部地区小城镇约占全省总数的15%。① 中心城市的实力弱，产业辐射带动能力差，地级城市区域中心作用不强，导致对周边小城镇产业支持不足，城市与城镇间以及城镇之间的联系薄弱，经济结合不紧密，协调性差，产业分工不明确，布局不合理，互补性不强，总体实力较弱，吸纳农村人口能力薄弱，阻碍了小城镇规模的扩张。

（二）城乡居民收入相对差距缩小，影响了农民进城积极性

吉林省小城镇工业部门发展水平落后，但在农业方面，吉林省却占有相当优势，吉林省农民人均纯收入在全国范围内处于中等偏上水平。全省城镇居民人均可支配收入和农民人均纯收入逐年递增，2012年全省城镇居民人均可支配收入和农民人均纯收入分别增长至20208元和8598元。2006年以来，吉林

① 《开发建设"吉林十大国家样板小城镇"战略规划》，中国三农事业吉林发展中心小城镇建设委员网站，http://www.jlxczjs.com/News_Planning_details.aspx? ID=319，2013-8-15。

省城乡居民收入差距呈现出相对差距平缓波动并最终下降的趋势，2012年城乡收入绝对差距为11610元，城乡收入相对差距为2.35，较之2006年相对差距降低了0.33。吉林省城乡收入差距程度小于全国平均水平，对农民的各种补贴政策力度也很大，大大缩小了城乡差距，使农民不愿改变农民身份，出现了拒城镇化现象，影响了农民进城的积极性。

1. 进城农民就业能力不足，就业环境较差，阻碍了其在城市长期稳定就业

一是就业渠道窄。农民劳动力素质普遍偏低，主要表现在吉林省转移农民劳动力的文化知识水平低，接受教育程度低，接受职业技术培训人数比例低等方面，很难开拓新的就业渠道，自身创业能力不强。二是收入低。吉林省进城农民的收入普遍不高，如果企业不能连续生产或工作不稳定，收入将会更低，收入与在城市生活的成本不成正比。三是就业差别待遇，权益难保障。社会上还存在对小城镇农村劳动力歧视的现象，表现在招聘、提拔、评先等不能一视同仁，还不能做到同工同酬，在晋级、工资、福利等方面不在同一平台。四是小城镇就业岗位不足。相对于大城市而言，小城镇的劳动力市场尚不发达，小城镇特别是偏远区域小城镇工业基础薄弱，商业不发达，几乎没有新的就业岗位，农民落户小城镇没有足够的就业岗位来增加收入，就业岗位不足也成为农民进城的阻力之一。

2. 农民市民化成本较高，进城生活负担加重

当前吉林省实现农民市民化重要的障碍不是户籍制度制约，而是生活成本的高昂和社会保障的短缺，当人均消费支出增加的比例大于收入增加的比例时，就会削弱很多向往进城的农民的积极性。尽管相对于大中城市而言，小城镇的生活成本较低，但在农村生活的农民进入小城镇后生活消费支出会急剧升高，食品、衣着、居住、医疗、交通通信和教育为主要消费支出，而这些消费支出在城市是一般的标准。

3. 地域文化影响较深，农民进城存有心理障碍

受吉林省气候条件、地域文化、心理等因素的影响，农民小富即安思想比较严重。农民一年务农时间为两个月左右，部分人认为有饭吃、有衣穿、有房住就行，尽管务工可以增加收入，但他们宁愿待在家中享受闲暇时光，就业动力不足。故土情结对于农民进城的积极性也造成一定的影响，农民进城镇不仅要有经济成本的付出，还表现为心理成本的付出。受东北气候条件及"猫冬"习惯影响，季节性失业现象较为突出。这些都在一定程度上制约了农村劳动力转移速度，降低了农民进城积极性，也构成了吉林省招工难、用工荒频发的深层次原因。

（三）小城镇基础设施落后，公共服务质量较差，减弱了小城镇的吸引力

小城镇基础设施建设是城镇化的重要条件和基本保障，当前吉林省小城镇，特别是没有中心城市依托的小城镇，基础建设资金难以保障，资金短缺成为继续城镇化的瓶颈。尽管近年来，吉林省财政加大了对小城镇基础设施建设的投资力度，但由于历史欠账较多，设施水平偏低，加之一些地方经济发展不尽如人意，小城镇建设资金缺口仍然很大，基础设施建设滞后，公共服务质量较差，减弱了小城镇对农民的吸引力。

1. 小城镇建设水平低，多项指标低于全国平均值

低水平的小城镇建设状况，直接影响着产业投资的产出效益，导致招商引资吸引能力薄弱。小城镇基础设施建设的短缺，造成小城镇人口集聚和辐射效应未能充分显现。小城镇建设投资结构单一，投资环境不良，严重影响了基础设施建设。小城镇没有建立起有效的多元化投资渠道，基础设施建设过分依赖政府筹资拨款，投资结构单一，财力严重不足，仅能维持日常开支，一些公共服务机构超负荷运转。地方政府发展招商引资，鼓励集体、企业及社会参加小城镇基础设施建设等投资机制尚未形成，小城镇公共产品建设投资运转困难，基础设施建设欠账多、包袱重，没有明确的基础建设资金预算，缺少小城镇基础建设专项贷款等优惠政策，难以吸引域外投资到基础设施建设项目当中。

2. 政府管理能力不足，综合调控能力较差，不适应小城镇建设发展变化

当前吉林省城镇化进程中涉及各个领域，不同的政府部门从各自的职责范围和自身利益角度出发对城镇化的过程进行管理，不利于统一的城镇化政策的制定和实施，各项政策在实施中难以形成合力。长期以来施行的城市优先投融资体制，使小城镇资金流向城市，造成县级以下政府财力严重不足，设施水平、管理水平与服务水平偏低，无力提供符合小城镇建设要求的公共产品，难以满足经济发展和市民物质文化生活的需要，降低了镇政府在发展小城镇方面的综合、协调能力。

（四）乡财县管体制，制约了小城镇的自主建设能力

在吉林省小城镇发展过程中，"乡财县管"财政管理方式使得小城镇财务管理得到了进一步规范，有利于规范和节约乡镇支出，约束了非正常性开支，遏制了乡镇债务的增加。但是，作为负责小城镇建设和发展的乡镇政府，由于权力被极大地削弱，制约了其自主建设能力。

1. 小城镇建设发展的灵活性降低，积极性受挫

目前吉林省的"乡财县管"制度使得乡镇政府财政预算的自主性和灵活性受到很大制约，发展地方经济的积极性严重受挫。"乡财县管"在削弱和上移乡级政府财权的同时，也削弱了乡级政府提供公共产品和服务的自主能力。"乡财县管"在小城镇建设过程中削弱了乡镇的财力分配权，同时降低了乡镇理财的积极性和责任意识，乡镇的财政支出与财政收入之间、财政收入与经济发展之间的联系被淡化。小城镇在管理权、审批权、支配权等方面的权利能力匮乏，加之机构编制人力有限，导致地方不能对推行城镇化过程中的种种具体问题进行快速、有效、经济地反映，甚至维系城镇基本运转都出现困难，行政能力大打折扣。

2. 小城镇财事权不对称，乡镇政府难作为

在"乡财县管"的体制下，乡镇政府不是一级完整的预决算财政单位，其维持运转主要靠县级财政转移支付。乡镇政府的职能上移、财权上收乃至撤并，强化了县级政府对乡镇政府的控制，使小城镇发展的资源和机会多被县城所占用，致使其缺乏发展的空间和资源。小城镇管理地域广阔，自身力量薄弱，加上缺乏有效的行政力量和实施手段，不能有效地行使管理职能，财权与事权不平衡，造成小城镇管理中"有权的难管事，管事的没有权"的矛盾，不能适应小城镇社会经济发展对社会管理、公共服务供给的基本要求。

三　推进小城镇建设的对策建议

小城镇建设是统筹城乡协调发展，推进城镇化进程的关键节点，是当前和今后较长时期内城镇化发展过程中的重要任务，因此要不断探索具有可操作性的对策建议，破解制约因素，加快推进小城镇建设。

（一）规划先行，提升小城镇建设的科学性

小城镇发展，规划要先行。各地应根据国家即将出台的"城镇化中长期发展规划"厘定到 2020 年的期限、中国城镇化的总纲和基本路线图，以及城镇化率 80% 的目标，结合本地"十二五"规划、中长期经济社会发展规划以及本地区发展实际情况，制定本地区小城镇发展规划。聘请国内知名规划设计单位，对城镇总体规划、控制性详规和城市设计进行全面规划，包括城镇基础设施建设规划，解决规划区内基础设施建设问题；土地规划，解决规划区用地规模，建设用地来源及用途管理问题；人口规划，解决规划区人口规模、来源问题；经济发展规划，解决经济发展、产业支撑、园区建设、财政收入、劳动力就业等问题；社会保障规划，解决城镇居民医疗卫生、最低生活保障、教育、养老等问题；新农村建设规划，解决现代农业发展、农产品对城镇化发展的支撑、农民生产生活方式转变、农村稳定等问题。上述规划要相互协调、互为支撑，统一在小城镇发展规划之中，并在规划指导下，有步骤、分层次、高质量地推进实施，要充分借鉴长春劝农山镇、奢岭镇、公主岭市响水镇、范家屯镇的发展经验，走出一条符合科学发展、具有各自特色的小城镇发展道路。

（二）加大资金政策扶持力度，增强小城镇发展基础活力

资金和政策是小城镇建设的基础，应按照"政府引导、多元投资"的原则，加大小城镇建设投入力度，增强小城镇的吸引力。一是加大对城镇基础设施建设的投入，提高小城镇的承载能力。各级政府对小城镇基础设施和公共设施建设加大投入，尤其是省政府要出台小城镇建设规划纲要，明确对小城镇建设的支持力度。可以采取通榆县兴隆山镇的税收分成办法缓解小城镇建设资金不足状况。对符合条件的建设项目列为各级政府重点项目，对其重点投资建设项目，省、县（市）政府应按一定比例进行贴息，并将小城镇各种园区税收的大部分以转移支付形式返还给小城镇，用于小城镇基础设施的建设、维护和管理方面。二是出台小城镇建设绿色通道支持政策。各级政府对符合国家产业政策和产业发展导向、符合小城镇总体规划和产业布局的项目实行特事特办，

对小城镇发展项目提供绿色审批通道，提高办事效率。三是创新机制，多元投资，解决小城镇建设的启动资金和后续管理资金不足问题。积极深入探索政府投资、社会集资、农民带资、招商引资、合理开发、滚动发展的筹资路子，在争取政府资金建设小城镇的同时，发挥市场融资发展能力，鼓励多渠道、多形式投资兴办赢利性基础设施。比如，实施供水供热设施私有化，养老助残实施部分私有化，兴办教育资源不足的民营幼儿园及高中教育学校等。通过实施市场化经营，有效解决城镇建设资金不足等问题，把创新机制作为实现小城镇建设可持续发展的重要举措，通过政府引导、依靠市场机制、多元投资建设小城镇。

（三）提升产业支撑能力，增强小城镇综合经济实力

小城镇建设要以产业为依托，实现城镇的规模效应和聚集效应。一是加大招商引资力度，多方引进资金和项目，把乡、镇、村企业和个体工商户吸引到小城镇来。地理位置优越的小城镇要大力兴办零售、信息、咨询、保险、科研和教育培训等服务业，吸引大型公司，形成聚集效应。充分利用媒体通过不同形式宣传招商政策、环境、载体及招商优势，紧紧盯住大中城市的产业发展和链条延伸，主动承接产业转移，发展配套产业，通过已落户的企业，制定优惠政策，吸引配套企业就近落户，延伸产业链，降低成本，提高市场竞争力；同时，给小城镇园区优惠政策，引导县内、镇内第二、第三产业进入园区，既可以节省土地资源，又能通过规模集聚，形成产业集聚，增加企业效益，扩大园区影响，提升产业对小城镇的支撑力度。二是立足资源优势，突出自身特色，以产业支撑小城镇经济发展。把小城镇建设与产业结构调整相结合，大力培育优势产业和特色经济，每个小城镇要研究好自身优势、城镇特色以及产业主体，要以突出特色为主导，不能千篇一律，园区产业不求全而求精。三是促进城镇化与农业产业化联动发展，为农民提供更多的就业机会，吸纳农民进城，实现农民身份的转变。围绕当地最具资源市场潜力和农民能够参与最多的传统优势产业，形成稳固的生产基地，培育和发展龙头企业，形成产加销一体化的专业特色经济区，以促进小城镇与农业产业化的联动发展。全省很多乡镇都有这样成功的联动，如吉林市东福米业有限责任公司充分发

挥吉林市孤店子镇水稻资源优势，形成"公司＋基地＋农户＋标准化"的产业化发展模式，形成"村企合一、村企联动"的局面。以"东福米业"为龙头，从种到收实行工厂化管理，通过土地流转，实现土地集约化经营，积极打造绿色优质稻米和有机稻米产业，作为产业支撑，在整个产业链过程中为农民提供较多的适合他们的就业岗位，土地流转出去的农民可以成为企业的种植或管理工人，企业为农民提供居住集中区和班车服务，为实现农民身份的转变创造条件。

（四）实施城乡一体化保障制度，提高农民享受社会保障的能力

充分利用全国城镇化发展的时机，吉林省应该主动采取措施，实施城乡一体化保障制度。一是探索实行城乡医保制度并轨运行，破除城乡二元医保制度，缩小新农合医保与城镇医保之间的差距，构建城乡一体的"大医保"体系。可借鉴陕西凤县的做法，将城镇居民医疗保险和新农合进行并轨，设立两个缴费标准，不受户籍限制，由城乡居民自愿选择、统一管理，并推行预付制，预付资金专款专用，减轻居民由于住院预交大额费用的经济负担。二是统一城乡养老保险制度。可由参保人员自主选择，将城乡居民个人缴费档次与财政补贴挂钩，提高国家补贴额度，实行养老金待遇"多缴多补，多缴多得"，建立城乡一体化的养老保障体系。三是以教育均衡发展为目标，实施重点发展。在目前基本保证农民、农民工子女入学基础上，积极发展九年制教育及小城镇义务教育。在有条件的小城镇发展高中教育，用良好的教育资源吸纳人口向小城镇集聚。四是加大社会保险法的执法力度，一方面要依法强制企业为农民工缴纳社会保险，特别是工伤保险，防止企业由于无力承担费用使农民工的权益受到损害。另一方面要完善农民工工资支付保障制度，加强对农民工工资保障金制度的执行力度，所有开工企业都要按比例缴纳工资保障金，否则住建部门不予办理开工手续。

（五）深化体制改革，增强小城镇可持续发展动力

充分利用改革带来的红利，增强小城镇发展内生动力。一是深化小城镇财政管理体制改革。建立健全独立的镇级财税体制，理顺分配关系，赋予镇级财

政支配权，镇域内产生的增值税、企业所得税、营业税以及个人所得税和资源税等税收，按"阶梯式"比例留给镇级财政，贡献率越大，留给镇级财政的比例将越高。实行预决算制度，规范管理，弥补"乡财县管"制度对小城镇发展的制约，实现财权和事权相统一，增强小城镇自我发展能力。二是加快户籍制度改革步伐。通过户籍改革，保证农民工在城市的工作时间，相当于延长人口红利，增加劳动力供给。全省小城镇要逐步取消农业户口与非农业户口的分类登记形式，推行一元化户籍登记，打破城乡二元结构，进一步放开农民在小城镇的落户条件，实行居住证制度，纳入属地管理，以居住年限、社会保障参保年限作为获得基本公共服务和落户的条件，逐步剥离户籍制度关联福利，将就业、劳动保障、教育、医疗卫生等权利的获取由"门槛式"向"阶梯式"过渡，优先推进家庭流动和已经在城镇就业的农民工能够在自愿基础上成为拥有城镇户口的居民，并享受与城市居民同等的公共服务。三是深化土地使用制度改革。考虑到小城镇建设的需要，土地管理部门要适当下放审批权限，对一定限额内的小城镇建设用地审批可先占用后办理征地手续，对相关审批费用减半或免除征收。采取多种形式盘活土地资产，做好土地增减挂钩工作，特别是要做好利用农民宅基地增加小城镇建设用地工作，进而弥补建设用地不足，促进小城镇建设健康发展。四是加大小城镇文化建设。保护挖掘传统文化根脉，弘扬民族文化和地域文化，强化文化多功能性，丰富百姓生活，增加居民收入，保持当地小城镇持续发展的文化魅力。

参考文献

李秀香、黄梓桢：《加强江西小城镇建设的意义、存在的问题、建议》，《安徽农业科学》2009 年第 29 期。

于畅、王野等：《长春：率先发力小城镇建设》，《吉林日报》2013 年 2 月 19 日。

吉林省政府网：《吉林省城镇化发展"十二五"规划》，《2011 年吉林省发展报告》2012 年 5 月 22 日。

周俊：《中西部小城镇在城镇化进程中的地位和作用实证研究》，《农业经济》2005 年第 11 期。

白雪：《快速城镇化过程中农村剩余劳动力转移制约因素浅析》，《北方经济》2009 年第 4 期。

景跃军：《东北地区人口城市化问题与对策研究》，《吉林大学社会科学学报》2005 年第 4 期。

杨发祥、马流辉：《"乡财县管"：制度设计与体制悖论———一个财政社会学的分析视角》，《学习与实践》2012 年第 8 期。

吴淼、刘莘：《城市化进程中小城镇发展滞后原因探析》，《城市问题》2012 年第 9 期。

长吉图先导区建设

Construction of Chang–Ji–Tu Pilot Zone

B.12

长吉图先导区建设进展、存在的问题及对策

侯 力 齐佳音*

摘 要：

2009 年 8 月国务院正式批准长吉图先导区战略。几年来，吉林省全面推进长吉图开发开放先导区建设，在加快区域发展、畅通对外通道、扩大对外开放与合作，以及重大基础设施建设等方面取得了明显成效，但也存在诸如缺乏顶层设计、资金瓶颈、中心城市功能薄弱等一些制约发展的问题。为此，应在推进产业转型升级、促进内陆腹地与沿边地区联动发展、加快区域增长极建设，以及完善政策支撑体系等方面采取措施，进一步推动长吉图先导区建设。

关键词：

长吉图先导区 内陆腹地 沿边地区 联动开发

---

* 侯力，吉林大学东北亚研究院副教授、经济学博士，研究方向为城市经济；齐佳音，吉林大学东北亚研究院硕士研究生。

自 2009 年 8 月国务院批准《中国图们江区域合作开发规划纲要——以长吉图为开发开放先导区》（下文称"规划纲要"）以来，吉林省全面推进长吉图开发开放先导区战略的实施，在加快区域发展、畅通对外通道、扩大对外开放与合作，以及重大基础设施建设等方面取得了明显成效，但也存在诸如缺乏顶层设计、资金瓶颈、中心城市功能薄弱等一些制约发展的问题。本文拟对近年来长吉图先导区战略实施的进展、存在的问题展开分析，进而提出进一步加快推动长吉图先导区建设的对策与建议。

一 长吉图开发开放先导区建设取得的主要进展

作为我国第一个沿边开发开放国家战略，长吉图区域在经济规模、发展潜力、合作空间方面均具有比较大的优势。经过近年来的发展，长吉图先导区建设取得了明显成效。长吉图先导区经济快速增长，发挥了区域经济增长核心作用，同时通道建设与平台建设取得了显著成绩。

1. 长吉图先导区经济快速发展

近年来，随着长吉图先导区的加快建设与发展，长吉图地区主要经济指标在增长速度方面均高于全省平均水平，经济结构与产业结构均有所优化。

长春市、吉林市和延边州《国民经济和社会发展统计公报》数据显示，2012 年长春市、吉林市和延边州 GDP 分别达到 4456.6 亿元、2430.0 亿元和765.1 亿元，按不变价格计算，分别较 2009 年末增长 56.4%、38.1% 和45.1%，三地区合计 GDP 占全省 GDP 的比重由 2009 年的 62.5% 提高至 2012年的 64.1%，提高近 2 个百分点。其中，长春市规模以上工业增加值由 2009年的 1157 亿元增加为 2012 年的 1822.3 亿元；吉林市规模以上工业增加值由2009 年的 489.6 亿元增长为 2012 年的 931.5 亿元；延边州规模以上工业增加值由 2009 年的 165.7 亿元增加为 2012 年的 354.8 亿元。

从全口径财政收入来看，2012 年，长春市全口径财政收入为 927.7 亿元，较 2009 年增加 477 亿元，基本上翻了一番；吉林市 2012 年全口径财政收入为259.6 亿元，较 2009 年增加 102.1 亿元，增长近 65%；延边州 2012 年全口径财政收入达到 134.1 亿元，较 2009 年增加 61.6 亿元，增长近 85%（见表 1）。

另外，从全社会固定资产投资额来看，同 2009 年相比，2012 年长春市、吉林市和延边州均有大幅增长。其中，长春市和吉林市固定资产投资额增长幅度较大，分别增长 872.6 亿元和 464.4 亿元，延边州固定资产投资额增长 93.9 亿元。

表 1　长吉图区域主要经济指标比较

单位：亿元

城　市	2009 年			2012 年		
	GDP	财政收入	固定资产投资	GDP	财政收入	固定资产投资
长春市	2548.6	450.7	2300.3	4456.6	927.7	3172.9
吉林市	1500.1	157.5	1490.0	2430.0	259.6	1954.4
延边州	450.0	72.5	568.7	765.1	134.1	662.6

资料来源：2009 年和 2012 年长春市、吉林市和延边州《国民经济和社会发展统计公报》。

从三次产业增加值构成来看，长吉图区域产业结构均呈优化态势。长春市三次产业增加值构成从 2009 年的 7.9∶50.6∶41.5 调整为 2012 年的 7.1∶51.4∶41.5；吉林市则由 2009 年的 11.4∶49.3∶39.3 调整为 2012 年的 10.0∶49.7∶40.3；延边州三次产业增加值由 2009 年的 10.3∶48.0∶41.7 调整为 2012 年的 8.7∶51.2∶40.1（见表 2）。

表 2　长吉图区域三次产业构成比较

单位：%

城　市	2009 年			2012 年		
	第一产业	第二产业	第三产业	第一产业	第二产业	第三产业
长春市	7.9	50.6	41.5	7.1	51.4	41.5
吉林市	11.4	49.3	39.3	10.0	49.7	40.3
延边州	10.3	48.0	41.7	8.7	51.2	40.1

资料来源：2009 年和 2012 年长春市、吉林市和延边州《国民经济和社会发展统计公报》。

2. 长吉腹地支撑能力显著提高

在经济快速增长的同时，长春市和吉林市的辐射带动能力不断增强，作为长吉图先导区的腹地支撑能力明显提高。

长春市实施工业服务业双拉动发展战略，工业方面坚持"三优五新"发展格局，实现200万辆整车、2000辆轨道客车生产能力，顺利完成百万吨化工醇扩能工程，汽车工业、农产品加工业、五大战略性新兴产业成为长春市三大超千亿元级产业；服务业快速发展，投资连续3年居三次产业之首，对经济增长的贡献率逐年递增。同时，经过三年多的建设，长春市汽车区、净月区国家级开发区、兴隆综合保税区获国家批准并建成封关、净月区被列为国家服务业综合改革试点区、长春市成为国家首批私人购买新能源汽车补贴试点城市之一。2012年，长春空港经济区建设全面启动，不仅与中城建集团、上海世总投资管理有限公司等多家企业签订投资协议，合约资金总额达到近170亿元；而且与长春大学、吉林艺术学院等高校签约谋划建设新校区，为空港经济区建设奠定了良好的基础。

吉林市为适应长吉图空间发展需要，加快推进高新北区、高新南区、经开区、化工园区、金珠工业区、哈达湾服务业集中区、南部新城、松花湖旅游度假区、北大壶开发区、中新食品区等十大功能区建设，从长吉北线、南线和南部三带形成了与长春经济圈相向对接式的发展格局。近两年吉林市十大功能区累计投资达到650亿元，建设3000万元以上产业项目500个；投资100亿元，建设重点基础设施项目150个，新开发建成区面积近10平方公里。截至目前，十大功能区已经分别在主导产业集群发展、现代服务业发展以及农业发展中显现出明显的优势。

3. 延龙图一体化发展与珲春市功能建设取得明显成效

为适应长吉图先导区战略需要，提高图们江合作开发开放水平，延边州确定了以增强延龙图"前沿"承载能力和提升珲春"窗口"功能为重点的"开放先导"发展战略，取得了显著成效。

延边州重点推进延龙图一体化（即延吉、龙井和图们地区），构建与长吉腹地和珲春窗口有效对接、联动发展的开放前沿。2010年以来，在省政府及国家有关部、局的支持下，延龙图一体化稳步实施，前沿功能逐步完善。实施多项重要改革，延吉、龙井两市实现有线电视资源共享、固定电话资费同城；撤销制约一体化发展的龙延、仁坪、五虎岭、小盘岭等四个城际收费站；签署延龙图三市旅游合作框架协议；正式启动延龙图城市户籍制度改革；延吉与图们被批准成为全国流通领域现代物流示范城市。此外，一批重点城市基础设施已开工建设并稳步推进，区域发展环境逐步得到改善，项目承载能力显著增强，至今入验企业已经达到258户。截至2012年底，延龙图地区生产总值已经达到378亿元，占延边州GDP的49.4%；全口径财政收入达到35亿元，超过延边州的1/4。

珲春市以加快国际化窗口城市建设和特殊经济区建设为重点，提升城市功能。为此，珲春市政府提出了开边通海、城市综合功能提升、产业转型升级、国际合作、生态建设和体制机制创新等6个重点突破方向，目前已取得重要进展。2012年珲春市实现地区生产总值125.1亿元，较2009年增长54.5%，全口径财政收入达到16.2亿元，较2009年翻一番。另外，三年多来，珲春市实现招商引资297亿元，完成固定资产投资374亿元，实施亿元以上项目126项，千万元以上项目222项；出口加工区建设有效推进，积极推动国际物流产业的形成与发展；对内交通网基本形成，目前已建成通车的有长春－珲春高速公路（488公里）和珲春－东宁公路，正在建设的包括吉林－珲春高速铁路和珲春－东宁铁路；对外通道建设取得一定进展，截至目前，圈河－罗津公路全线通车，完成圈河口岸跨境桥维修和罗津港1号码头改造利用，内贸货物跨境运输累计超过10万吨，并初步建立了对俄及跨境通道。如珲卡铁路在停运8年后于2012年9月试运行；束草航线复航，开通对俄罗斯的跨境邮路，完成扎鲁比诺港一期改造，将年吞吐能力由120万吨提高至300万吨；经俄罗斯扎鲁比诺港至韩国釜山、日本新潟的航线开通后，缩短了到釜山和新潟的航程。2012年，各口岸出入境人员突破60万人次。对外开放步伐不断加快，通过逐步完善边境经济合作区基础设施建设，显著提升了出口加工区功能。目前，珲春边境经济合作区入区企业已超过300家，互市贸易区实现俄边民入区15.6万人次，实现互市贸易额5亿美元，中国与朝鲜、中国与俄罗斯边境旅游活动日益增加，2012年接待国内外游客92.6万人次，实现旅游收入11.5亿元。

4. 长吉图先导区开放合作平台建设取得重要进展

自2009年长吉图战略实施以来，在国家有关部委的支持下，长吉图区域相继获批一批国家级开发区和特殊功能区，进一步提升了对外开放平台层次和水平。

截至 2012 年，长吉图地区共有 8 个国家级开发区。其中，吉林经济技术开发区、长春汽车经济技术开发区、延吉高新技术产业开发区和长春净月高新技术产业开发区在此期间晋升为国家级开发区（高新区）。2011 年 12 月，长春兴隆综合保税区获批成为全国第 19 个、吉林省首个国家级综合保税区，规划面积 4.89 平方公里，目前一期围绕网工程已经基本结束，项目招商正在稳步推进，保税区内已有际华商贸物流园、中外运物流、招商局物流基地等大型央企项目陆续形式建设。2012 年 9 月，吉林省与新加坡淡马锡公司签署多领域合作框架协议，中新吉林食品区是其中有农业和食品领域战略合作的重要项目，其目标是打造国际一流的安全健康食品生产示范，核心区面积为 57 平方公里，规划建设用地 36 平方公里，目前各项规划编制工作已经基本完成。2012 年，中国图们江区域（珲春）国际合作示范区获批成立，规划面积 90 平方公里，包括国际产业合作区、边境贸易合作区、中朝珲春经济合作区和中俄珲春经济合作区等功能区，目前已落实招商引资项目 206 项，投资金额 414 亿元，已经有一批具有较强带动能力的重大项目开工建设，包括与中国建筑第六工程局达成投资 1500 亿元建设生态新城协议，引进韩国浦项集团投资 12 亿元开发建设珲春国际物流基地，引进新加坡华德集团投资 10 亿元开发建设敬信生态旅游度假村等。①

此外，2010 年 5 月，中朝双方就共同开发和共同管理朝鲜罗先经济贸易区达成共识。中朝罗先经贸区位于朝鲜东北部，与吉林省延边地区毗邻，总面积为 470 平方公里，重点发展产业主要包括原材料产业、装备制造产业、高新技术产业、轻工业、服务业、现代高效农业等。截至目前，罗先经贸区建设已经取得了实质性的进展，包括：建立了由吉林省和朝鲜罗先市党政主要领导牵头的地方联合工作机制，吉林省政府为此成立了中朝罗先经贸区协调机构；2012 年 10 月由中朝双方组建中朝罗先经贸区管委会，在朝鲜罗先市正式挂牌，并已开始工作，这是吉林省目前唯一在境外成立的以中方为主的管委会；中朝罗先经济贸易区总体规划、核心区规划已编制完成，并已开始着手开展相关立法工作；一批重点合作项目已全面启动，包括亚泰集团百万吨水泥粉磨站

---

① http://www.sina.com.cn，《中国经济时报》2012 年 2 月 27 日。

项目完成前期工作，与罗先合作种植 8800 亩水稻项目获得丰收，并正在推进向罗先输电、园区基础设施、罗津港、铁路、旅游及建材工业园等重点合作项目。

二 长吉图先导区建设存在的问题

随着长吉图战略的逐步实施和加快推进，长吉图先导区建设在经济规模扩大、经济效益提升、产业结构优化、对内对外通道网络初步形成，以及区域合作加强等方面均取得了重要成绩。但是，也必须看到，长吉图先导区的建设过程中还存在一些制约发展的问题，如长吉经济区带动与对外辐射能力较低，口岸城市与区域中心城市功能较为薄弱，缺乏省级层面的统筹设计，建设资金瓶颈较为突出，口岸设施陈旧等。

1. 长吉经济区对外辐射能力较低

以吉林省两个特大城市长春和吉林为核心，建设长吉经济区，推动长吉一体化发展，并以其为重点区域在国家长吉图先导区战略下参与图们江区域合作开发，能够进一步发挥长吉经济区的辐射与带动能力，为图们江地区开发开放提供更强的腹地支撑，从而推动长吉图开发开放先导区建设尽快取得实质性进展。然而，从目前来看，长吉两市经济社会发展水平均与国内主要超大城市和特大城市具有较大的差距，一体化进程较为缓慢，长吉经济区发展仍相对滞后，对外辐射与带动能力相对不足。不仅长吉两市市辖区合计非农业人口不足 400 万人，而且长吉两市地区生产总值合计虽接近于全省的 60%，但如果同国内主要经济中心城市或城市群相比，则存在经济规模明显偏小以及对区域经济发展带动能力严重不足的问题。为此，需要推动长吉经济区率先发展成为具有更强辐射带动能力的区域增长极。

2. 区域中心城市和口岸城市的功能有待加强

延吉是延边州以及延龙图一体化建设的核心城市，2012 年，地区生产总值达到 301 亿元，虽得以快速发展，但其仅相当于延边州 GDP 的 40%，相当于全省 GDP 的 2.5%。作为区域中心城市，延吉市的城市功能仍显得相对薄弱，城市规模相对较小，以消费经济主导的经济发展模式导致工业化发展动力不足，区域中心城市的集聚水平和经济辐射带动能力仍有待提高。珲春作为长吉图区域的重要口岸城市，2012年地区生产总值仅为延边州GDP的16%，有限的经济实力，必然导致其购买力不足，给扩大城市规模和提升城市功能带来困难；珲春边境合作区建设尚未完成，还不足以发挥作用。

3. 新区规划与建设缺乏省级层面的统筹设计

建设新城新区是全国各个一体化地区选择工作推进的有效载体。目前，长吉图先导区建设过程中，存在新区规划与建设缺乏同现城区的合理衔接和协调等问题，致使新区建设似独立新城，不仅没有与现城区建立起客流、物流与功能等方面的有机联系，而且在产业布局、基础设施布局建设方面没有考虑现城区的功能分区，从而难以实现城市空间布局的整体优化。事实上，我国一些区域在新城和新区建设方面具有一些好的经验。如西咸提出了建设西咸新区，分别建设空港新城、沣东新城、秦汉新城、沣西新城、泾河新城五大城区；郑汴一体化提出建设郑汴新区，包括郑州新区和开封新区；厦漳泉同城化提出规划建设厦门与漳州、厦门与泉州两个共建区，这些新城新区建设都是在省级层面进行推动建设，工作措施得力，各项工作推进较快。吉林省长吉图区域的九台空港新城、中新吉林食品区、珲春国际示范区等新城新区建设取得了一定进展，但缺乏省级层面的高位统筹，各项工作的开展还有进一步提升的空间。

4. 土地指标不足与资金瓶颈严重阻碍发展

随着长吉图战略的深入实施，区域内各市县以及开发区等均将建设和发展一大批新项目，设立或引入一些新企业投资建厂，这将导致可供开发的成片建设用地明显不足。而新征地拆迁难度越来越大，征地成本越来越高，仅2013年开工的项目用地，吉林市高新北区就需要解决土地指标5平方公里，中新吉林食品区需要解决土地指标2平方公里，九台市需要解决土地指标10平方公里，其他地区和县市也存在同类问题。

另外，长吉图先导区建设涉及区域经济社会发展的几乎所有关键领域，推进长吉图地区城镇体系建设、基础设施建设、园区建设，以及产业结构调整和环境保护与改善等，均需要大规模的资金支持。目前，受国家对直接融资、资本市场融资、基金融资等融资行为管理日益严格的影响，长吉图先导区建设也面临着融资方面的困难，资金制约问题比较突出，特别是部分地区和县市仍没有建立起项目建设融资的市场化运作机制，建设资金主要来源于政府投入、上级补助和银行贷款，难以满足项目建设需要，因此急需拓宽融资渠道；另外，更需要建立各种类型的融资平台给予支撑。

5. 口岸设施建设亟待加强

长吉图区域口岸设施陈旧问题较为突出。目前，在吉林省对朝口岸9座公路口岸桥中，有7座在长吉图区域内，其中，圈河、开山屯、沙坨子口岸桥建成于20世纪30年代；三合、图们口岸桥为20世纪40年代建成使用；古城里口岸为20世纪90年代加宽改造，南坪口岸为2005年建成使用。多年来，长吉图区域口岸基础设施投入较为有限，国境桥都存在不同程度的损坏，对大型货车的正常通行有一定的安全隐患。另外，口岸联检设施也十分陈旧落后，先进查验设备配备参差不齐，部分货检通道不能达到国家海关总署的要求，容易导致查验准确度差、通关效率低，因此急需进行建设。近年来，为保证口岸运输安全，吉林省曾多次对口岸国境桥中方管段实行维修加固，对危险公路口岸桥梁采取了限载、限速等管理措施。随着中朝口岸边境贸易发展，多数桥梁损毁严重，安全问题十分突出，严重阻碍了对外贸易的发展。

三 进一步推进长吉图先导区建设的对策

根据党的十八大"统筹双边、多边、区域次区域开放合作，加快实施自由贸易区战略，推动同周边国家互联互通"的战略，针对长吉图先导区建设中存在的主要问题，本文提出以下对策。

1. 促进内陆腹地与沿边地区联动发展

正如前文分析所指出的，加快长春、吉林两市经济社会协调发展和长吉一体化建设，有利于其充分发挥对外辐射带动能力，为图们江区域合作开发和沿边地区开发开放提供更强的腹地支撑。另外，在区域经济合作开发过程中，交通等基础设施建设的加速推进，有利于进一步提升长吉经济区的区位优势和加快长吉两市的经济社会发展。由此可见，实现长吉经济区内陆腹地建设与沿边地区的联动开发与发展，其关键是推进长春、吉林、图们江地区的一体化发展并作为整体参与国际区域经济合作开发，这是加快长吉图先导区建设的重要途径。

促进内陆腹地与沿边地区联动发展，应当着重在交通快捷、产业联动、完善区域内合适机制等方面取得重点突破。首先，加强内陆腹地与沿边地区之间的现代综合交通网络建设，形成连通内外并综合交通网络，即以通信为先导、公路为基础、铁路为骨干、航空为辅助，建立起集多种运输方式和信息网络为一体的交通运输传导体系。其次，以产业联动推动区域联动，统筹规划优势产业发展，促进企业跨行政区域的横向经济联合，促进区域性产业对接，有选择地将长春、吉林两市的相关配套产业向前沿和"窗口"地区转移。再次，加强各类合作园区与开发区作为区域经济合作的重要载体作用，以点带面促进地区联动发展，其关键是探索建立内陆腹地开发区与开放前沿国际合作园区协同发展机制，高位统筹长春兴隆综合保税区、长春空港开发区、中新吉林食品区、长春国际物流、珲春国际示范区、中朝罗先经贸合作区建设，建立六区联动发展机制。最后，促进区域内合作发展机制，关键是建立横向到边、纵向到底的合作框架，在跨地区的发展规划、基础设施建设、生态环境保护、市场要素流动等重点领域加强协调。

2. 加快区域增长极建设

加快区域增长极建设主要体现在以下三个方面。

一是提高长吉腹地的辐射带动能力和支撑能力。促进长吉经济区率先发展，需要进一步明确长吉经济区、珲春、延龙图区域的功能定位，在此基础上，推动长吉经济区、珲春、延边地区作为整体共同参与图们江区域合作开发。一方面以沿边开发开放优惠政策支持长吉两市发展和长吉一体化建设，打破行政壁垒，形成资源共享、规划共制、基础设施共建、生态环境共治的区域开发格局；另一方面，提高长吉作为内陆腹地对沿边地区的带动能力，以及长吉两市相互支撑的能力。推进长吉一体化建设，需要通过加快制度创新与改革降低长吉两市在资源配置方面的制度成本，并通过建立开发基金推动两市配套产业发展，通过管理体制与机制创新，加强对重大问题的协商与综合协调，统筹长吉经济区基础设施建设项目、环境保护项目、经济技术合作项目、产业空间布局优化项目等重要规划的编制与落实。同时，培育壮大九台、双阳、永吉、岔路河等长吉间重要节点城市，引导促进长吉两市实现空间和产业的高度融合。

二是提升珲春对外开放窗口城市功能。通过加大对珲春市在新城建设、产业布局、基础设施、开放合作等方面的政策与资金支持，优化珲春市发展环境，将其建设成为以旅游、高新技术产业、外贸及口岸经济等多种产业为一体的综合性中心城市和区域经济增长极，进而带动延龙图一体化发展，并促进中俄、中朝边境经济合作。

三是加快推进延吉区域中心城市建设。关键是依托延吉市区域经济地位和产业发展优势，加快以消费经济为主导的经济发展模式转型，通过发展现代制造业、推进新型工业化进程，并以具有高附加值的现代制造业和新型服务业为重点，以建设大图们江地区开放开发战略基地，建设中国图们江地区金融、商贸、信息、交通和物流中心为目标，提高其作为区域中心城市的功能。

3. 促进产业转型升级

推动产业转型升级，是长吉图先导区建设的重点。关键是转变发展方式，创新发展模式，通过承接产业转移提升产业层次、推动产业融合和产业集群化发展，构建起以先进制造业和现代服务业为主体的产业体系。

一是以承接日韩及沿海发达地区产业转移为重点，积极引进日韩资金，促进长吉图地区汽车、机械制造等优势产业和主导产业改造升级。二是大力发展战略性新兴产业，促进高新技术产业化，关键是将具有技术优势、市场前景好的新兴产业尽快发展为支柱产业，同时注重产业层次分布上的平衡，即在发展工业的同时，着重发展现代物流、旅游、文化创意等新型服务业。三是推进产业融合发展，即推动汽车和石化产业协作配套、制造业和生产性服务业的融合发展，重视信息技术对支柱优势产业的提升，充分发挥其在促进产业融合方面的基础作用。四是推进产业集群化发展，关键是提高长吉图区域产业集群的规模和效应，提高主导优势产业的本省配套率，依托开发区等引进龙头和相配套的企业，延伸产业链条。

4. 推进通道建设和对外开放平台建设

以畅通区域内外通道为重点，构建长吉图区域综合运输体系，对内关键是加快以长春为核心枢纽的吉图珲铁路建设，推进干线扩能改造和连接辽宁、龙江两省省际支线贯通工程，以及加快国省干线公路、旅游公路建设；对外关键是通过配套建设边境口岸基础设施，以提高通关效率为目标，依托珲春经俄罗斯扎鲁比诺和朝鲜罗津两个港口出海通道建设，开拓国际物流通道，完善珲春 – 扎鲁比诺 – 束草 – 新潟航线陆海联运，开辟更多的国内外空中航线；与此同时，以增强通关过货能力、提高口岸利用效率和效益为目标，加快重点口岸基础设施建设。

加快对外开放和产业合作平台建设，关键是以长春兴隆综合保税区、中新吉林食品区、珲春国际合作示范区为重点，加强对外开放平台的基础设施建设，提升其功能，提高其产业国际竞争力；另外，通过软环境建设与完善，加大省级开发区、省际产业合作园区、特色产业园区等的招商引资规模，引导产业向专业化、集群化发展。

5. 完善政策支撑体系

推进长吉图发展战略的深入实施，解决长吉图先导区建设中存在的资金、土地指标分配等问题，需要结合自身的优势，完善政策支撑体系。

一是在财政政策扶持方面，应该积极争取中央财政的专项资金支持，与此同时，探索创新投融资机制，以长吉图发展专项资金为基础，通过财政直接投资、贴息和其他政策性补偿等形式，吸引社会资金投资基础设施建设与完善，注册成立长吉图投资集团公司，搭建长吉图建设和融资的市场化平台，统筹推进区域内土地开发整理、重大项目建设等。二是加大金融政策创新，即争取国家支持放宽在长吉图区域设立地方性股份制商业银行的准入条件，降低注册资本金限额，同时推动人民币跨境结算，将目前人民币结算从边境贸易扩展到对朝鲜、对俄罗斯一般贸易及投资领域，发展人民币离岸金融业务。三是加强税收政策支持，即稳步推进营业税改增值税试点工作，减轻企业税收负担，促进第三产业发展；扩展边境互市商品，对以边贸方式进口的资源性商品免征进口关税和进口环节税，通过给予先导区内从事对俄罗斯、对朝鲜货物运输的企业3～5年免征企业所得税金的优惠政策支持物流业发展。

参考文献

吴昊、闫涛：《长吉图先导区：探索沿边地区开发开放的新模式》，《东北亚论坛》

2010 年第 2 期。

吴昊：《长吉经济区率先发展构筑增长极——基于推进长吉图开发开放先导区建设的思考》，《中国经济导报》2010 年 3 月 11 日。

王胜今：《从国家战略高度认识长吉图开发开放先导区的建设和发展》，《吉林大学社会科学学报》2010 年第 2 期。

于潇：《长吉图开发开放先导区与国际大通道建设研究》，《东北亚论坛》2010 年第 2 期。

祝滨滨：《长吉图先导区面临的国内外环境与发展趋势研究》，《东北师大学报》（哲学社会科学版）2012 年第 4 期。

吉林省长吉图开发开放先导区战略实施领导小组办公室：《吉林省长吉图办关于长吉图战略实施工作情况的报告》（长吉图办综〔2013〕9 号）。

B.13

长吉图战略实施的瓶颈制约因素研究

孔静芬　刘　瑶[*]

摘　要：

长吉图开发开放先导区建设自 2009 年上升为国家战略实施以来，经过几年来的建设已经取得了突破进展。本文通过分析长吉图战略实施的现状，剖析阻碍其战略实施的瓶颈，并针对其发展瓶颈提出新阶段的对策建议。

关键词：

长吉图战略　集聚效应　产业升级　人才战略

一　长吉图战略实施发展现状

长吉图作为吉林省经济社会发展的核心区域、先导区域，自长吉图战略实施以来，经过几年来的建设，已经进入全面推进阶段。截至 2012 年，长吉图区域地区生产总值合计为 6712.5 亿元，与 2009 年相比增长了 38.3%，占吉林省经济总量的比重为 56.3%，人均 GDP 达到 6.03 万元，高出全省平均水平 1.66 万元；地方财政收入达到 483.7 亿元，与 2009 年相比增长了 77.4%，占全省比重达到 47.4%。

近年来长春市积极推进长东北开放开发先导区建设，以几个开发区为依托，逐步向吉林方面拓展，逐步形成开发开放格局。以汽车、农产品加工和轨道客车为主的三大支柱产业以及战略性新兴产业不断加大发展力度，目前已经

---

[*]　孔静芬，吉林省社会科学院软科学研究所研究员，研究方向为消费经济学；刘瑶，吉林省社会科学院软科学研究所研究实习员，研究方向为区域经济。

初步形成了新型工业化制造业基地和区域型现代服务业中心格局。吉林市经过3年的加快发展，投资额度累计达600亿元，400多个城建重点工程逐步实施，形成了长春经济区与长吉南北线之间相互连接的格局，北部工业、中部商业、南部居住的空间结构形态已进一步优化。延龙图在发挥窗口与腹地之间的职能中，对外开放功能进一步完善。珲春在发挥口岸通道和出口加工区的优势中，招商引资力度不断加大。到2012年，珲春国际合作示范区开发的重点项目有90个，共计投资总额达414亿元，这表明该地区的项目快速增加，成果显著。

为实现"借港出海"、"联港出海"、"出境联海"的目标，吉林省全面加强公路、铁路、航空和口岸等基础设施建设，目前吉林省在对外通道及陆海联运航线建设上取得了显著成效。长春至珲春已经开通高速公路；延边州在口岸建设方面，共投入了350多亿元用于公路、铁路的建设，使得从延边州到本省其他地区的交通网络已经初步形成，这样从延边州到本州各县市的时间大大缩短，形成了交通一小时的经济圈，从县市到各口岸的道路经过改造已全部是柏油马路；由珲春经朝鲜罗津港运往上海港的货物跨境运输也已开通，为吉林省与国内沿海城市的经济和贸易合作提供了便利的条件。2012年10月，从朝鲜的元汀口岸至罗津港的公路工程已经改造完成，这为长吉图地区与其他口岸城市间的经济交流与合作打下了坚实的基础。同时，停运已久的中俄珲春－卡梅绍娃亚铁路，于2012年6月29日实现了试运行，从珲春－俄罗斯扎鲁比诺港－韩国釜山和日本新潟的陆海联运航线的开通，打通了长吉图地区的出海新通道，实现了"借港出海"目标。

截至2012年，长吉图地区内外贸进出口总额实现230.2亿美元，长吉图地区进出口总额占全省总额的93.7%。对外贸易质量不断提升，贸易市场呈现多元化发展，2012年外贸市场发展到172个国家和地区，对欧美出口份额不断扩大，对非洲、东盟等新兴市场出口步伐加快。

另外，长吉图区域借助得天独厚的旅游资源，挖掘旅游业的巨大潜在优势。有关资料表明，到2012年为止，吉林省共投入了214亿元的资金，兴建223项旅游项目，资金投入总额较上一年增长49%。其中长吉图区域投资资金占全省总量的77%，达169亿元。近年来，吉林省还通过开展展会和各种研讨会的形式扩大宣传，大大提高了长吉图地区的旅游地位，同时对加强长吉图区域与国际旅游的合作起了很大的推动作用。到目前为止，长吉图地区已经形成了极具本地特色的旅游产品体系并在进一步完善。内地游客可以自驾游到朝鲜，也可以乘坐列车到朝鲜游玩。随着吉林省旅游经济发展的发展，截至2012年，长吉图区域全年共接待旅游人数达7082.93万人次，占全省旅游总人数的比例很高，已经达到78.94%；全年实现旅游总收入达963.88亿元，占全省旅游总收入的比例达到81.82%。

二 长吉图战略实施的瓶颈

作为吉林省的"国字号"工程，长吉图开发开放先导区建设已经取得了突破进展，但在其发展过程中仍然存在一些制约未来发展的问题亟待解决。

（一）区域经济增长极规模小、集聚能力差

从长吉图区域的经济发展情况来看，目前的发展还是比较缓慢，区域空间发展还处于集聚阶段，无论是人口还是资源、产业等方面的空间集聚程度都不高。长吉图区域内主要节点城市有长春市、吉林市、延吉市、图们市、龙井市、汪清县等。其中，长春市是长吉图区域节点城市中第一大城市，是吉林省省会与全国副省级城市，经济发展的速度以及经济发展的规模在全国副省级城市中位居处于第12位，现代服务业发展缓慢；作为长吉图区域的第二大城市吉林市，只有不到200万的人口，而其他一些中小城市人口也不足30万。然而，长吉图区域的经济总量及发展速度与国内比较发达的"长三角"、"珠三角"等经济开发区比较而言仍偏小偏低。要形成新的经济增长极，则需把着眼点放在与"长三角"、"珠三角"等同一个层次上，把着重点放在高科技、深加工、集群化上，加快赶超，特色发展。目前来看，长吉图开发开放先导区的经济规模与上述发达区域发展差距较大。从吉林省的"龙头"长春来看，2011年长春市的经济总量为4040亿元，而广州市为12380亿元、深圳市为11502.06亿元，足见差距明显。长吉图在产业布局上主要集中在长春和吉林两大地区，而图们江地区的经济发展水平都低于这两大地区。工业布局也不尽合理，长春和吉林两市较强，其他一些中小城市区域经济增长极规模较

小、工业密度较低、集聚能力较差，这些都将成为长吉图区域经济发展的主要障碍。

区域通道建设是长吉图地区经济合作、增长极发挥集聚能力的重要支撑。长吉图地区存在公路交通网基础薄弱，对外交通仍然不畅，通信设施建设仍然不能适应经济发展的需要等问题，铁路和航空建设跟不上经济发展的步伐，铁路运输明显滞后。对外口岸建设缺乏资金投入，使通道的基础设施建设能力不足。

（二）产业结构不优

构建协调发展的产业结构是长吉图开放开发先导区发展突破瓶颈的重点，吉林省传统产业结构是在东北老工业基地基础上逐步形成的。经过多年的调整，吉林省的产业结构虽然已经逐步趋于合理，但是与长吉图战略发展的目标不相符，产业结构不优现象仍然存在。首先在农业方面，该地区主要以传统种植业为主，经营方式比较粗放，机械化水平不高，产品的附加值较低。其次在工业方面，长吉图地区重工业所占比重较高，以汽车、石化工业为主，并主要集中在长春、吉林两地，轻工业所占比重较小，特别是高新技术产业发展相对滞后。另外在第三产业发展方面，现代服务业发展缓慢。长吉图区域产业结构不优的另一个主要表现是区域内各地区产业结构趋同，不能形成良好的协调合作关系。由于各地方分工理念淡薄，地方保护意识膨胀，不能从区域的角度去审视和规划经济发展，调整和优化产业结构，各地区发展各自为战，比较封闭，这不仅导致产业结构严重趋同，而且极易造成低水平的恶性竞争，造成资源的极大浪费。

（三）人才短缺严重

人才壁垒和人才流失严重，制约了吉林省经济及社会发展高级化的转变，也限制了长吉图开发开放向深度和广度发展。吉林省高校众多，毕业生很大部分流向东南沿海及发达省市。预计随着长吉图开发开放先导区重点项目陆续开工和招商引资的深化，加上人民币升值和成本上升等因素，上述地区将出现高级人才和人力资源的严重短缺现象，高素质、高技能劳动力的供不应求将会制约长吉图战略的有效展开和深化，并成为制约当地经济社会发展的因素之一。如何贯彻"人才强省"，加强对人才的使用和落实相关政策，加强和重视引进海内外人才，培养本土技能型人才，将成为未来深化东北振兴和开发开放的关键。

（四）资源与环境面临较大压力

长吉图开发开放先导区建设工业化和城市化程度较高，重化工业比较集中，大都属于高能耗的企业，工业废水和生活污水以及废气、废物的排放极其严重，对生态环境的污染现象相对突出。早先上马的高污染、高排放、高耗能的"三高"项目对区域内的细河、浑河也存在着不同程度的污染，难以得到有效治理，势必给当地生态环境带来不利影响。近年来，尽管省委省政府投入大量资金，加大了环境的整治力度，使得水环境污染和大气污染得到有效控制，但生态环境的污染趋势并没有得到根本遏制。

三　长吉图战略全面推进的对策建议

（一）协调好中心城市增长极与经济腹地的关系

近年来，把区域中心城市作为核心增长极构建城市群网络体系，可以带动整个经济区域经济的协调发展，这一在我国沿海开放、西部大开发、东北振兴、中部崛起等一系列区域发展战略中的成功经验已经成为典型。中心城市有人才、资源和产业优势，工业化程度较高。在吉林省开发区建设规划中，各经济区都是以中心城市为龙头或直接相关，长吉图开发开放先导区有长春和吉林；其他地区也在经济建设、交通等诸多方面离不开中心城市的重要支撑。因此，我们在区域经济发展战略上，中心城市作为统领各经济区建设的核心增长极的作用要明确，省政府要在政策、资金等多方面予以全力支持，促使中心城市不断发展壮大，最大限度地发挥长春、吉林两市的辐射作用，充分发挥中心城市对全省经济发展的带动作用，同时对各个经济区中的其他重要城市也要予以重点支持。

（二）加强配套设施建设

从长吉图区域情况看，由于基础设施建设的不完善对区域资源的合理配置，区域统一市场的形成影响极大。长期以来长吉图地区陆上交通网基础薄弱，对外通道通而不畅。因此，省政府应加大对道路交通的投入，提供优惠政策，大力提升交通、水利、能源、信息等基础设施的建设水平。同时，长吉图要加快推进东北亚物流大通道建设，抓好陆海航运和内贸外运，进一步拓展陆海航运航线，连接更多的海内外港口和国内外空中航线。要加快信息基础设施的一体化建设。推进信息基础设施一体化进程，建立健全区域信息网络体系。要加强区域内信息资源综合开发、利用和共享，完善区域内信息资源管理，大力推进政府信息化、企业信息化和社会公共领域信息化进程。

（三）加大招商引资力度

积极参与国际经济技术合作与竞争，鼓励外资对长吉图区域重点行业的投资，促进产业升级和技术创新，同时引进一批产业关联度大、技术含量高、辐射带动力强的重大项目。建设现代特色城镇，通过采取各种优惠政策，吸引有投资能力的投资者，对长吉图地区具有发展前景和发展潜力的重点城镇进行投资建设，将其培育成极具地方特色的产业强镇、文化旅游名镇、边境贸易重镇，大力培育符合本地区发展的经济增长点。加强开发开放的软环境建设，加大招商引资力度，引导长吉图地区产业向专业化、集群化方向发展，通过与国内一些经济发达的省市进行产业分工协作和产业转移，建立适合本地区经济发展的产业合作园区。利用长吉图区域与东北亚各国的交通联系，加强出口加工区、国际合作区、国际物流区等的建设。尤其是应强化珲春口岸的功能，加强水路运输通道建设。促进中朝两国在装备制造业、旅游业、高效农业等方面的经济合作，加强中朝罗先经贸区建设。提高吉林省的对外经济贸易合作水平。长吉图区域应扩大对俄罗斯、朝鲜的经济贸易合作，以扎鲁比诺港建设为依托，开拓国际物流通道。在跨境旅游、资源开发、农业生产、木材加工等方面积极与俄方开展合作交流。

（四）产业结构升级

目前长吉图区域产业构成以传统工业为主，主要包括装备制造业、农产品加工、化工、建材、医药等，这些产业主要集中在长春、吉林二市，图们江地区所占份额较少，工业基础与之相比比较薄弱。基于长吉图地区在吉林省产业发展的区位优势以及在东北亚经济发展中所起的作用，长吉图区域建设应主要依靠长春和吉林两大"腹地"，统筹各地区协调发展，促使其产业结构升级换代。加大资金投入力度，重点发展朝阳产业，提高自主创新能力，大力发展高新技术产业和现代服务业。也就是说，充分依托长春高新技术产业开发区，重点发展新能源产品以及石油化工、生物制药、农产品深加工等优势产业，建设国家汽车和轨道客车现代化工业生产基地，大力推进战略性新兴产业的发展，形成新的产业聚群。依托吉林经济开发区，建设阻隔防爆技术产品、石油化工产业。在图们江地区，充分利用口岸优势，发展外向型经济，积极发展软件外包产业，促进产业集群发展，加快长吉图区域产业升级和优化。

（五）扶持民营经济发展

民营经济的发展是新形势下区域产业结构升级的重要促进因素。改革开放以来，吉林省的民营经济实现了较快的发展，但与同发达省份比较，吉林省的民营经济发展差距还比较大，发展的空间也很大。特别是民营经济对吉林省地区生产总值的贡献较低，具体表现在：第一，从吉林省民营经济发展的总量看其所占比例较小。2011年吉林省民营经济实现增加值5318亿元，占全省地区生产总值的比重为50.5%，较全国平均数低10%。第二，民营企业市场竞争力不强，自主创新能力较弱，产品的市场开发能力比较欠缺，缺乏核心技术和自主品牌。第三，从民营企业的数量看，大企业较少，小企业较多。第四，民营企业的融资能力不强。在融资上，由于民营企业多数属于中小企业，企业信誉度较低，要想从银行获得贷款非常困难，在资本市场实现直接融资更是难上加难。针对这些情况，省委、省政府今后的发展方向：一是在推进产业集聚的同时，培育龙头企业，通过龙头企业带动一大批相关企业发展，推动规模经营，提高市场竞争力。二是全面拓宽融资渠道，这是推动民营经济发展的首要前提，应采取加大政策性资金扶持力度，把扶持资金向困难较多的中小企业倾斜。同时，应规范引导民间融资。鼓励发展村镇银行、小额贷款公司，把社会闲散资金贷放到民营企业协调金融部门放低准贷门槛，简化审批流程，推出更加科学多样的金融产品。三是继续实行简政放权，做优创业环境。在坚持行政管理、干部管理和现行财政体制及利益格局不变的前提下，扩大各级经济管理权限，使政府具有更大的自主权，有效提高地方政府服务民营经济发展的行政能力，为民营经济发展营造更加优良的环境。

（六）加强人才培养

加强人力资源开发，人力资源充足是长吉图区域开放开发战略取得突破性进展的关键之一。针对长吉图建设中高端人才匮乏的情况，要在两方面采取优惠措施。一方面积极吸引带技术、带项目、带资金的海外学子创业，吸引海外高端人才，引进国内其他省区的高端人才；另一方面加快建设高层次企业家队伍和高技能人才队伍。可通过举办人才招聘会、项目洽谈会等方式，以企业为载体，引进本企业急需的海外高端人才；根据长吉图区域主导产业发展的需要，重点吸纳海内外高层次人才、高层次创新创业人才、高级经营管理人才、高技能人才；同时还要制定出一系列优惠政策。对海外高端领军人才除了给予一定启动经费外，可根据项目需要，提供创业风险投资；对高级经营管理人才，提供 MBA 或 EMBA 等培训；通过校企合作培养高技能人才。此外，政府还应鼓励高层次人才通过职务科技成果转化获取收益。还可依托本地知名企业、高等院校和科研机构，建立高等技术人才和实用型人才培养基地，同时注重促进人才的国际交流与合作，培养与国际领先技术接轨的创新型人才。对开发开放中急需的高技能人才进行集约化培训。

B.14

中国图们江区域（珲春）国际合作示范区建设及与韩国的经济合作研究

金美花*

摘　要：

中国图们江区域（珲春）国际合作示范区于 2012 年 4 月 13 日正式获批，经过十几个月的初步建设，示范区发展已取得一定成效，如获批 9 项特殊政策、发挥了重要的经济带动作用等。示范区在与韩国的经济合作中具有一些有利条件，也取得了一定成绩，但同时也具有一些问题。为进一步加强示范区与韩国的经济合作，需要加强对韩国的宣传力度，积极寻找合作契机和重点发展商贸流通领域等。

关键词：

中国图们江区域　珲春国际合作示范区　经济合作

中国图们江区域（珲春）国际合作示范区（以下简称珲春国际合作示范区）于 2012 年 4 月 13 日获得我国政府的正式批准。此前我国政府已经先行提出了《全国主体功能区规划》和《中国图们江区域合作开发规划纲要——以长吉图为开发开放先导区》。珲春国际合作示范区的成立无疑将在很大程度上促进长吉图地区的经济发展，同时为图们江区域的国际合作提供可供参考的经验，提升我国的沿边开发开放程度。珲春成为第一个以"中国"冠名的示范区，与广西东兴、云南瑞丽、内蒙古满洲里、新疆喀什和霍尔果斯并列为全国沿边开放的六大新支点。

---

* 金美花，吉林省社会科学院东北亚研究中心副秘书长、副研究员，研究方向为区域经济。

一 珲春国际合作示范区的设立背景及规划

珲春示范区的设立是在东北亚经济合作趋势及中国对外开放新变化背景下，为推动中国面向东北亚的开放及中国东北地区的发展而应运而生。

（一）设立背景

1. 东北亚区域合作的路径选择与珲春的地缘优势

东北亚地区是世界经济格局中最具发展潜力和战略互补性的区域，但由于复杂的政治关系及历史观等障碍，东北亚地区至今未形成一体化机制。尤其在中国、俄罗斯、日本、韩国与朝鲜、蒙古两大经济圈层之间存在巨大差距并缺乏合作基础的情况下，双边和多边合作开始成为当前东北亚区域合作的重要趋势。目前东北亚地区以中日韩自由贸易区为主的多边合作机制也在构建中。

珲春地处中国、俄罗斯、朝鲜三国交界，同时位于东北亚地区的核心，在东北亚区域合作中具有独特的地缘优势。首先，珲春利用中国、俄罗斯、朝鲜交界优势，与俄罗斯、朝鲜等相对落后国家建立合作关系。中国、俄罗斯、朝鲜三国有较强的经济互补性，也具有较大的重叠需求，中国既可以加强与俄罗斯、朝鲜两国的双边关系，也可以推动中国、俄罗斯、朝鲜三边合作，推动东北亚地区相对落后圈层国家之间的合作。其次，珲春以长吉腹地为依托，与日本、韩国建立合作关系。最后，珲春介于不同圈层，可协调和推动其融合，有利于构建以示范区为核心的东北亚合作新模式。

2. 多元平衡的中国对外开放战略

2012 年中国共产党第十八次全国代表大会报告明确提出"完善互利共赢、多元平衡、安全高效的开放型经济体系"的对外开放战略，将十七大提出的"内外联动"调整为"多元平衡"。"多元平衡"战略要求的新时期中国对外开放格局为沿海开放地区要转型升级，内陆地区成为中国全面融入国际经济体系的主战场，沿边开放地区实施特别的开放政策，加强与周边地区的合作，而且加快沿边开放成为新时期扩大对外开放的重点。按中央部署，黑龙江、吉林、辽宁、内蒙古建成面向东北亚开放的重要枢纽，把新疆建成向西开放的重要基地，把广西建成与东盟合作的新高地，把云南建成向西南开放的重要桥头堡，全面提升沿边地区对外开放水平。在此背景下，作为同时面向东北亚两个国家的沿边开放区和图们江区域合作的核心，珲春具有二十余年的沿边开放及次区域合作经验，在新的开放格局中占据重要地位。

（二）珲春国际合作示范区的规划

总面积为 90 平方公里的珲春国际合作示范区，涵盖整个珲春城区和敬信镇区，其中珲春城区包括 14 平方公里的珲春老城区、13 平方公里的新城区和53 平方公里的合作区。

1. 功能定位

珲春国际合作示范区分为以下四个合作区：国际产业合作区、边境贸易合作区、中朝珲春经济合作区、中俄珲春经济合作区，四个区域各司其职，功能各有侧重：第一，珲春国际合作示范区的建设必须依托其所在的长吉图大区域，该区域是我国边境开发开放的重要平台，是中国与东北亚地区国家展开经济合作的重要路径。第二，该地区地理位置优越，可以成为东北亚地区的交通枢纽。"以中国对朝鲜、俄罗斯、蒙古的陆路重点口岸以及朝鲜、俄罗斯共同建设的港口为支撑，以连通中朝、中俄以及中蒙的铁路、公路为纽带，以连接日本海沿岸国家陆海联运通道为网络，建设形成东北亚地区快捷跨国运输大同道及综合交通运输枢纽"。第三，建设成为东北亚地区的商贸物流中心。必须要转变原有的粗放的经济增长方式，充分发挥地缘优势，利用好境内境外两方面的市场和资源，科学细化区域内的产业分工，大力发展边境地区的出口和加工制造业，合理利用境外资源，大力发展国际旅游、物流采购等新兴产业。第四，建设成为新型的生态型宜居城区。转变过去先污染后治理，以牺牲环境为代价的粗放型经济增长方式，要做到经济增长和生态建设同步发展，优化区域内人民的居住生存环境，推动各项公共事业的发展和基础设施的建设。

2. 建设目标

珲春国际示范区的建设肩负着重要的国家使命，其总体目标是成为中国沿边开发开放的先导示范区以及成为东北亚地区国际合作的重要阵地。在此框架下，还制定两个阶段性发展目标：第一，起步建设阶段（2012～2015年）。这一阶段的主要目标是，到2015年首先要完成该地区的基础设施建设，为示范区的经济发展奠定基础；完善相关的法律法规，制定合理的政策和体制，为示范区的经济发展扫清障碍，形成良好的投资环境；道路交通建设基本完成，为物流提供可靠保障，商业贸易快速发展；旅游产业蓬勃发展；合作示范区为今后我国其他地区的边境开发开放提供可参考的体制机制创新；与周边国家的跨境合作形成机制，互惠互利的开放型经济发展格局框架形成。第二，深入发展阶段（2016～2020年）。这一阶段的主要目标是，到2020年全面形成开放型经济发展格局：建设中俄朝边境经济特区，体制机制创新有新突破，建立综合交通运输枢纽，完善服务业等。这一阶段主要利用中俄、中朝的区位优势和现有机制，以跨境合作区建设为基础逐步推进边境经济特区建设，将其作为进出口能源基地、粮食进出口通道和加工制造业基地，探索研究加工业三国免税、特区内人员和车辆自由流动等一些特殊政策。

二　珲春国际合作示范区的建设与投资机遇

（一）示范区建设取得的成绩

自2012年4月获批以来的一年多的时间，珲春国际合作示范区的建设取得可喜的成绩。

1. 获批特殊的扶持政策

2012年4月国务院印发了《关于支持中国图们江区域（珲春）国际合作示范区建设的若干意见》，依据这个重要文件，珲春示范区获得了特殊扶持政策的支持：财税政策。2012～2015年，对国家鼓励发展的内外资投资项目、国内不能生产的进口自用设备，按照合同随设备进口的配套件、备件等产品免征关税，这项政策无疑将促进该地区的经济发展。产业布局和投资。重点发展新能源、新材料及装备制造业等产业项目，并在2012～2015年，中央预算内投资加大对基础设施的支持力度，这必将引导该地区的产业升级，科技发展。土地利用。适当给予用地计划指标倾斜，确保重大项目建设用地、境外基础设施建设。积极支持与园区建设相关的境外重大基础设施建设，如中朝、中俄珲春经济合作区项目，这为该地区的发展奠定了坚实的基础。金融。推动金融产品和服务方式的创新、积极引进国内外各类金融机构、拓展国际金融业务。目前我国的金融改革刻不容缓，改革进入深水区，该地区的金融建设可以为我国今后的金融改革提供一些经验。海关监管和口岸建设。主要包括将珲春铁路口岸列为煤炭进口口岸，与时俱进地支持地方电子口岸的建设，推进吉林省内贸货物跨境运输试点，促进吉林省的外贸发展等。注重人才引进培养和科技创新。设立国际科技合作基地，购买引进国内外的先进技术，高薪聘请创新型人才，加强对区域内人才的不断培养，促进区域创新体系建设，注重知识产权和产品的研发能力，加强对科技型中小企业的扶持和资金支持等。通关便利化。主要包括提供旅游办证便利，支持自驾车旅游发展，简化出入境手续，提高出入境手续办理的效率，吸引更多周边国家人员赴该区域考察投资旅游等。专款专用。提供强大的资金和政策支持，专项资金支持中央财政通过亚洲区域合作专项资金，支持图们江区域内重大问题研究、长吉图开发开放等问题的研究。

2. 发挥重要的经济带动作用

在国家政策的大力推动下，珲春国际合作示范区呈现迅速发展趋势。据统计，2012年示范的各功能区均取得了较大幅度的经济增长，其中合作区的经济发展取得了显著成就，如合作区实现地区生产总值62.4元，同比增长30%；工业总产值实现130亿元，同比增长19.3%；进出口总额实现8.2亿美元，同比增长22.4%。

2012年，示范区的发展已对珲春经济增长产生重要的带动作用。首先，对外向型经济指标的拉动作用明显。2012年珲春市全年实现地区生产总值125亿元，同比增长25%，全口径工业总产值256亿元，同比增长26.2%，外贸进出口总额11.6亿美元，同比增长16%。其次，对重点投资项目的拉动效应明显。2012年珲春市实施的重点项目共90个，计划总投资额414亿元，实际到位资金120亿元，同比增长40.2%。在此基础上，2013 年珲春市计划实施的重点项目为 130 个，计划总投资为 774 亿元人民币。[①]

3. 示范区建设框架已初步确立

珲春国际合作示范区以全面打造能源矿产基地、外向型出口加工基地、国际物流基地以及跨国旅游基地"四大基地"为建设框架。第一，能源矿产基地。能源矿产基地建设以跨境经济合作为动力，以"市场、资源在外，深加工在内"为定位，加大境内外资源开发利用和精深加工力度，迅速壮大能源矿产业规模。第二，外向型出口加工基地。发挥口岸通道和出口加工区优势，依托腹地支撑，面向俄罗斯、朝鲜两个市场，充分利用国内外两种资源，积极引进国内外先进的生产技术和生产工艺，大力发展现代化外向型出口及工业。第三，国际物流基地。国际物流基地建设主要包括建设现代化的物流基础设施、建设物流公共信息平台、建设国际物流通道、构建图们江区域物流网络体系以及建设专业物流园区，形成以国际大通道为轴线、沿边口岸和区域性交通枢纽为依托、国际国内双向流动的区域性现代物流网络。第四，跨国旅游基地。大力深化国际旅游合作，整合境内外旅游资源，将旅游业培育成新兴支柱产业。

在一年以来的建设中，示范区已初步确立能源矿产基地、外向型出口加工基地、国际物流基地以及跨国旅游基地的框架地位，即在珲春市重点项目中四大基地的项目总额均达到近 50% 的比重。

4. 物流通道建设取得成效

示范区通过物流通道建设已初步形成图们江区域物流网络体系，为沿边开发开放奠定坚实的基础：对俄罗斯，启动千万吨国际换装站，完成扎鲁比诺港一期改造工程，成功试运行珲春至卡梅绍娃亚的铁路，即将完成对废弃多年的扎鲁比诺冷库的改建工作，克拉斯基诺口岸新联检楼经过翻修也即将重新投入使用，珲春至海参崴高速公路的建设也在积极谋划中，小型车辆也有望获得过境政策的便利；朝鲜方面，朝鲜元汀口岸至罗津港二级公路的重新改造工程已经胜利竣工，即将启动的就是中国珲春圈河至朝鲜元汀的新跨境大桥，加快推

[①] 数据来源：珲春市经济技术合作局统计资料。

进圈河口岸与沙坨子口岸新国境桥项目等。对韩国，2013 年实现珲春－扎鲁比诺－束草航线的复航。对内，利用地缘优势努力成为东北亚地区的国际交通枢纽，发挥公路、铁路、海运的各项优势，综合利用。

在初步形成物流通道网络体系的基础上，示范区着力推动物流基地的建设，如珲春国际物流园区项目、中国·东北亚（珲春）国际边贸物流集散中心项目以及韩国浦项物流项目等。

（二）对珲春示范区的投资机遇

1. 政策机遇

中国政府为示范区提供扶持政策，尤为重要的是，示范区实行"先行先试"政策。珲春国际合作示范区是中国第二轮沿边开放中的六大支点之一，也是中国实施全面对外开放战略中面向东北亚国家的重要窗口。因此，示范区获得"先行先试"政策，将为投资企业在示范区的发展提供很大的自由空间。此外，示范区软环境大幅改善，引入"质询机制"，设立"报警机制"，深化一站式服务制度。

2. 产业投资机遇

示范区在 2013 年继续谋划重点招商项目约有 63 项，招商规模约达 100 多亿元人民币，招商领域主要有包括：能源矿产、高档纺织业、科技等工业领域49 项；休闲购物、文化传媒等物流 3 项；通道建设 7 项，其中包括韩国投资的珲春－扎鲁比诺－釜山航线；旅游 4 项。外资企业可利用本国资金和技术优势在示范区能源矿产加工领域中进行投资。

3. 市场机遇

在中国政府积极推动大图们江开发、"长吉图开发开放规划"提升为国家战略的背景下，作为大图们江开发腹地的中国东北地区有着巨大的市场潜力，尤其在"长吉一体化"规划确定之后，其发展前景更为乐观。吉林市政府于 2010 年 2 月 20 日正式确立了"长吉一体化"的发展规划。"长吉一体化"在地理上的范围是指以长春和吉林两市为中心 50～70 公里为半径的区域，该地区属于吉林省经济较为发达的地区，经济总量约占吉林省经济总量的 2/3，在长吉图开发开放先导区更是占有 90% 以上的经济比重。这一地区无疑是长吉图大区域中经济形势最好、交通最便利，产业水平较高，人才最集中的地区。

三　珲春国际合作示范区与韩国的经济合作

自 2009 年图们江区域合作开发提升为国家战略以来，作为图们江区域合作先导区窗口的珲春的开放程度不断提高，国内外对珲春的投资也不断扩大，包括韩国的投资。

（一）取得的成绩

自设立以来，示范区与韩国的经济合作取得一定的成绩。

1. 韩国的关注度提高

目前韩国对珲春国际合作示范区乃至图们江地区的关注度日趋提高。2009年 5 月韩国政府正式批准江原道、庆尚北道、蔚山广域市、釜山等东海岸地区参与大图们江开发计划（GTI），韩国企业对图们江地区，尤其是珲春的投资开始活跃。2010 年 9 月韩国浦项制铁集团与吉林通钢集团签署合作协议；2011 年 9 月韩国 SK 集团与图们江开发先导区珲春市签署"韩国工业园区"投资合作框架协议等。

2. 通道建设领域的合作得以加强

韩国对示范区的投资主要集中于物流领域，因此通道建设领域的合作较为活跃。目前，双方就通道建设方面的合作取得的成绩主要有敦贺航线完成考察，釜山航线首航成功，束草航线复航取得进展，中俄韩航线由韩国大亚海运集团运营此航线，中国、俄罗斯、韩国、日本陆海联运推进，环日本海游轮旅游路线等。

3. 产业领域合作活跃

示范区与韩国在产业领域的合作主要包括浦项国际物流园区、特来纺织境外加工、韩国工业园工业地产开发项目（韩国 SK 集团）以及现代汽车零配件物流中心（韩国现代汽车集团）。其中规模最大的在建项目为浦项国际物流园区项目，将建设物流服务区、商贸服务区、商务物流以及生活配套区"四大区"。此外，示范区已建成的最大外资企业，即吉林特来纺织有限公司，在示范区特殊政策的扶持下，与运达针织、弘丰制衣、吉林特来纺织、小岛制衣等纺织企业一同成为服装境外加工复进境的试点，并获得较好的经济效益。

（二）制约因素

示范区与韩国的经济合作既存在大环境的制约，也存在自身的制约因素。

1. 较"泛黄海经济圈"的相对劣势

东北亚地区经济合作多采用自然经济圈的概念，如泛环黄海（韩国西海）经济圈、大图们江地区合作等。随着中韩经济关系的不断深化，中韩泛黄海次区域合作在东北亚区域合作中占重要地位，较图们江地区有着明显的区位优势，韩国制定了庞大的西海（黄海）岸开发计划，促进与中国山东、辽东半岛半岛的广泛合作。相比之下，两国在图们江流域的地区，如中国东北与韩国江原道，由于历史原因长期以来发展缓慢，人口较少，工业、交通、科技、教育、文化及商业等十分落后，海运航线也远离国际主航道。

2. 图们江地区复杂的政治环境

复杂的政治环境及安全隐患是图们江区域合作的重要制约因素，也是韩国对该地区合作持有消极态度的重要原因之一。长久以来图们江地区是大国争夺利益的角逐场，也是至今留存冷战残骸及安全隐患的地区，如久拖不决的朝核问题、领土争端及朝鲜半岛局势紧张等问题。因此，相对于注重经济合作的泛黄海经济圈，韩国在图们江地区更倾向于加强安保机制，也频频举行美韩联合军演等。此外，朝鲜半岛无核化及安保问题成为东北亚的关注焦点，图们江地区经济合作在很大程度上被弱化。

3. 示范区与韩国经济合作规模小

在韩国对示范区投资的外资企业中，韩资企业所占的比重达50.8%，但投资额超过千万元人民币以上的韩资企业共3户，投资五千万元人民币以上的韩资企业共2户，总体规模仍比较小。一是因为示范区成立时间较短，二是受韩国对吉林省乃至东北三省经济合作整体水平较低的影响。以贸易规模为例，2011 年中韩贸易额达 2206.2 亿美元，而东北三省与韩国的贸易额仅为 106.2 亿美元，占中韩贸易总额的 4.8%，其中与吉林省的贸易为 7.9 亿美元，仅占中韩贸易总额的 0.3%。

（三）关于加强与韩国合作的对策建议

1. 提高宣传力度

韩国对大图们江地区的政治关切大于经济关注，对示范区的认知度也比较低。因此，示范区需要提高对韩国的宣传力度，如积极搭建信息服务平台、刊发宣传册等。同时，需要努力消除韩国企业对示范区投资的风险担忧，尤为重要的是，由于示范区位于中朝边界处，韩国企业担心投资会受到朝鲜政局的影响。这需要示范区通过积极的宣传来传播示范区政策环境的稳定性。

2. 积极探寻经济合作最佳契机

近期中国大图们江地区与韩国的合作出现积极发展趋势，同时也迎来重大机遇，但需要双方共同探寻最佳的合作契机。2012 年中韩两国领导人换届以来，两国新的经济政策为中韩经济合作提供重要机遇：中国共产党第十八次代表大会报告明确指出新时期中国对外开放政策将会为沿边地区的开发开放给予鼎力支持。中央的政策将珲春国际合作示范区的建设提供一剂"强心剂"；2013 年韩国新一届政府提出"东北亚和平合作构想"，表示大力支持东北亚区次区域合作。在此背景下，中国大图们地区与韩国的经济合作需要积极探寻符合实情的最佳契机，在分析和了解当前中韩经济合作的特点、趋势以及对中国大图们江地区的影响的基础上根据大图们江地区的实际情况探索能与韩国对接的契机，最终重点推动这一领域的合作。

3. 重点发展物流商贸领域

示范区建立一年以来，发展最有成效的是物流商贸领域，这也符合成为东北亚地区物流集散地的发展目标。尤其在中韩自由贸易协定的签署前景乐观的背景下，珲春示范区应发挥物流商贸发展较好的优势，积极争取在示范区内建立中韩自由贸易产业园区的建设，争取自由贸易政策，积极推动示范区与韩国的经济合作。为此，示范区有必要向珲春与韩国束草、釜山等航线提供物流补贴，稳定航线的运营。同时，示范区可以考虑在珲春与韩国游客往来方面提供通关便利及优惠，设立有关韩国商品的大中型免税店，吸引东北三省乃至国内游客，促进示范区内游客及商品的流动。

参考文献

王景友：《四大基地助推珲春国际合作示范区跨越腾飞》，《新长征》2013 年第 3 期。

赵爱玲：《东北亚的国际商贸通道：珲春国际合作示范区》，《中国对外贸易》2012 年第 6 期。

梁明：《建设珲春国际经济合作示范区战略思路》，《研究与探讨》2010 年第 12 期。

慕容熙：《对加快中国图们江区域（珲春）国际合作示范区建设的几点思考》，《中国集体经济》2012 年第 30 期。

汪洪涛：《东北亚区域经济合作模式的构筑》，《社会科学》2003 年第 7 期。

尹艳林：《多元平衡：对外开放新战略》，《国际贸易》2013 年第 2 期。

김부용,임민경:"창지투 개발의 현황과 시사점:훈춘을 중심으로", 대외경제정책연구원<중국성별 동향브리핑>,2012년12월27일.

图们江区域中俄经贸合作研究

吴可亮*

摘　要：

近年来，中俄两国经贸往来快速增长，贸易额逐年升高。与此同时，东北各省（区）对俄贸易也出现快速增长，贸易结构也发生了一些新的变化。东北四省区中，吉林省对俄经贸最为弱小。究其原因，吉林省对俄合作区域位于俄罗斯远东地区的最"末梢"，经济发展极为落后，经济合作动力不足，加之通道通而不畅，严重影响人员、物流通关。伴随着中俄贸易的快速发展，两国在能源资源开发、现代农业合作、通道基础设施建设、跨境运输、旅游开发、高科技领域等领域合作亮点纷呈，显示出强劲的发展动力。这些也是图们江区域对俄合作的重点方向。

关键词：

图们江区域　对俄经贸　推进方向

一　经贸合作状况

（一）国家层面：经贸合作快速增长

1. 合作现状

中俄两国作为相邻的两个世界性大国，经济结构互补性强，未来加强合作

---

* 吴可亮，吉林省东北亚研究中心助理研究员、吉林大学东北亚研究院博士研究生，研究方向为朝鲜半岛问题及大图们江区域合作问题。

的潜力巨大。步入21世纪第二个十年时，中俄两国关系再次获得提升，时任国家主席胡锦涛提出，中俄要发展"平等信任、相互支持、共同繁荣、世代友好的全面战略协作伙伴关系"。中俄间良好的政治关系为两国经贸关系的发展奠定了坚实的基础，彼此间的经贸往来增长迅速，贸易额逐年升高（见表1）。2010年，中国跃升为俄罗斯第一大贸易伙伴，并在随后的两年里继续稳居第一。据中国海关统计，2012年全年中俄双边贸易额为881.6亿美元，同比增长11.3%，高于全国外贸增幅5个百分点。其中，我国对俄罗斯的出口额为440.6亿美元，比上年增长13.2%；进口额为441亿美元，比上年增长9.2%。俄罗斯成为中国的第九大贸易伙伴。① 中俄两国计划到2015年双边贸易额提升至1000亿美元，2020年实现翻番，达到2000亿美元。

表1 1992～2012年中俄贸易情况

单位：亿美元

年　份	贸易总额	年　份	贸易总额
1992	58.6	2003	157.6
1993	76.7	2004	212.3
1994	50.8	2005	291
1995	54.6	2006	333.9
1996	68.4	2007	481.6
1997	61.2	2008	568.3
1998	54.8	2009	395
1999	57.2	2010	554.5
2000	80.3	2011	792.4
2001	106.7	2012	881.6
2002	119.3	2013年1～8月	573

资料来源：系笔者根据互联网相关报道整理。

投资领域，伴随贸易的快速增长，彼此间的相互投资也出现了较大幅度的增长。截至2012年底，中国对俄累计非金融类直接投资44.2亿美元，近十年来平均增长40%以上。2012年，我国对俄投资增长翻番，增幅达116.2%，

---

① 《中俄经贸合作简况（截至2013年3月）》，来源：中国驻俄罗斯联邦经商参处，http：// ru. mofcom. gov. cn/article/zxhz/tjsj/201305/20130500144219. shtml。

投资金额 6. 56 亿美元。① 我国对俄投资主要集中于矿产及能源开发、建筑及其材料生产、木材生产及其深加工、纺织品、机电产品等行业。截至 2012 年底，我方累计实际使用俄直接投资 8. 5 亿美元。2012 年，我方实际使用俄方资金 2992 万美元，比上年下降 3. 6%。俄方投资集中在交通运输、制造行业、建筑等领域。② 中俄两国还成立了投资基金，以促进双方之间的投资合作。

劳务合作方面，双方签署的合同金额不断增长。截至 2012 年底，双方已签署的工程承包合同金额为 135. 3 亿美元，实际完成 90. 3 亿美元。2012 年，双方新增合同增幅较大（62. 3%），金额为 22. 4 亿美元，实际完成 16. 5 亿美元（增长 17. 9%），期末在外人数 18822 人。③ 我国对俄罗斯劳务派出的区域主要集中在其东部地区（该地区劳动力严重不足），重点从事农业种植、建筑、森林采伐、木材加工、制衣、医疗及其他服务行业。

技术引进方面，我国与俄罗斯的合作不断加深。2012 年，我国引进俄罗斯民用技术 43 项，涉及金额 1. 4 亿美元，同比下降 92%。2013 年第一季度，我方引进民用技术 13 项，涉及金额 1178 万美元，同比增长 46%。俄方允许我方引进技术的项目主要集中在航天航空、电子、核电等高精尖领域。④

边境地区的合作，受益于两国良好的政经关系，其发展也出现了快速增长的势头。2012 年，中俄边境贸易保持较快增长（10. 8%），首次突破 100 亿美元，达到 103. 7 亿美元，占双边贸易总额的 1/10 强（11. 8%）。⑤ 在边境贸易中，中国对俄出口的商品主要是一些轻工业品（如纺织品、小家电等）和部分农产品，进口则以石油、木材等原材料为主。近几年，双方合作的地域范围逐渐扩大，正从边境线两侧的毗邻地区向其他区域延伸。

---

① 《阐述中俄经贸合作发展现状分析中俄经贸合作发展前景》，http：//www. cgccru. org/xinwenzhongxin/20130827/2327. html。
② 《中俄经贸合作简况（截至 2013 年 3 月）》，来源：中国驻俄罗斯联邦经商参处，http：//ru. mofcom. gov. cn/article/zxhz/tjsj/201305/20130500144219. shtml。
③ 《中俄经贸合作简况（截至 2013 年 3 月）》，来源：中国驻俄罗斯联邦经商参处，http：//ru. mofcom. gov. cn/article/zxhz/tjsj/201305/20130500144219. shtml。
④ 《中俄经贸合作简况（截至 2013 年 3 月）》，来源：中国驻俄罗斯联邦经商参处，http：//ru. mofcom. gov. cn/article/zxhz/tjsj/201305/20130500144219. shtml。
⑤ 《阐述中俄经贸合作发展现状分析中俄经贸合作发展前景》，http：//www. cgccru. org/xinwenzhongxin/20130827/2327. html。

2. 合作特点

（1）双边贸易保持快速增长，但规模与两国的实力与潜力不相称。由表1可见，自2000年起，除2009年受全球金融危机影响出现大幅下降外，中俄双边贸易额都保持了较快速度的增长，2012年的贸易规模是2000年的近11倍。2012年中国外贸进出口总额为38667.6亿美元，中俄双边贸易额所占比重仅为2.2%；2012年，俄罗斯外贸进出口总额为8372.95亿美元，中俄贸易所占比重为10.5%。目前，俄罗斯的主要贸易对象为欧美、独联体国家。我国的主要贸易伙伴为日本、美国、欧盟、韩国等。虽然目前中国已是俄罗斯的第一大贸易伙伴，同时俄罗斯也成为中国的第九大贸易伙伴，但两国贸易的绝对数值相对于两个大国的实力与发展潜力而言还是显得略有不足。

（2）相互投资逐步增加，但规模较小，对双边贸易没有起到更有效的带动作用。2012年俄罗斯吸引非金融类外国投资总额为1111.7亿美元，中国对俄投资所占比重约为0.6%；2012年我国实际使用外资金额1117.2亿美元，与之相比，俄罗斯对我国的投资几乎可以忽略不计。除俄罗斯以外，中国的其他八大贸易伙伴国都是我国主要外资来源国，合作方式都是贸易和投资相结合，以贸易开路，再投入资金，而后带动贸易的发展。

（3）边境地区间的经贸合作水平不断提高，改善了边境地区人民的生活质量，促进了边境地区的经济发展，维护了边境地区的社会稳定。当前，中俄两国边境地区经贸合作已从单纯的贸易往来扩大到更深层次的经济技术合作领域，相互投资不断扩大、合作层次不断提高，建立起边境互市贸易区、加工合作区、跨境经济合作区、科技合作园区。

（二）图们江区域：东北省（区）对俄贸易增长迅速

1. 东北其他省区对俄经贸合作现状

在东北地区的对外贸易格局中，俄罗斯居于重要位置。近年来，东北地区对俄贸易增长迅速，贸易结构也发生了一些新的变化。

（1）黑龙江对俄贸易。

黑龙江省与俄罗斯有3038公里边境线接壤，拥有国家一类口岸25个，是中国对俄开展经济技术合作的重要窗口与纽带，对俄经贸合作在黑龙江省对外经济合作中占有举足轻重的地位。进入 21 世纪后，黑龙江省对俄贸易增速较快，2007 年首次突破 100 亿美元大关，其后受全球金融危机影响于 2009 年出现大幅下降，2010 年重新恢复增长态势。2011 年，受进口大幅提升（比上年增长 359%，同期出口仅增长 1.5%）影响，黑龙江对俄贸易增幅达 154%，贸易额达 189.9 亿美元。[①] 2012 年，黑龙江省对俄贸易突破 200 亿美元，达 213.1 亿美元，同比增长 12.2%，占全国对俄贸易比重超过 20%，位列首位。[②] 2013 年上半年，受进口下降影响，黑龙江省对俄贸易实现 102.6 亿美元，与上年同期相比下降 5%。其中，对俄出口总值 27.4 亿美元，同比增长 28%；对俄进口总值 75.2 亿美元，同比下降 12%（见表 2）。[③]

表 2 黑龙江省对俄贸易统计

单位：亿美元

年份	进出口总额	出口额	进口额
2000	13.75	4.65	9.10
2001	17.99	7.80	10.19
2002	23.33	9.72	13.60
2003	29.55	16.38	13.17
2004	38.23	21.54	16.69
2005	56.76	38.36	18.40
2006	66.87	45.40	21.47
2007	107.28	81.70	25.57
2008	110.63	79.71	30.93
2009	55.77	32.68	23.09
2010	74.74	42.85	31.89
2011	189.90	43.50	146.40
2012	213.10	—	—
2013 年上半年	102.60	27.40	75.20

资料来源：相关各年《黑龙江省统计年鉴》及网络收集整理。

---

① 马江荣、谭映辉：《黑龙江对俄贸易已占全国近四分之一》，《中华工商时报》2012 年 2 月 6 日，http://finance.sina.com.cn/roll/20120206/000111315665.shtml。

② 《黑龙江 2012 年对俄进出口突破 200 亿美元》，http://news.xinhuanet.com/fortune/2013 – 03/05/c_ 114896241.htm。

③ 刘玉海、杨曙霞：《黑龙江对俄贸易谋变力争沿边开发上升国家战略》，《21 世纪经济报道》2013 年 7 月 25 日，http://www.21cbh.com/2013/7 – 25/2MNjUxXzczMDY2MQ.html。

从贸易商品的结构来看，黑龙江省对俄出口以服装、鞋类、纺织纱线及制品、农副产品、机电产品等为主（服装、鞋类、纺织品占比达 50% 以上，蔬菜、水果、粮食等农副产品出口达 48 万吨），产品种类多达 2500 多个。值得注意的是，我国对俄汽车出口得以恢复，出口数量达 2185 辆，增长 533%，其中卡车出口同比增长达 207.25%。[①] 进口方面，黑龙江省从俄罗斯主要进口原木、原油、肥料、钢材、纸浆等商品。2011 年 1~11 月，铁矿砂、木材、纸浆进口增幅分别为 84.75%、52.7% 和 32.3%；原油进口完成 1273 万吨，占对俄进出口比重达 59.3%。[②]

黑龙江省对俄投资增幅较大，涉及能源、林业、农业、矿产、建筑建材、物流、金融、旅游等领域。截至 2012 年底，黑龙江省累计核准在俄投资企业 976 家，投资总额 40.57 亿美元。目前，黑龙江企业在俄投资规模较大的项目达到 400 个，投资额占全国对俄投资总额的 1/3 以上。[③]

（2）辽宁省对俄贸易。

进入 21 世纪后，随着俄罗斯国内经济的发展和其融入世界步伐的加快，我国对俄罗斯的贸易呈现出了迅速发展的态势。在这个大背景下，辽宁省的对俄贸易也快速增长。出口商品从服装鞋帽、日用小百货、小家电发展到大宗农产品、汽车、电子产品等；贸易模式从过去的"倒爷"式的"箱包"贸易发展到现在的专业企业的规模贸易。虽然辽宁在中俄经贸往来中极具地缘优势，对外贸易总额也在东三省中领先，但是辽宁对俄贸易总额占其贸易总额比却相对较低，与其地理位置和经济总量并不相称。来自海关总署的数据显示，2011 年辽宁向俄罗斯外贸出口总额为 21.67 亿美元，进口额为 11.51 亿美元，增长 2.99 亿美元。在 19 个与辽宁有外贸往来的国家中，俄罗斯排名第 12，辽宁对俄贸易额仅占其对外贸易总额的约 2%（见表 3）。[④]

---

① 李高超：《俄罗斯入世黑龙江外贸获益几何？》，《国际商报》2012 年 1 月 12 日，其中引用数字均为 2011 年数据，http：//ibd. shangbao. net. cn/a/75890. html。

② 李高超：《俄罗斯入世黑龙江外贸获益几何？》，《国际商报》2012 年 1 月 12 日，http：//ibd. shangbao. net. cn/a/75890. html。

③ 《黑龙江省对俄经贸继续领跑全国》，来源：《黑龙江日报》2013 年 4 月 14 日，http：//www. chinaneast. gov. cn/2013－04/14/c_ 132306877. htm。

④ 《调整出口结构辽宁迎来"俄罗斯机遇"》，来源：《华商晨报》2012 年 8 月 23 日，http：//news. ifeng. com/gundong/detail_ 2012_ 08/23/17035314_ 0. shtml。

表3　辽宁省对俄贸易统计

单位：亿美元

年份	进出口总额	出口额	进口额
2000	2.37	0.85	1.52
2001	2.62	1.02	1.60
2002	3.29	1.29	2.00
2003	3.73	1.65	2.08
2004	5.32	2.14	3.18
2005	8.05	3.39	4.66
2006	10.07	5.45	4.62
2007	13.50	7.98	5.52
2008	16.02	6.74	9.28
2009	11.60	6.20	5.40
2010	16.01	7.49	8.52
2011	33.18	21.67	11.51

资料来源：辽宁省对外贸易经济合作厅。

辽宁省对俄出口的主要商品有机电产品、钢材、纺织服装、水海产品和耐火砖等，其中呈明显增长态势的是机电产品、钢材和水海产品，其出口量已占辽宁省对俄出口的一半以上。辽宁省自俄进口的主要商品处于前三位的是水海产品、木材、矿产品，其在辽宁省自俄进口中的比重已达90%以上，主要贸易方式为来料和进料加工贸易。[①]

大连和沈阳是辽宁省对俄贸易的主要地区，近年来鞍山、葫芦岛等城市也积极开展对俄贸易，但规模都比较小。辽宁省作为东北老工业基地的重要组成部分之一，对能源、原材料的需求比较大，而俄罗斯是能源与资源大国，双边合作非常具有可行性。但目前双方的贸易额还比较小，双方合作的潜力还未开发出来。未来，辽宁省将进一步加大对俄罗斯的关注度与合作力度。

（3）内蒙古对俄贸易。

内蒙古与俄罗斯有1051公里边境线接壤，拥有国家一类口岸5个，承担着中俄贸易60%以上的过货任务，在同俄罗斯东部地区的合作中具有明显的

---

① 张弛：《中国东北地区与俄罗斯东部地区经济合作模式研究》，经济科学出版社，2013，第108页。

地缘与区位优势。近年来，内蒙古对俄贸易额逐年上升。2008年受金融危机影响出现下滑，后经过调整小幅回升。根据内蒙古统计局发布的消息显示，2013年1月，内蒙古对俄罗斯累计进出口总值达到2.02亿美元，较上年同期下降16.73%。其中，出口0.21亿美元，比上年同期增长28.26%；进口1.81亿美元，下降20.04%（见表4）。

表4　内蒙古对俄贸易统计

单位：亿美元

年份	进出口总额	年份	进出口总额
2000	7.47	2007	29.85
2001	10.50	2008	21.60
2002	11.59	2009	23.96
2003	12.48	2010	25.49
2004	15.96	2011	28.93
2005	17.58	2012年1~11月	24.40
2006	22.93	2013年1月	2.02

资料来源：中国海关统计。

内蒙古对俄出口的商品主要有食品、化工产品、陶瓷制品、玻璃制品、铁合金、玩具和机电产品等，自俄进口的主要是木材、原油、化工产品等附加值较低的初级产品。

2. 核心区——吉林省对俄经贸合作现状

俄罗斯是吉林省第二大出口市场。吉林省与俄罗斯有246公里边境线相连，与俄滨海边疆区相接壤，双方政府交流和商贸往来具有悠久的传统和得天独厚的地缘优势。20世纪90年代，吉林省对俄合作水平同国家对俄合作水平基本吻合，21世纪初始时期，吉林省对俄贸易连续下滑，自2004年起借助中俄战略协作伙伴关系的全面提升吉林省对俄贸易出现了较快增长（见表5）。

吉林省对俄罗斯出口的主要商品有服装及衣着附件、纺织纱线、织物及制品、鞋类、汽车和汽车底盘、艺术品、收藏品及古董、旅行用品及箱包等。吉林省对俄罗斯出口主要企业有珲春中俄互市贸易服务有限公司、珲春旭程国际贸易有限公司、中国第一汽车集团进出口公司、珲春金翔贸易有限公司、东北

表5 吉林省对俄贸易统计

单位：亿美元

年份	进出口总额	出口额	进口额
2000	6841	900	5600
2001	6800	982	5859
2002	5786	1252	5548
2003	5730	1971	3815
2004	8376	2970	2760
2005	17927	3653	14274
2006	43925	37788	6137
2007	80190	72389	7801
2008	75550	67514	8035
2009	47417	38278	9139
2010	62402	53968	8434
2011	70564	63977	6587
2012	82212	67822	14389
2013年1~4月	20702	17070	3633

资料来源：相关各年《吉林省统计年鉴》，最新数据来源于长春海关。

（延边）木业有限公司、长春大合生物技术开发有限公司等。吉林省自俄罗斯进口的主要商品有锯材、冻鱼、石棉、饰面用单板、煤、原木等。自俄罗斯进口企业主要有白山华枫木业有限公司、长春志诚石泰商贸有限公司、延边海华进出口贸易有限公司、抚松金隆木业有限公司、四平双合木业等。[1]

近年来，吉林省对俄投资、劳务合作持续增长。截至2012年10月，吉林省在俄境内投资建立了83家企业，中方累计协议投资6.21亿美元。投资的主要领域有木材加工、农业开发、矿产合作开发、港口运营等。俄罗斯也是吉林省劳务派出的主要市场之一，2012年前10个月，吉林省对俄派遣劳务人员1815人，实际收入总额2023万美元。[2]与吉林省对俄投资形成对比的是，俄罗斯对吉林省的投资数额很小，难以形成规模。截至2012年10月底，俄罗斯在吉林省现存企业18户，合同外资额640万美元，累计投资424万美元。[3]

---

[1] 李铁主编《吉林区域经济合作实务》，吉林人民出版社，2012，第160页。
[2] 《吉林与俄罗斯经济合作稳步上升》，http：//www.hljswt.gov.cn/business/7966.jhtml。
[3] 《吉林与俄罗斯经济合作稳步上升》，http：//www.hljswt.gov.cn/business/7966.jhtml。

图们江区域合作开发前沿地区——珲春市对俄贸易"桥头堡"的作用更加明显,2012 年,到访珲春市的俄罗斯人数和珲春市对俄出口额再创新高。其中,到访的俄罗斯民众达到 15.6 万人次,比上年增长了 29% ;对俄出口额达到 5 亿美元,同比增长 25% 。[①] 2013 年 8 月 2 日,关闭了 9 年的中俄珲春—卡梅绍娃亚铁路(简称珲卡铁路)[②] 口岸正式恢复,珲卡铁路得以重启国际联运。与此同时,中方投资 2000 万元的扎鲁比诺港改造项目一期工程顺利完成,并将作进一步改造。这些利好消息将进一步推进珲春市开展对俄贸易,从而带动吉林省对俄经贸合作更快、更好地发展。

二 吉林省对俄经贸合作中存在的问题及其原因

1. 经贸合作基础仍比较薄弱

虽然吉林省与俄罗斯的经贸合作增长较快,但目前合作基础仍比较薄弱。8.22 亿美元的贸易额且不说同国家层面的 881.60 亿美元比较,就是同临近的黑龙江省(213.10 亿美元)相比,也存在着巨大的差距。投资方面,俄罗斯远东地区目前在吉林省的投资项目有 19 个,总投资额为 240 万美元,投资金额还很少,而且 19 个项目都集中在餐饮和旅游业方面。吉林省"走出去"到俄罗斯远东地区投资合作的状况也不是太理想,项目数仅为 25 个,投资总额不到 3 亿美元。[③]

吉林省对俄经贸合作的对象主要是俄罗斯远东地区,与吉林省接壤的俄罗斯区域更是居于其远东地区的"末梢"。该区域原为军事管制区,经济发展极为落后,几乎没有工矿企业,尽管蕴藏的资源极为丰富,但尚处于未开发状

[①] 《2012 年珲春俄罗斯边民入区和对俄出口均创新高》,http://www.hljswt.gov.cn/demyscdt/8274.jhtml。

[②] 早在 1992 年初,中俄双方开始洽谈共同修建珲卡铁路并在次年开建,2002 年开始正式运行。不过,由于俄方经营管理体制及口岸设施不完善等因素,珲卡铁路口岸在 2004 年临时关闭。根据中俄总理定期会晤委员会交通分委会第十七次会议签署的会议纪要,中俄珲卡铁路恢复国际联运初期,以单项进口俄罗斯煤炭及矿石为主,年运量为 200 万吨。

[③] 《吉林省与俄罗斯经济合作现状不容乐观》,http://news.hexun.com/2012 - 07 - 27/144054154.html。

态。即使是俄远东地区，其整体经济发展在俄国内也是处于落后状态。俄罗斯经济一直是"西重东轻"，经济发展的重心在其西部，西部建立起健全的工业发展体系，而占全国36%的土地但人口仅占全国5%的俄东部地区经济发展落后，基础设施不足，工业基础薄弱，几乎沦为能源资源等初级产品的出口基地。这种状态虽然在普京就任总统后得到逐步改善，但积重难返的局面仍难以一时改变。俄远东地区的这种经济发展状态直接影响着吉林省与俄罗斯的经贸合作。

2. 通道通而不畅局面未得到根本改善

虽然吉林省利用俄罗斯港口走向世界的步伐逐步加快，但是通道通而不畅的局面并没有得到根本改善。近年来，吉林省先后开通了珲春经俄扎鲁比诺、海参崴至韩国束草、釜山的陆海联运航线，开通了珲春经俄扎鲁比诺至日本秋田的散货航线，开通了珲春经俄扎鲁比诺至日本新潟的陆海联运航线，开通了长春至海参崴客运线路，投资2000万元更新改造了扎鲁比诺港的装卸设备、场地、库房等配套设施，2013年8月正式恢复了已关闭9年的中俄珲春－卡梅绍娃亚铁路口岸。虽然吉林省与俄罗斯远东地区在通道、口岸、海上航线等方面做了许多积极的工作，也取得了一些成绩，但并未根本改善对俄通道通而不畅的局面。俄方口岸、港口基础设施，设施较为落后，有些已年久失修，直接影响人员、货物的通过；物流尚显不足，无法支撑海上航线的定期化运营，内贸货物陆海联运返程货物不足，影响该航线的持续运营；仅是物流通关，缺乏产业合作，对通道建设支撑力不足。

究其原因，首先，双方利益诉求差异较大，彼此间尚未找到利益契合点，迟滞合作进程。其次，参与主体制约了发展速度，吉林省各级政府针对图们江开发都建立了完整的组织体系和具有明显优势的政策支撑体系，但俄方未能有效地研究制定参与图们江地区开发的区域政策，未形成完善的体制、市场和法律环境，尚未建立起相应的组织实体与运转机构。最后，建设资金严重不足是重要的制约因素。作为图们江开发的积极推动者，中方在开发过程中主动承担了部分公路、桥梁、港口等基础设施的建设，但仅靠中国一国之力是难以从根本撼动的，俄罗斯远东地区基础设施普遍落后，建设资金严重不足，难以向图们江区域资金倾斜。

三 中俄合作未来推进方向

伴随着中俄贸易的快速发展，两国在能源资源、农业种植、跨境通道、旅游开发、技术引进、金融服务等方面的合作亮点纷呈，显示出强劲的发展动力。这些也是图们江区域对俄合作的重点方向。

1. 能源资源

这主要涉及的是原油、天然气、电力、煤炭及核能领域的合作。目前，中国已成为全球最大的石油进口国，俄罗斯丰富的油气资源对于确保我国能源供应多元化，降低对外依存度过高带来的风险极具现实意义。可以说，能源领域将是未来中俄两国合作的重点领域之一。2015 年和 2030 年，俄罗斯可为世界提供石油能力分别达 780 万桶/天和 790 万桶/天，仅次于整个中东地区，未来俄罗斯将成为世界上为数不多的能够做到油气产量增长大于油气消费增长的国家之一。这将有利于中俄两国继续加强在能源这一重要领域的合作。近年来中俄油气合作不断向前推进并取得重要成果，2012 年中俄石油贸易达到 2200 万吨。2013 年 3 月习近平主席访俄期间，中俄达成增供原油协议规定，2018 年起，俄石油对华增供原油 3400 万吨。俄决定优先建设东线天然气管道，计划 2018 年实现供气，设计输气量 380 亿立方米。① 对俄购电项目②也将是未来中俄两国能源领域合作项目之一。2013 年 3 月 22 日，中国国家电网公司与俄罗斯统一电力国际公司签署了《关于开展扩大中俄电力合作项目可行性研究的协议》，双方计划研究开发俄罗斯远东、西伯利亚地区资源，建设大型煤电输送一体化项目，通过高压或特高压跨国直流输电线路向中国送电。③

---

① 《俄罗斯东向能源战略倚重中国》，http：//russia.ce.cn/ruse_1/ecoo/201309/18/t20130918_1519633.shtml。

② 1992 年 7 月 1 日，在中俄两国相关政府部门的支持下，110 千伏布黑线（布拉戈维申斯克变－黑河变）正式合闸送电，成为中俄两国共同建设的第一条跨国输电线路，开辟了中俄两国电力能源合作的先河。2013 年前三季度，黑龙江省通过 3 条跨境线路累计对俄购电 27.33 亿千瓦时。预计，全年有望购进俄电 33.5 亿千瓦时。

③ 《国家电网公司与俄罗斯统一电力公司等企业签署合作协议》，来源：世纪新能源网，http：//www.ne21.com/news/show－39900.html。

吉林省曾是我国比较重要的能源保障基地，但受经济快速发展、多年高强度开采及重化工为主的产业结构等因素影响，自身能源消耗巨大，供给日趋紧张，作为主要一次能源和重要工业原料的煤炭现在已不能自给自足，需从外地调入。与吉林省接壤的俄罗斯区域煤炭与木材资源十分丰富，现在合作主要集中于木材进口（主要经黑龙江省绥芬河口岸入境）。受制于中俄珲卡铁路的运营状态（尚未恢复常态化运营），尽管吉林省经济发展亟须拓展新的煤炭来源，但尚未实现从俄进口。伴随着中俄珲卡铁路国际联运恢复常态化，未来吉林省将经由珲春口岸直接从俄罗斯进口煤炭与木材等资源，这将进一步加强吉林省同俄罗斯的经贸合作。

2. 农业合作

俄罗斯远东地区不仅拥有大量的矿产资源可供开发，同时其广袤的国土面积中也蕴藏着大量的耕地资源，由于当地人力资源严重不足，加之设备长时间使用已变得老化陈旧，导致农业开发不足。当前，仅靠俄罗斯自身的力量，难以实现远东地区农业的可持续发展。由此，俄方特别愿与中国企业合作，中国所拥有的人力资源优势与技术设备优势与俄罗斯的土地资源优势相结合，必将促进两国在互信、互利、守法的基础上实现合作共赢。实际上，中俄现今在农业领域的合作已体现出"优势互补、互利共赢"[1] 的特点。目前，我国对俄农业合作发展速度较快，规模不断扩大。仅以黑龙江省为例，其对俄农业产业协会在俄罗斯就拥有 520 万亩土地的经营权，其中，2013 年种植面积已达 360多万亩。[2] 随着对俄境外农业的不断扩大，也带动了我国对俄劳务输出。黑龙江省赴俄从事农业合作的劳务人员人均收入达 3 万元以上，年创劳务收入超10 亿元。由此可见，中俄农业合作已经有了比较坚实的基础。同时，俄罗斯联邦政府出台的新的农业政策也带来了新的合作机遇。为实现农业更快、更好地发展，2013 年俄罗斯联邦政府制定发布了新的《国家农业发展纲要（2013 ~

---

① 俄方代表在"2013 黑龙江绿色食品产业博览会"的重要组成部分——中俄农业合作论坛的发言中做出的上述表述，《中俄农业领域合作体现"优势互补互利共赢"为中俄农业发展提供重要平台》，http://www.suifenhe.gov.cn/contents/98/33253.html。

② 《中俄农业领域合作体现"优势互补互利共赢"为中俄农业发展提供重要平台》，来源：中俄经贸网，http://www.suifenhe.gov.cn/contents/98/33253.html。

2020年)》。俄罗斯政府计划于2016年前在其远东的滨海边疆区、哈巴罗夫斯克边疆区、阿穆尔州、萨哈林州和犹太自治州等区域建设5个农工综合体，保障远东地区社会经济可持续发展和粮食安全。计划投资500亿卢布，重点发展大豆、玉米、水稻、马铃薯的种植；奶牛养殖、马养殖、生猪养殖、家禽肉鸡和蛋鸡的养殖；海产品养殖等，以及农产品的加工业、物流业。[1]

吉林省农业发达，特色资源优势突出，和俄罗斯在农业方面有着非常广阔的合作前景，潜力巨大，操作易行。双方可以从四个方面加强合作：一是吉林省可以大量提供玉米、稻米等深加工产品以及猪、牛、鸡等肉类及其加工制品；二是由于吉林省主要农作物种类与俄远东地区相近，吉林省可以为俄方提供粮食、畜禽养殖等组装配套的综合栽培、饲养技术，以及其他农村实用的生产、加工技术，这些农业技术能够很快在俄远东地区得到推广应用；三是吉林省可以帮助俄远东地区发展保护地蔬菜以及露地蔬菜生产；四是吉林省可以组织省内重点农业企业到俄远东地区投资兴业。

3. 通道建设

虽然中俄间能源、资源领域的互补式发展特征十分突出，但由于缺乏交通基础设施，资源潜力开发水平较低。仅以中俄珲春口岸为例，珲春对面的哈桑区煤炭资源丰富，开采便利，但受交通限制（中俄珲卡铁路停滞多年，直到2013年8月2日才恢复试通车，11月可能正式通车），缺乏运力运输，不得不停止开采。目前，俄罗斯对中国、日本、韩国和美国的石油出口，加起来还不到俄罗斯出口到世界市场的15%。[2] 基础设施匮乏是最大的限制因素，俄罗斯几乎所有运输路线，特别是中俄交界的铁路和公路，虽然已经成为进出口操作的通道，但其运输能力和技术水平仍存在不足。未来，为了更好地推进两国之间的经济合作，中俄需首先在畅通通道（彼此间的铁路、公路建设，口岸的软硬件设施等）上加强建设。通道建设将会是未来一段时期内中俄两国合作的重点项目之一。事实上，俄罗斯国内也有计划推进其运输业的发展，包括西

① 《中俄农业领域合作体现"优势互补互利共赢"为中俄农业发展提供重要平台》，来源：中俄经贸网，http://www.suifenhe.gov.cn/contents/98/33253.html。
② 王晓明、许乃丹：《分析报告：新形势下中俄经贸合作互补性增强》，新华社信息长春9月12日电。

伯利亚大铁路现代化、建设贝阿—2 铁路、建设跨朝韩铁路、建设该地区公路网，等等。

未来，吉林省与俄罗斯在通道建设合作方面的设计主要有，改造图们—珲春—卡梅绍娃亚区间铁路，建设珲春至符拉迪沃斯托克高速公路，开通珲春—扎鲁比诺—通往浙江、福建和广东一些城市的航线，开辟珲春—扎鲁比诺—釜山—欧美的航线。

4. 旅游合作

中俄同是世界旅游大国，旅游资源丰富。目前，中俄旅游合作进展良好，中国已成为俄罗斯第二大客源国及旅游目的地，而俄罗斯则成为中国第三大客源国。统计显示，2011 年中俄双向交流人数超过 335 万，其中，俄来华旅游人数近 254 万，比上年增长 7%，而中国公民首站赴俄人数自 2000 年以来首次突破 80 万，增长 13.8%[1]，2012 年俄罗斯来华游客为 242.6 万人次，下降 4.3%，同期中国公民赴俄旅游人数为 34.3 万人次，增幅达 47%。[2] 为了更好地推动两国间的旅游合作，近年来中俄两国签订了"旅游合作协定"、"互免团体旅游签证协议"等一系列合作协议。从国际服务贸易的角度看，不论是出境游还是入境游，对双方的民众与国家都是互利双赢的，而没有以强凌弱、以大欺小的关系。在国际贸易中，旅游服务贸易是障碍最小、最容易开展的。人的流动会引来人心的交流、文化的交流、物资的交流、资金的交流、技术的交流；旅游群体的互动会推动签证、边境、海关、货币兑换、出入境政策和空中走廊的开放；民众的交流与友谊会推动官方上层的沟通与合作。[3] 2013 年 3 月，习近平主席在"中国旅游年"开幕式致辞中提出，"把旅游合作培育成中俄战略合作的新亮点"。[4] 可以预见，中俄间的旅游合作将会加速增温。

---

① 《中俄旅游合作前景看好可借旅游年深化合作》，http://news.xinhua08.com/a/20120323/927708.shtml。

② 王兴斌：《深化中俄旅游合作内涵》，《中国旅游报》2013 年 4 月 1 日，http://www.cnta.gov.cn/html/2013-4/2013-4-1-16-29-80116.html。

③ 王兴斌：《深化中俄旅游合作内涵》，《中国旅游报》2013 年 4 月 1 日，http://www.cnta.gov.cn/html/2013-4/2013-4-1-16-29-80116.html。

④ 《习近平在俄罗斯中国旅游年开幕式上的致辞（全文）》，来源：新华网，http://www.chinanews.com/gn/2013/03-23/4669601.shtml。

图们江地区旅游资源十分丰富，随着口岸对外通道的不断完善，吉林省同俄罗斯远东开展跨国旅游条件已基本成熟。吉林省应积极利用这一优势，开发同俄罗斯滨海边疆区的边境旅游，进而通过滨海边疆区的斯拉夫扬卡港、符拉迪沃斯托克港、扎鲁比诺港、纳霍德卡港、波谢特港和朝鲜咸镜北道的罗津港、清津港，开展中国、俄罗斯、朝鲜三国的跨国旅游和中国、俄罗斯、朝鲜、韩国、蒙古、日本的多国旅游。

5. 科技合作

近年来，中俄两国合作的领域得到拓展，科技合作成为重要组成部分。双方已达成的合作项目包括能源、矿产、冶金、机电、纺织、化工、农业等领域，在航空航天、生物技术、纳米技术、新材料、环保、电子、海洋开发等高新技术领域也已展开合作。这些合作已不仅仅是一般性的贸易合作，大都是经济技术合作，技术含量不断提高。[①] 目前，两国间的科技合作保持着多渠道、多层次合作的格局，并在务实的前提下合作程度不断加深、合作水平不断提高。中国和俄罗斯都具有完整的科研与工业部门和广阔的市场，只要双方的优势很好地结合起来，不仅能取得双赢的结果，在世界上也将产生重大影响。

俄罗斯所拥有的雄厚的高新技术研究人员队伍与世界先进水平的科研院所，为吉林省与俄罗斯开展科技合作和吉林省引进专业技术人才提供了智力保障。吉林省希望开展同俄罗斯大专院校、科研院所间的人员和信息交流。在人文领域、文教、卫生、体育、媒体、法律等方面互派教师、留学生、医学专家，学术交流上加强合作；在复合材料、信息技术、纳米技术、工业污染净化等项目进行共同研究、开发；同时引进吉林省急需的专业技术人才，如冶金、材料、电力、航空、石化、电子、医疗等领域的专门人才。

---

① 宋魁：《中俄科技人才合作的现状、问题与对策》，《西伯利亚研究》2003 年第 2 期。http：//blog. sina. com. cn/s/blog_ 5e9fa44b0100f9mt. html。

三农问题

Rural Issues

B.16

吉林省农民工就业心态调查分析

韩桂兰*

摘 要:

吉林省存在一定程度的"民工荒",影响了吉林省民营经济发展,引起省委、省政府领导的高度重视。扩大农民工转移就业、保障农民工合法权益、完善农民工就业服务将成为政府的工作重点。本文主要通过调查,了解农民工外出就业的现状和遇到的困难,对社会保障和就业服务的诉求,通过分析找出形成"民工荒"的原因及解决"民工荒"的对策和建议,促进吉林省民营经济的发展。

关键词:

农民工就业 社会保障 就业服务 诉求

---

* 韩桂兰,吉林省社会科学院社会学研究所副所长、研究员,研究方向为社会学。

2013 年，吉林省委、省政府提出突出发展民营经济的战略，将极大促进吉林省民营经济快速发展。而吉林省存在的一定程度的"民工荒"是影响我省民营经济发展的一个瓶颈。一些民营企业不但技工紧缺，而且连普通工人短缺也成为常态。这种现象引起省委省政府领导的高度重视，希望解决好农民工的就业问题。我们调研组围绕农民工就业问题展开了实地调研，采访了最直接的当事人——农民工，了解他们的生存状态、就业中的困难和要求，试图找到解决农民工就业以及生存的最佳途径。

一　吉林省农民工就业调查的概况

"吉林省农民工就业心态调查"课题组在长春、农安、吉林等地以进城农民工为对象开展问卷调查和个案访谈。发放问卷 200 份，回收问卷 190 份，回收率为 95%，其中有效问卷 185 份，有效率为 97%。除了发放调查问卷外，还与各级工会领导、乡镇、村级干部及农民工进行了座谈十余次，个案访谈62 人。

（1）外出打工以男性为主。调查中，男性 122 人，女性 63 人，男女比例约为 2∶1（见表 1）。

表 1　吉林农民工性别情况

		性　　别			
		频率	百分比（%）	有效百分比（%）	累积百分比（%）
有效	男	122	65.9	65.9	65.9
	女	63	34.1	34.1	100.0
	合计	185	100.0	100.0	

女性外出打工主要集中在 23~32 岁，其次是 18~25 岁，即女性在 18~30 岁之间会在外打工。男性主要是在 23~32 岁，但是自 18 岁开始至 43 岁以上，尤其是 30 岁以后，外出打工人数只是略有下降，前期在外打工人员，可能会选择继续打工。

（2）年龄。16~18 岁的有 9 人，占 4.9%；19~22 岁的有 35 人，占

18.9%；23～32 岁的有 66 人，占 35.7%；33～42 岁的有 37 人，占 20%；43 岁以上共有 38 人，占 20.5%。年龄范围以 23～32 岁为主（见表 2）。

表 2　吉林农民工年龄情况

	年　　龄				
		频率	百分比（%.）	有效百分比（%）	累积百分比（%）
有效	16～18 岁	9	4.9	4.9	4.9
	19～22 岁	35	18.9	18.9	23.8
	23～32 岁	66	35.7	35.7	59.5
	33～42 岁	37	20.0	20.0	79.5
	43 岁及以上	38	20.5	20.5	100.0
	合　计	185	100.0	100.0	

从年龄上看，按照年龄段划分 18～22 岁为"90 后"，23～32 岁为"80 后"，33～42 岁为"70 后"，43 岁以上为"60 后"。目前在外打工的农民工主要为"80 后"。即这部分农民工几乎是在初中毕业后即步入社会外出打工。在进城务工前，"80 后"主要为学生，在读书结束后进城务工。"70 后"与"60 后"在进城务工前，主要从事农业生产，其次是常年在外打零工人员。

（3）学历。小学及以下的有 14 人，占 7.6%；初中的有 111 人，占 60%；高中（职高、技校）的 45 人，占 24.3%；大专的有 10 人，占 5.4%；本科及以上的 5 人，占 2.7%。从上可见，农民工的学历以初中为主，所占比例为 60%。

（4）婚姻状况。主要为已婚占 50.3%，未婚占 39.5%，离异的占 7.6%，丧偶的占 2.7%（见表 3）。

表 3　吉林农民工婚姻状况

	婚姻状况				
		频率	百分比（%）	有效百分比（%）	累积百分比（%）
有效	已婚	93	50.3	50.3	50.3
	未婚	73	39.4	39.4	89.7
	离异	14	7.6	7.6	97.3
	丧偶	5	2.7	2.7	100.0
	合计	185	100.0	100.0	

（5）子女数目。家中目前无子女的占44.3%，家中有1个子女的为33%，家中有2个子女的为15.7%（见表4）。从婚姻和子女状况看，外出打工人员主要为年龄大的已婚人士，而年纪越小，未婚人士越多。普遍的家庭暂时没有子女或者有一个子女，农村子女呈减少趋势。

表4　吉林农民工子女数目

	子女数目				
		频率	百分比（%）	有效百分比（%）	累积百分比（%）
有效	无	82	44.3	44.3	44.3
	1个	61	33.0	33.0	77.3
	2个	29	15.7	15.7	93.0
	3个	10	5.4	5.4	98.4
	4个	3	1.6	1.6	100.0
	合计	185	100.0	100.0	

（6）供养老人数目。家中有2位老人的占53.5%，家中有1位老人及无老人的分别占15.1%及17.3%。

二　工作生活情况

调查中发现，吉林省农民工就业多为自己找，劳动合同签订率比较低，劳动报酬待遇低，还有拖欠工资现象，加班加点较普遍，社会保险的参保率不高，较少得到学习培训，精神文化生活贫乏。

（一）就业情况

1. 进城务工的渠道多为自己找

前几年，乡镇政府还组织农村劳务输出，由于经费紧张，这两年政府组织的劳务输出少了，多数是自发的，经亲朋好友介绍的占50%，自己找的占38.9%，用人单位到村里招工的只有2.8%，其他的占8.3%。

2. 在外打工的时间多在2~6年

在外打工的时间，一年以内的有35人，占18.9%；2~3年的有66人，占35.7%；4~6年的有49人，占26.5%；7~10年的有18人，占9.7%；10年以上的有17人，占9.2%。从上可见，2~6年的最多，占总数的62.2%（见表5）。且从年龄上看，在外打工2~6年多是23~32岁的人，其次是33~43岁以上的人。

表5　农民工在外打工的时间

		频率	百分比(%)	有效百分比(%)	累积百分比(%)
		您在外打工的时间			
有效	1年以内	35	18.9	18.9	18.9
	2~3年	66	35.7	35.7	54.6
	4~6年	49	26.5	26.5	81.1
	7~10年	18	9.7	9.7	90.8
	10以上	17	9.2	9.2	100.0
	合计	185	100.0	100.0	

3. 就业的地点多选择就近就地

就全国范围看，吉林省农民工就业和留城意愿来看，选择在东北地区就业的有157人，占总人数的86.9%；选择在长三角、珠三角和京津地区就业的只有34人，占13.1%；在吉林省范围看，有89.7%的人选择家附近的乡、镇和城市就业，只有10.3%的人选择了省内较远的镇和市。调查数据还显示，在同等条件下愿意回家乡就业的占64.3%，原因是离家近，方便照顾家。不愿意回家乡就业的占35.1%，不愿意的人认为本地用人单位少，找工作较为困难，25.4%的人认为没有合适自己的工作，缺乏相应的技术和本地用人单位待遇较低各占16.2%和15.7%。以上情况表明，近两年，农民工思想意识在转变，全省就业结构也发生了积极的变化，出现了由外省向本省回流的现象，很多农民工也开始选择在家门口就业。就地就近就业越来越成为农村劳动力就业的主要选择，在获取更多经济收入的同时，农民工也开始并日益注重家庭成员的团聚、子女教育以及家庭生活质量的改善。

4. 工作优先考虑工资和福利

在找工作优先考虑的因素方面，农民工最主要考虑的是工资和福利，占到78.4%，在工作地点、工作单位性质和环境和个人锻炼发展前景方面选择的差不多，都在7%左右。上述因素也成为农民工换工作主要原因，其中，56.2%的人因为工资低无法生活；26.5%的人是因为没有保险和社会保障；23.2%的人是因为工作时间长、工作强度大；11.9%的人是因为工作环境差、生活条件不好；10.8%的人是因为没有发展前途。由于上述原因使得农民工工作经常更换，很不稳定。在近两年里，只有23.2%的人没有换过工作，有76.8%换过工作，其中有47.6%的人换过1~2份工作，有29.2%的人换过3~5份工作。对于90后，刚刚参加工作，换工作的次数较少。换工作的高峰期为初步适应城市生活，开始有所追求的80后。随着年龄的增长，更换工作的频率开始下降，并趋于平稳，成明显的正态分布样式。

5. 加班加点很普遍

农民工的每天工作时间在8小时以内的仅占11.9%，在8~10小时的占55.7%，在10~12小时的占有30.8%，只有1.6%的在12~14小时之间，可见，农民工工作时间比较长，大部分在8~12小时之间。

（二）收入情况

1. 工资收入多为2000~3000元

在工资收入方面，1000元以下的只有2人，占1.1%，在18~22岁之间；1001~2000元之间的有44人，占23.8%，各年龄段都有，以18~22岁的年轻人居多；在2001~3000元之间的有97人，占52.4%，主要为23岁以上的人；在3001~4000元之间在有38人，占20.5%，主要也是在23岁以上的人；在4001~5000元之间在只有3人，占1.6%，1人为23~32岁，2人在43岁以上；在5001~6000元之间在仅有1人，占0.5%，为23~32岁（见表6）。可见，年龄与收入有一定的关系，可能与经验、技能有关。

2. 工资基本维持生活

工资用于生活消费的占64.9%，用于赡养老人的占38.9%，用于子女教育的占37.3%，用于租房的占28.6%。可见，工资主要用于租房、赡养老人、子女教育及生活需要，一般每月剩不下多少。

3. 工资偶尔拖欠

经常有的只占6.5%，偶尔有的占66.5%，从来没有的占27.0%。在遇到

表 6　农民工目前的月收入情况

您目前月收入是					
		频率	百分比	有效百分比	累积百分比
有效	1000 元以下	2	1.1	1.1	1.1
	1001～2000 元	44	23.8	23.8	24.9
	2001～3000 元	97	52.4	52.4	77.3
	3001～4000 元	38	20.5	20.5	97.8
	4001～5000 元	3	1.6	1.6	99.5
	5000 以上	1	0.5	0.5	100.0
	合计	185	100.0	100.0	

工资被拖欠时基本比较理智，有52.4%的人会积极与老板协商；有20.0%的人会采取法律手段；有14.1%的人基于岗位压力，暂时忍让；只有1.6%的人会采取极端手段。

（三）居住条件

从调查中看到，农民工有29.7%的人居住在雇主提供的集体宿舍里，有45.4%的人自己租房子住，有13%的人住工地工棚里，有3.8%的人住在亲戚朋友家，有5%的人住在自己搭建的简易屋棚里，自己有房子的只有7.6%。从上可见，有42.7%的人居住在雇主提供的集体宿舍里和工地工棚里，有45.4%的人自己租房子住。

他们对目前居住条件非常满意的只有7.0%，比较满意的占28.1%，一般的占45.9%，不太满意的占15.7%，非常不满意的只有3.2%。不满意的最主要的是原因是认为房租太贵，占到32.4%；其次是一起住的人多，没有个人空间，占到25.9%；还有居住地的卫生及安全条件差，占17.8%。

（四）社会保障方面

1. 农民工不愿放弃农村户口

虽然农民工希望在生活工作在城镇，但有60.5%的人不愿意放弃农村的户口，因为土地是生活的保障，可以享受国家的有关政策补贴。有24.9%人表示愿意放弃农村的户口，但前提是在城镇有稳定的工作，有健全的城镇的各项社会保障，这部分人主要是新生代农民工，他们不喜欢农村的生产生活环境，他们从内心排斥农村，渴望成为城市人。因此，在失业后，他们继续逗留城市。这部分人容易成为社会不稳定因素，应该引起高度重视（见表7）。

表7　农民工是否愿意放弃农业户口

		如果让您选择是否愿意放弃农业户口			
		频率	百分比（%）	有效百分比（%）	累积百分比（%）
有效	愿　意	46	24.9	24.9	24.9
	不愿意	112	60.5	60.5	85.4
	不确定	27	14.6	14.6	100.0
	合　计	185	100.0	100.0	

2. 农民工社会保险缺失

问卷调查数据显示，农民工最希望拥有的社会保险依次是医疗保险、养老保险、工伤保险、失业保险和公积金。

有51.9%的人的单位没有参加社会保险，有35.7%的人的单位参加了社会保险，一些国有企业和外资企业都参加了社会保险，有的是"五险一金"，有的是"三险一金"。

对于用人单位不参加社会保险，有38%的人认为自己会参加社会保险，有60.5%的人认为自己不会参加，因为收入无法支付。

3. 农民工的培训效果不太理想

在调查中，有62.2%的人参加过培训，有36.8%的人没参加过培训。每次参加培训的时间多为一周以内或一周到一个月之间。参加培训的人中多由用人单位和村镇政府组织的，分别为26.1%和23.2%，而政府与企业、政府与培训机构组织的培训仅占6.5%和8.1%。对政府组织的培训，满意和非常满意的分别占10.8%和22.2%，一般的为27.6%，不满意的占5.4%。对于参加培训的态度是参加不参加都行的占40%，愿意参加的占38.4%，不愿意参加的占21.6%。

不愿意参加培训的原因中，有29.2%的人认为学习的东西在实际工作中不实用；有13.0%的人认为学习时间短，学不会；还有8.6%的人认为学不到东西；有7.6%的人认为学了也没用，找不到合适的工作。

（五）未来发展及要求

1. 对目前的就业形势比较乐观

对目前就业形势如何看待问题的回答，认为比较有信心，只要想找，找个工作困难不大的占42.7%；认为有点信心，运气好也许可以找到的占29.7%；认为很有信心的，出去就一定能够找到工作的占9.2%；没信心，近期很难再找到工作的占18.4%。

2. 对以后的生活比较乐观

有51.5%的人认为以后的生活会变得更好，有29.7%的人认为会稍好一些，有14.1%人认为和现在差不多，只有4.9%的人认为会变得更糟。

对以后的生活，希望成为有稳定职业、住所和收入的城市居民的占54.1%；希望在城市多赚钱，以后回农村生活的占25.9%；希望农闲时外出务工，农忙时返乡务农的占13.0%；不确定的占7%。

三　农民工就业中的心态分析

调查显示，许多农民工对就业的形势比较乐观。但是觉得生活压力特别大，特别是怕工资低、房价高、子女教育负担重、孤独寂寞。希望在打工的城镇安居乐业，能享受和城里人一样的社会保障待遇。

（一）经济方面，希望工资增长且有保障

1. 怕工资低，希望工资不断增长

大部分的农民工每月收入在2000~3000元，在现在物价高的情况下，要租房，负担子女教育费用，还要赡养老人，工资根本不够用，只得省吃俭用，生活艰难。农民工就业流动性大的原因也是因为工资低换工作。总体而言，目前的农民工平均工资水平大大低于城镇职工平均工资水平，且增长缓慢，因此，希望工资不断增长。

2. 怕工资拖欠，希望他们的基本权益有人维护

调研中发现，农民工就怕发工资不及时。有的时候到月底领不到工资，还

有的到年底也领不到工资，那就等于白干了。问卷调查数据显示，从来没有被拖欠工资的占27.0%，经常被拖欠的只占6.5%，偶尔被拖欠的占66.5%。在遇到工资被拖欠时基本比较理智，有52.4%的人会积极与老板协商，有20.0%的人会采取法律手段，有14.1%的人基于岗位会忍让。

（二）社会保障方面，希望居住、子女教育、社会保险方面享受市民待遇

1. 怕买不起城镇住房，希望享受城镇住房保障

由于户籍限制，农民工在城市中的居住条件受到很大限制。从调查中看到，农民工有45.4%的人自己租房子住，自己有房子的只有7.6%。调查中农民工一致表示，在城镇生活最需要的是住房；而城镇房价太高，靠自己打工赚的钱，根本买不起房。大部分的人租房，租金每月在1000元左右，孩子上学每月也得千元左右，对家庭每月总共3000元的收入来说，生活压力很大，因此，强烈希望能享受到公租房、廉租房以及和城里孩子一样的上学待遇。

2. 怕没有社会保障，希望享受健全的社会保障

数据显示，只有35.7%的人所在单位购买了社会保险，有51.9%的人所在单位没有购买社会保险，农民工的用人单位没有购买养老保险、医疗保险、失业保险、工伤保险和生育保险，也没有缴纳公积金。养老保险的缺失，会使得农民工年龄大、干不动时的生活没有保障；没有工伤保险，对从事建筑业和制造业这两个事故多发的行业的农民工权益难以保障。此外，农民工的职业性大、变动性大，没有工作时，又不愿回到农村中去，在城市里流荡，由于生活窘迫，铤而走险走上了违法犯罪道路，会造成社会不稳定性，因此，失业保险也很重要。还有一部分农民工参加的是新农合医疗保障，要是有个大病，转院的手续要办两次，并在三天之内办理完，农民工们觉得很不方便。一些私营企业不签劳动合同，有的即使签订合同，劳动合同不规范，协议往往只规定或强迫劳动者应承担的义务和用工方面的权利，对劳动者的合法权益却避而不谈。

3. 怕没有就业信息，希望有就业信息平台

农民工外出就业的组织化程度较低。各级政府提供的外出就业的信息很少，就业的渠道多为亲友介绍和自发外出找工作，外出就业存在一定的盲目

性。政府的公共服务无法满足农民工的城镇就业需求。

首先，就业服务信息不到位。近年来，政府重视为农民工就业提供公共就业服务，但政府对农民工的公共就业信息服务仍然不到位。目前农村乡镇和村两级普遍没有就业服务机构，相关的政策措施和用工信息难以及时传递到农民工手中，就业服务工作还十分薄弱。

其次，就业服务针对性差。目前，一些城市公共就业服务机构虽然对农民工免费服务，主要是通过组织招聘洽谈会或登记介绍，一般等待周期长、花费大、成本高，而农民工的流动性较大，对这种方式等不起。此外，这种方式对于临时工或低层次的劳动力也不适用。

4. 希望地方政府在就业、社会保障和培训方面多提供公共服务

在回答"地方政府的哪项工作对促进农民工创业及就业比较重要"问题时，有55.7%的人认为是对就业、创业提供低息贷款，有42.2%的人认为制定促进返乡人员优先就业的政策，有36.2%认为为就业和创业人员提供技术培训和指导，有33.0%的人认为是解决农民工的社会保障问题，有25.4%的人认为是开展有针对性和实用性的培训和解决农民工子女的教育问题。

（三）文化方面，参加学习培训的愿望比较强烈

在调查中，我们也发现有一部分人在就业中没有信心，认为自己没有一技之长，只能干些力所能及的体力活，工资低也是因为没有技术，因此，迫切希望能参加技术培训，好使自己有个一技之长。有一些人认为参加培训，吃住经济压力大，希望政府能给予一定的经济补助。还有一部分人，特别是建筑行业的农民工，冬天要放四五个月的假，没有事做，希望政府在这段时间里能给他们培训一下技术。这也是一个集中培训的好时机，因为调查中发现有些部门搞的培训招不上来人，如农村乡村政府培训，因农民工出去打工了，参加培训的是一些老人，没有什么作用。再有，农民工的法律意识和劳动保障意识淡薄，对于关于农民工就业的《劳动合同法》、《就业促进法》、《劳动争议调解仲裁法》等许多法律不了解，当自己的权益被侵害时，经常处于被动地位，合法权益难以维护。因此，对农民工进行除技能外的法律知识和维权知识的培训也很必要。

（四）心理方面，承受着沉重的心理压力，渴望倾诉空间

1. 怕工作时间长，希望能有娱乐生活

一些用工单位为了追求利益最大化，根本不考虑节假日，加班加点是经常事，有的人一周没一天休息的时间，多数人是一个月休 1~2 天。许多农民工为保持一份工作，对超时间、超强度劳动加以忍让。因此，农民工没有时间去参加培训，提高自己的素质，没有时间休闲娱乐，生活工作比较枯燥。

2. 在城里发展缺乏信心，感到孤单寂寞

在城里打工，有一半的人适应城里工作生活环境。但也有一半的人不适应，其中，26.5%的人没有信心，担心受人欺负，被人瞧不起；19.5%人的感到孤单寂寞，生活枯燥无趣。限制在城里发展的主要因素是没有学历、缺乏经验技术，各占53.0%和56.8%。可见，农民工多是初中和高中毕业的，知识水平和技能缺乏，在城里工作生活信心不足。

总之，"民工荒"实质不是农民工劳动力供给大大少于需求，而是农民工的维权意识越来越强，现在农民工不再是给钱就行、有活就行，对工资待遇、劳动保障、就业服务都有要求和希望，待遇不好的工作就不做。"民工荒"是农民工针对他们的待遇低、保障少、环境差，争取自己基本权益的结果。只有为农民工提供合理的待遇和保障，才能消除他们的后顾之忧，在企业里安心工作。

四 促进农民工就业对策与建议

在吉林省城镇工作生活的农民工大约有 200 万人，为吉林省城镇经济的发展做出了重大贡献。解决好农民工就业问题，是深入贯彻落实科学发展观，坚持统筹城乡就业的根本要求。随着城镇化的快速发展，农村劳动力转移的步伐加快，以扩大农民工转移就业、保障农民工合法权益、完善农民工就业服务和保障农民工住房需求将成为政府的工作重点。

为此，针对促进农民工进城务工提出以下建议。

（一）发挥政府职能作用，搭建农民工就业平台

1. 各级政府要把促进农民工就业工作纳入政府政绩考核范围

将指导、培训和转移就业任务分解至县（市、区）、乡镇，落实责任。同时大力推广建立市、县、乡三级就业服务网络，并且辐射到社区、街道，将农村劳务开发管理和职能统一隶属人力资源和社会保障局。要逐步增加乡镇就业服务机构的编制，以保障工作顺利开展。

2. 要搭建农民工就业三大平台

一是就业服务平台。人力资源和社会保障部门要加大宣传有关农民工就业创业的政策、培训、就业信息力度，确保农民工充分了解就业创业优惠政策和用工信息。二是就业交流平台。人力资源和社会保障部门要定期召开招聘会，同时开展网上招聘和用工交流会。三是就业指导平台，定期组织民企与农民工开展用工对接活动，充分发挥服务劳动密集型民营企业在吸纳就业中的作用。

（二）加大对农民工培训的投入，提高农民工的综合素质

1. 应加强完善初等、中等职业技术培训

初、高中毕业的新生代农民工将逐渐成为农民工的主体，他们因农村的生活条件和环境等原因不愿意在农村生活，但他们又没有一技之长，要想在城镇里找个稳定的职业很难，需要在进城之前就要有某方面的技术，最好在他们的初中阶段就用相当一部分时间开展职业技术教育，文化知识和职业技能培训相结合，为他们的未来就业打下基础。此外加强中等专业的教育，多培养技术方面的人才。

2. 实行政府购买培训成果的农民工就业培训服务

长期以来，我国的就业培训实行的是储备性的培训方式，学校先培养人才，再向社会输送。人力资源和社会保障部门对培训机构要审查和监督，觉得很忙碌，而培训机构一方面要进行培训教学，一方面也要填各种表格和手续，精力有限，影响了培训的质量。政府可采取购买农民工就业培训服务，企业先向劳动部门报岗位，劳动部门根据岗位需求向培训机构进行招标，中标学校按

照企业要求培训，合格后定向输送给企业，企业录用后，由政府掏钱全额付清培训费用。鼓励建立非营利性的农民工社会服务机构，鼓励现有社会服务机构对进农民工的服务实施减免费用，给予政策扶持。

3. 加大对农民工的法律知识培训

政府工会组织从农民工切身利益出发，利用各种形式向农民工传授有关法律、法规常识，使其能知法、懂法、用法，提高自我保护意识。

（三）加强正确舆论导向，营造有利于外来农民工融入城市生活的良好社会环境

首先，要加强宣传导向，通过媒体经常性地正面报道农民工为社会经济发展所做的贡献，让城市居民认识农民工进城的积极意义，形成和睦相处、互相关爱、共建美好生活的共识。其次，要给农民工提供心理沟通和倾诉的渠道，努力提供各类服务，开辟反映农民工意愿和利益诉求的多种渠道，如在农民工中建立党团组织和工会组织，组织农民工平等参加企业民主管理。最后要改善农民工的生活和工作环境，努力为其建立一个温馨的工作、生活环境。帮助农民工解决在就业、子女教育、居住和工作等方面存在的实际困难，让他们能够安心工作，愉快生活。

（四）企业应善待农民工，才能获得长期稳定的工人

对于企业来说，就必须改变旧思维，善待农民工。过去由于劳动力供过于求，农民工对工资低、劳动强度大、权益受侵害可以容忍，如今农民工可不干了。企业要采取人性化的管理来要吸引农民工，不光要用工资，还要用感情和文化来吸引人，要让农民工有归属感和归宿感，以求得用工的稳定。

（五）建立企业工资预备金制度，保障农民工工资不被拖欠

在农民工集中的容易发生拖欠工资的行业和企业中，建立工资预备金制度，与企业劳动关系诚信制度结合起来，凡诚信记录不佳的企业必须提出工资预备金，反之可以降低比例，解决农民工工资拖欠问题。

（六）公租房面向农民工，让农民工安居乐业

农民工在城市工作，安居需求日趋迫切。让农民工租赁公租房，帮助他们留下来，既能确保城镇第二、第三产业对劳动力的需求，又能使农民工融入城市，分享城镇化的成果，逐步消除城乡居民的不平等。可采用积分制政策，允许有稳定职业并在城镇居住的农民工，依据个人的相应分值，享受包括入住公租房保障。分值大小由农民工学历、职业资格、专业技术职称和对城市经济社会发展的作用大小等因素决定。对分值高的农民工给予公租房保障。

B.17
吉林省家庭农场发展问题研究

张 磊[*]

摘 要：

家庭农场的实施和推广，打破了家庭承包的经营模式，作为农村新型农业生产和经营的重要主体，吉林省家庭农场已经显示出发展活力，并且呈现出蓬勃发展之势；家庭农场的"延边模式"基本形成。作为一种新型农业发展方式，家庭农场的发展需要制度及体制的完善。吉林省家庭农场发展要从规模入手，解决好发展中的技术问题、融资问题，最主要的是人才问题，特别是通过优化政策扶持家庭农场发展逐步进入正常发展轨道。

关键词：

家庭农场 农业新型经营主体 "延边模式"

家庭农场作为农业新型经营主体，随着2013年中央一号文件的颁布浮出水面。家庭农场的实践在吉林省已经开展一段时期，对转变农业发展方式，促进现代农业发展的良好作用已经显现，伴随着发展，问题也不断产生。通过对延边、长春、白城三个市州家庭农场发展情况的调研，对家庭农场的实践探索进行梳理，分析其发展活力、存在的问题及其所需保障体制，提出其发展政策建议。

一 家庭农场的概念及发展意义

农村家庭承包责任制实施以来，家庭经营使得农业生产力得到巨大的释

---

* 张磊，吉林省社会科学院农村发展研究所所长、研究员，研究方向为"三农"问题、区域经济。

放，中国农业综合生产能力显著提高，粮食生产持续快速发展，农民收入稳定提高，农村温饱问题已经解决，小康社会即将全面建成。然而，时至今日，家庭承包制制约着农业进一步提高效益、农民进一步提高收益、农村进一步改善面貌等较狭隘的一面开始显现。为了改变家庭承包制的制约，各地都在探索各种农村新型经营体制，家庭农场应运而生。吉林省延边朝鲜族自治州家庭农场（当时叫专业农场）是我国家庭农场起步较早的地区。

1. 家庭农场的概念

家庭农场一般性的概念：是指以家庭成员为主要劳动力，从事农业规模化、集约化、商品化生产经营，并以农业收入为家庭主要收入来源的新型农业经营主体。家庭农场是在专业大户基础上发展起来的，比专业大户具有更强的规模化经营能力，是推进土地流转的重要力量。

在此基础上，各地对家庭农场的认定标准不尽相同。比如延边州的家庭农场开始于专业农场，创办者不光是农民家庭，还有农民专业合作社领办类型、城镇个人创办类型、城乡企业带动创办类型等。关键是必须进行工商注册，才能成为真正的具有法人资格的家庭农场。

2. 发展家庭农场的意义

家庭农场是对我国农村基本经营制度的丰富。国家文件中正式提出"家庭农场"的概念，说明国家已经认可这种新型经营体制。家庭农场实施和推广，将打破家庭承包的经营模式，作为农村新型农业生产和经营的重要主体，是对改革开放以来的农村基本经营制度丰富和完善。第一，家庭联产承包责任制实现了我国农村改革的巨大成功，在市场经济深入发展的过程中，在农村实现温饱开始奔向小康社会之时，这种制度开始显现出许多方面的不完善。一是土地承包地块细碎，不利于规模经营，影响生产效率；二是家庭自产自收自筹，农户强弱不能兼顾，贫富分化严重，农村生存环境日趋恶化；三是家庭承包后的绝对自由，使农民失去一切组织束缚联系，助长了农民我行我素的散乱无政府主义，村基层政权被严重弱化，政令堵塞，基础设施和公共设施建设无人问津；四是土地产权不明晰，阻碍土地资源市场配置，限制了村庄规划和改造，影响了新农村建设及农村城镇化进程；等等。其中最主要的是农村家庭承包经营小生产与大市场之间的衔接问题，直接影响农业农村经济向深度和广度发展。第二，家庭农场将丰富农村基本经营制度，改变上述状况。家庭农场可以更大程度地发展农业生产力。一方面延长农业专业化生产产业链，另一方面使农民专业经济合作经营得以全面发展。这是对农村基本经营制度的补充，对中国特色社会主义理论体系的完善。一是家庭农场使农户分散的小规模的个体生产变为集中的有一定规模的生产，更重要的是实现了小规模的农民家庭经营的组织化，这是社会化大生产的客观需要。二是家庭农场是小农户适应大市场客观必然，是我国农村市场经济发展的客观需要。三是家庭农场可以优化劳动组织，创造出新的生产力；可以促进生产方式变革，优化劳动组合，科学配置生产力要素，同时也使劳动关系更好适应生产力发展，提高劳动生产率；可以使生产资料流通、组合和消费更加合理，形成新的生产力。家庭农场是消除我国二元经济结构较为理想的模式，是推进农业产业化的基本条件。促进家庭农场发展，推动农业产业化，提高城镇化水平，变农民为市民无疑是消除二元经济结构的根本发展方向，是我国完善农村经营制度的一种好的选择。

二 吉林省家庭农场发展现状

由于家庭农场的概念是 2013 年中央一号文件刚刚提出来的，吉林省家庭农场的调查统计也刚刚开始，本文的研究数据都是来自作者调研。家庭农场作为农业产业化经营新型组织形式，完善了现代农业发展的经营体制，成为推动土地适度规模经营的重要主体。

1. 家庭农场数量不断扩大

据调查，2012 年全省家庭农场调查统计数量为 2.0 万个。其中：延边州家庭农场发展较早，2012 年底，延边州家庭农场总数达到 451 个，经营土地面积3.5 万公顷，土地流转面积占 81.0%，平均每个家庭农场经营土地面积 79 公顷，涉及土地流转农户 16061 户。其中：经营旱田作物占 68.7%，水田作物占21.2%，蔬菜作物占 2.9%，经济作物占 7.2%。种植大户、村干部、返乡创业人员等种粮大户领办类型占 45.0%，农民合伙类型占 18.0%，农民专业合作社领办类型占 28.0%（以土地入股的家庭农场占此类型 8.9%），城镇个人创办类型占 4.5%，城乡企业带动创办类型占 4.5%（见图 1）。

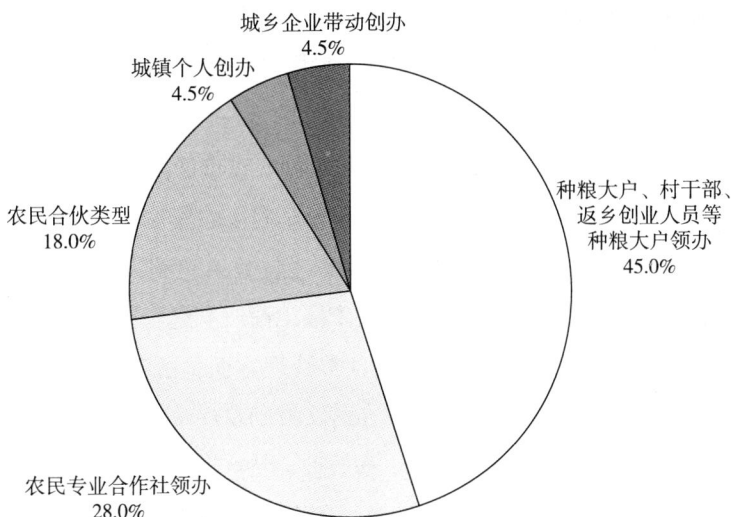

图1　延边州家庭农场领办类型

资料来源：根据调研资料整理而得。

据调查，长春市家庭农场 2012 年统计数量为 4118 个，平均每村 2.5 个。家庭农场劳动力总数 2.4 万人，其中：家庭成员人数 1.6 万人，常年雇工 0.8 万人。主要有以下几种类型。

（1）按照产业结构情况划分，一是种植业家庭农场 3264 个，占家庭农场总数的 79.3%。其中：种植粮食作物家庭农场 2985 个，占家庭农场总数的 72.5%。二是养殖业家庭农场 301 个，占家庭农场总数的 7.3%。三是种养结合家庭农场 553 个，占家庭农场总数的 13.4%。

（2）按照规模经营面积划分，一是 50～100 亩规模的家庭农场 1844 个，占家庭农场总数的 44.8%；二是 100～500 亩规模的家庭农场 2095 个，占家庭农场总数的 47.4%；三是 500～1000 亩规模的家庭农场 149 个，占家庭农场总数的 3.4%；四是 1000 亩以上的家庭农场 30 个，占家庭农场总数的 0.7%。

（3）按照全年家庭农场经营总收入划分，一是 10 万元以下的家庭农场 1980 个，占家庭农场总数的 48.1%；二是 10～50 万元的家庭农场 1942 个，占家庭农场总数的 47.2%；三是 50 万元以上的家庭农场 196 个，占家庭农场总数的 4.7%。

2. 发展模式已见雏形

一是白城做法。按照"生产有规模、产品有标牌、经营有场地、设施有配套、管理有制度"的要求，探索不同生产领域家庭农场的认定标准，建立了"村级审核、工商注册、县级备案"的管理机制。在市场准入方面，家庭农场的土地规模控制为15～100公顷；从事养殖业家庭农场的养殖规模控制为牲畜年出栏300头（只）以上、禽类年出栏5000只以上。只有达到以上经营规模，工商部门才能为其登记注册为家庭农场，核发个体工商户家庭农场营业执照。在认定把关方面，由村民委员会审核盖章。在日常管理方面，由农经管理部门备案管理，负责统计、财务管理等指导工作。在落实鼓励发展政策方面，各级各部门积极出台政策，鼓励家庭农场发展农业、畜牧业、特产业、林果业、渔业以及农产品加工业等涉农产业。2013年上半年，白城市在工商行政管理部门共登记注册家庭农场22个。其中，按区域划分：洮北区4个、洮南市13个、大安市3个、镇赉县2个；按产业划分：种养殖结合7个、种植业13个、养殖业2个。22个家庭农场共有从业人员为51人，注册资金2162万元。家庭农场作为农业家庭经营的最高形式，既坚持了农业家庭生产经营的特性，又通过适度规模经营达到促进农业增效、农民增收的目的，受到基层干部群众的广泛认可，大有快速发展之趋势。

二是延边模式。家庭农场是特定时间和特定地点的产物，它的产生是有条件的，第一，土地必须流转的好，能够达到适度规模经营的耕地面积；第二，有能够经营规模耕地的能人；第三，地方政府有较大力度支持家庭农场发展的融资、保险、补贴等政策；第四，有较完备的农业科技、生产资料、农机等产前、产中、产后服务体系。以上四点集中反映在延边地区家庭农场的建设和发展过程中，可以称为"延边模式"。

延边的家庭农场出现在2008年。延边州朝鲜族人口占36.7%，农村人口中朝鲜族占42.0%。由于民族特点和民族关系，40万农村劳动力中常年在国内外务工的劳动力15万人，其中在国外务工的劳动力3.2万人。在当地，农村土地流转相当普遍，有些朝鲜族村屯的土地全部流转给临近村屯耕作。这就为家庭农场的建立打下了土地规模经营的基础。州政府因势利导，于2008年出台了《中共延边州委州人民政府关于推进农村改革发展的实施意见》，提出了强化专业农场建设，促进土地流转工作。之后又在2009、2010、2011和

2012 年出台发展专业农场有关文件，并赋予以专业农场建设为载体，加快农村土地流转的相关政策。在州委州政府政策的鼓励下，种田能手、返乡农民工、城镇自然人、企业以及其他社会组织通过承包农民土地兴办专业农场。截至 2012 年底，延边州家庭农场总数达到 451 个，其中：种植大户、村干部、返乡创业人员等种粮大户领办类型占 45%，农民合伙类型占 18%，农民专业合作社领办类型占 28%（以土地入股的家庭农场占此类型 8.9%），城镇个人创办类型占 4.5%，城乡企业带动创办类型占 4.5%。家庭农场经营土地面积 3.53 万公顷，其中：土地流转面积占 81.0%，平均每个家庭农场经营土地面积 79 公顷，涉及土地流转农户 16061 户。这其中经营旱田作物占 68.7%，水田作物占 21.2%，蔬菜作物占 2.9%，经济作物占 7.2%。

家庭农场之所以得到迅速发展，是因为得到政策的大力扶持。延边州委州政府对家庭农场扶持政策涵盖各个方面。例如在 2011～2014 年试点期内，对经营水田、蔬菜和经济作物 50 公顷以上、旱田 100 公顷以上家庭的农场贷款利息由政府补贴 60%，农机补贴由一次性 3 台扩大到 5 台；对农作物保险费给予补贴；实施税收优惠政策；经县市城乡规划、国土、建设等部门许可，可以使用建设用地、未利用土地建设农产品仓库等生产经营用临时建筑物。这些政策刺激了各行各业参与家庭农场建设的积极性，促进了土地流转，进而带动农业现代化发展。

延边家庭农场 2011 年 98% 实现盈利，2012 年 99% 实现盈利，平均每个家庭农场实现盈利超过 50 万元。并且，土地流转让农民得到更多实惠。土地流转价格从过去每公顷 2000～3000 元提高至 4000 元以上。加上国家惠农补贴和劳动力转移打工收入，土地流转户收入大幅度增加，同时又促进了农村劳动力转移。延边家庭农场实践证明，与以往专业合作社不同，家庭农场更注重于农业生产过程本身。其作为基本生产单位，有助于提高农业规模化生产程度、提高生产效率、解决农民就业，亦有助于阻止大资本无节制下乡后出现的土地无序非农化倾向。

三　家庭农场的发展需要制度及体制的完善

家庭农场是我国"三农"问题的制度性调整，是对中国特色社会主义理论体系的完善。作为一种新的生产组织形式，家庭农场对于提高农业组织化程度，培育新型职业农民，破解"小生产"与"大市场"有效对接难题很有裨益，无疑将会促进"三农"发展，提高农业现代化水平。然而，家庭农场对于我国"三农"发展历程来说，是新鲜事物，存在许多问题和发展中困难，它的成长需要长期过程进行完善。

1. 家庭农场市场地位要明确

2013年中央一号文件指出，"鼓励和支持承包土地向专业大户、家庭农场、农民合作社流转，发展多种形式的适度规模经营。""家庭农场"的概念以中央文件形式确定下来，并夹在专业大户与农民合作社之间提出来，表明了家庭农场是一种农业生产经营形式，但是没有给予具体内容和市场定位。农民合作社有自己的法律法规，专业大户也是较明确的概念，家庭农场也必须给予明确的内涵。一是要明确它的经济体地位。家庭农场是农业企业，需要工商注册，遵守一切市场经济的法律法规，享有决策自主权，能够按照企业本身制定发展方向发展。二是要明确土地流转对象及时间问题。像延边州一样，明确哪些人和企业能够成为土地流转的授予对象。要明确流转给家庭农场的土地时间具有长期性，要保持家庭农场土地规模的稳定。同时，政府农业部门要确定家庭农场工商注册的基本条件，保证注册后的企业能够健康发展。

2. 对家庭农场的扶持要有长期目标

家庭农场具有企业的性质，但他又是较为特殊的农业企业，需要政府在资金和技术上的支持，并且这种支持政策要有长期性，要在家庭农场真正发展壮大之后，才能逐渐减少。在资金上，要实现土地确权抵押贷款，允许在册的家庭农场获得由政府担保的土地他项权利担保贷款、信用担保贷款，并且政府部门给予一定利息补贴，没有资金保障，家庭农场的大规模出现是有危险的。在技术上，要保证耕作、病虫害防治、高产等技术及时到位指导，家庭农场可以根据需要与技术推广部门建立长期服务关系。

3. 对完全进行土地流转的农户要实行目标管理政策

由于流转给家庭农场的土地具有长期性，对流转出土地农民的管理是摆在政府面前重要事项。没有土地的农民或者出去打工，或者在当地从事畜牧业、加工业、物流业等民营经济等。政府部门要充分利用家庭农场发展时机，制定土地流转农户落户小城镇标准，在不断土地城镇化的过程，加快农民市民化，实现城镇化快速健康发展。同时，要加强新农村建设，建设新型农村社区，让那些落户不了城镇或者不愿意落户城镇的以及在农村从事农业生产的农民，能够像城镇居民一样生活。

4. 惠农政策要根据家庭农场的出现实施调整

以种粮三项补贴为例，现行的政策直接补贴承包的土地，而不补贴流转的土地，家庭农场不能完全享受这一惠农政策。同时，粮食补贴每项政策补贴的耕地面积是不一样的，农机补贴政策只是针对农民的等。要解决这些问题需要出台新的面向家庭农场的农业支持政策，即按现有注册的家庭农场的耕地面积，实行农业补贴，包括粮食直补、良种补贴、综合补贴、农机补贴以及其他补贴。

5. 土地规模集聚需要政策法律支撑

从中共十七届三中全会决定提倡开展农村土地流转至今近5年时间，吉林省土地流转规模仅达到承包土地面积的14.0%，低于全国7.5个百分点。由于现有政策法律只对土地流转登记、备案做出了原则性规定，对于不登记不备案的流转行为没有做出强制性制约规定，在流转过程中，随意性、自发流转情况普遍，土地流转没有法律保障，影响土地流转规模性的开展。与此同时，土地仍是农民最基本的生活保障，在目前农村的养老、医疗、社会救助等保障体系不健全情况下，农民土地流转意愿不强，流转速度不快，制约土地规模集聚。吉林省九个市（州）中土地流转面积较大的长春市，由于农村劳动力向第二、第三产业转移缓慢，且收入不稳定，特别是惠农政策力度不断加大，土地收益提高，农民"恋土"观念加重，不愿意放弃土地，致使其土地流转面积仅是耕地总面积的21%，基本处于全国平均水平，与南方一些地区差距较大。

6. 家庭农场内生动力需要科技创新能力

吉林省科技创新平台条件落后，农业科研院所与发达省份存在较大差距，不能满足农业科技创新需求。科技创新链条较为松散，传统研究室、课题组科研管理模式仍占主流，缺乏系统部署、交叉融合、相互衔接的研发转化机制。创新领域覆盖不全，目前全省农业科技资源投入主要集中在产前领域、少数行业、发展研究、产业技术、几大作物上，对于产中领域、加工行业、共性技术、特色产业等投入相对较少，畜禽、人参、水稻等加工业科研投入明显不足。创新投入经费不足，发达国家农业科研经费一般占到农业总产值的0.6%~1%，而吉林省仅为0.4‰。多数企业依然延续单纯规模扩张的外延式发展道路，产业链条短，产品科技含量和附加值不高，系列化、多元化不足，副产品开发滞后。发达国家农产品加工业产值与农业产值之比为2.3:1，而吉林省仅为0.8:1，内生动力明显不足，阻碍了龙头企业做大做强。

7. 家庭农场的发展风险如何防范

延边（具有特殊性）的家庭农场平均面积近80公顷，硕大的农场依靠农民自身发展，也蕴含了多重不确定性，如何解决投融资问题？一旦没有足够资金耕作怎么办？发生了天灾人祸，风险如何保障？这里涉及农产品供给问题，农民收入问题，新农村建设问题，政府部门应该充分考虑家庭农场发展风险的防范问题，如果解决不好会出大问题，甚至会影响农村的发展稳定。建议，设立家庭农场发展基金，可以从家庭农场税赋中提取一部分，再由中央和地方政府各出资一部分加以解决。

四　吉林省发展家庭农场的建议

针对上述家庭农场的发展需要完善的制度及体制问题，吉林省家庭农场发展要从规模入手，解决好发展中的技术问题、融资问题，最主要是人才问题，特别是通过优化政策扶持家庭农场发展逐步进入正常发展轨道。

1. 改革农村土地市场，搭建土地有序流转平台，解决土地规模集聚问题

加快引导土地规范有序流转是解决家庭农场所需土地规模的重要问题。一要推进农村土地流转制度改革。加快农村集体土地确权登记颁证，稳定农民土地价值预期，规避土地流转权属纠纷。同时赋予村级集体对土地承包经营权流转的调配权，探索推广由农户将承包地统一向村委会（社区）集中再统一流转给家庭农场的模式。二是规范农村土地承包经营权流转管理和服务体系建设。建立县乡村三级土地流转服务平台和网络体系，开展流转供求信息、合同指导、价格协调、纠纷调解等服务；建立严格的工商企业租赁农户承包耕地准入制度，对采取盘活土地资产，实行土地增减挂钩的城乡建设用地严格审核，培育开放规范的农村土地产权流转市场，提高农业组织化基础支撑。

2. 落实中央文件精神，实施新型经营主体工商注册优惠政策，推进家庭农场法人化

2013 年"中央一号"文件提出，鼓励和支持承包土地向专业大户、家庭农场、农民合作社流转，发展多种形式的适度规模经营。从世界经验看，家庭农场具有独立的法人资格，生产集约化且经营管理水平较高，也是我国农业未来的发展方式。相关职能部门应尽快出台《吉林省新型农业经营主体办理工商登记优惠细则》，降低登记门槛，简化登记手续，优先担保贷款和审批项目等，杜绝新型经营主体虚设套取资金，建立家庭农场法人制度，推动家庭农场法人化进程。

3. 利用经营主体法人资格，借助国家政策支持，打破农业融资难瓶颈

农业是弱质产业且比较效益低，融资十分困难。一是建立政府、企业、银行联席会议制度，增强银企项目对接的灵活性。利用家庭农场法人资格，对农产品加工企业所需的农产品原料收购资金，依据企业提供的产品订单适时安排放贷；对家庭农场可实行集体产权、土地承包经营权、农民住房所有权抵押贷款，破解经营主体融资难题。二是借鉴山东省做法，在有条件的县（市）进行组建龙头企业投资公司试点。允许家庭农场以大型农用机械、农业设施等抵押贷款，鼓励支持农业担保机构优先为家庭农场提供贷款担保。

4. 学习发达地区农业职业经理人培育经验，整合政府不同部门培训功能，完善家庭农场职业经理人培育

借鉴美国大型农场主 + 私营企业为主的农民职业化模式、日本超小型农户 + 农协的农民职业化模式、法国政府主导的农民职业准入 + 推动劳动力转移 + 扶持合作组织的农民职业化模式以及中国成都市政府主导的认定管理办法 + 培育方式 + 政策扶持体系的农民职业化模式的培育经验，结合吉林省实际，完善农业职业经理人培育。一是农业职业经理人培育应重视中介组织的发展壮大。政府应支持大学生村官青年创业基地、建立职业农民孵化园，鼓励扶持农业院校大中专毕业生成为农业经营主体的投资者、管理者，带动发展各类农民中介组织。二是提高农民素质是农业职业经理人的前提。农业职业经理人可由乡镇政府推荐，以合作社负责人、村组干部、农机手、种养大户、家庭农场经营者为优先推荐对象，依托农业科研院校，建成专家学者、农技推广人员互为补充的教学队伍，实现由单一技术培训向职业素质、经营管理相结合的综合能力培训转变。三是政府要对职业农民进行大力扶持。省政府有关部门应出台《关于加强农业职业经理人队伍建设试行办法》，从农业职业经理人选拔机制、业务培训、交流、考核及培训机构与管理等方面进行规范。建立储备管理制度，由农业部门建立农业人才库，对农业职业经理人实行人才库实名登记，逐步实现多层次全方位的农业职业经理人培育管理体系。

5. 加大各级财政对家庭农场的扶持力度（包括惠农补贴），实施财政集中投入和政策倾斜，发挥政策的最大叠加效应

把家庭农场作为推进传统农业转型升级，发展现代农业重要的扶持对象。一是加大财政支持、奖励力度。各级财政应设立家庭农场发展专项资金，对从事特色产业带动农户增效果明显的中小企业通过贴息、补助等形式优先进行财政扶持，支持新型生产经营主体扩大生产规模、技术改造升级等；同时每年拿出一定比例财政资金用于奖励扶持优秀新型农业经营主体。二是整合财政支农资金，扩大农业补贴资金范围规模。改革农业补贴发放方式，按照"谁种田，谁受益"的原则，变"普惠制"为"特惠制"，新增补贴向家庭农场等新型生产经营主体倾斜。三是探索县（市）农经部门创新服务方式，与信用联社联合出台《县（市）家庭农场信贷支持办法》，每年筛选 5～10 个家庭农场开展授信贷款试点，每个试点单位给予 50 万～100 万元授信贷款支持。

6. 建立专项定期培训人才制度，实施人才兴业战略，全面提高家庭农场经营管理水平

新型农业人才是未来家庭农场发展的关键因素。省人力资源保障厅、省农委应联合制定《家庭农场等新型经营主体经营者培养方案》，每年在全省培训1000 个家庭农场经营者、1000 个职业农民、1000 个农民专业合作社负责人和1000 个种养大户，严格挑选，登记备案，同时各县（市）要对培训者生产经营效益进行跟踪服务、考核，确保培训对农业组织化发展的促进作用。政府有关部门应制定农业人才培养目标和方案，加强现代农业产业培训交流，培养农业企业经营管理人员，提高农业组织中不同群体的综合素质和农户的市场、合作、信用意识，破解中小企业、合作社等经营主体家族式管理弊端，发挥新型农业人才的先导作用，为全面提高组织经营管理水平提供人才支撑。

7. 引导生产要素向农业集聚，发展土地适度规模经营，提高农业机械化水平

集聚产业发展优势，在优惠政策倾斜的引导下，加快培育家庭农场。实行技术、资本、管理等先进生产要素向农业集聚，发挥技术集中辐射优势；强化土地要素集聚，积极推进土地规范有序的向家庭农场流转，引导农业经营主体从事适度规模经营，推行农业标准化生产、区域化种植、科学化管理，在不断提高机械化作业水平的同时，提高土地利用率。

B.18
吉林省边境地区"空心村"
问题与对策研究

李冬艳*

摘　要：

　　边境地区"空心村"是工业化、城镇化过程中产生的边境农村的一种衰落现象，已经成为阻碍城乡和谐发展的重要因素。边境地区"空心村"的治理，事关农村改革、边境地区稳定、新农村建设。本文通过对"空心村"问题的深刻分析，从政策激励机制、释放农业潜力、建设新型农村社区、城乡一体化转型协调发展、党政军警民同守共建等方面提出具有可操作性的对策建议，促进边境农村协调、稳定、繁荣发展。

关键词：

　　边境地区　空心村　治理

　　边境地区"空心村"是经济社会快速发展背景下，在工业化、城镇化推动过程中产生的边境农村的一种衰落现象，是边境地区经济发展、工业化和城镇化过程的自身特点和特定经济现象。吉林省边境地区"空心村"不同程度的存在，导致农村人才、产业、社会服务、基础设施等方面"空心化"，已经成为阻碍城乡和谐发展的重要因素。实施"空心村"治理是进一步提升新农村建设水平、促进城乡协调发展、解决农村经济社会发展结构性矛盾和维护边境长期繁荣稳定的战略措施。

＊ 李冬艳，吉林省社会科学院农村发展研究所助理研究员，研究方向为农村经济。

一 吉林省边境地区"空心村"主要特征

吉林省有 10 个与朝鲜接壤的边境县（市、区），分别是延边朝鲜族自治州所属的安图县、和龙市、龙井市、图们市和珲春市，白山市所属的浑江区、临江市、抚松县和长白朝鲜族自治县，通化市所属的集安市。通过实地调研认为，"空心村"主要表现以下四个方面特征：

（一）劳动力转移数量多速度快，人口逐年减少趋势加剧

吉林省 10 个与朝鲜接壤县（市、区），人口总数 205.6 万人，朝鲜族人口占 30.0%，农村总人口为 80.0 万人，农村劳动力占 50.0%，2012 年劳动力转移数量为 25.9 万人，占农村劳动力总数的 64.8%。其中：延边州的 5 个县市转移 8.8 万人，转移率达到 51.2%，白山市的 4 个县市区转移 10.3 万人，转移率达到 63.0%，集安市实现转移 6.8 万人，转移率达到 80.0%。抽样调查的 10 个"空心村"中，因地缘和民族语言优势，出国劳务人员占劳动力转移总量的 85%，出国劳务人员回国后到本村生活人数不到 10%，适龄男青年结婚率逐年降低和出国人员离婚率逐年升高现状共存，加速了人口减少。图们市近年来人口出现负增长，月晴镇榆基村和凉水镇庆荣村个别屯仅有两、三户村民居住，2013 年夏季征兵，两镇应征报名体检人数首次出现零上站。

（二）家庭生产生活成员转化为"老、幼、妇"为主，农村人力资本匮乏

劳动力大量转移改变了原有家庭结构状况，家庭分离、尊严缺失、财富贫乏、精神孤独、农民阶层化、人才空心化成为"空心村"生产生活的真实写照。边境地区农村劳动力中，小学文化水平占 90%，能够参加省市县三级农业技术培训的人员和机会较少，农村劳动力人员综合素质不断下降。边境县（市、区）"空心村"基本都是"三留"人员，综合素质更低，严重影响当地农业农村经济深入发展。据调查，2012 年图们市庆荣村

星海家庭农场因从业人员基本是老人和妇女，其收入比一般家庭农场低20%。

（三）房屋空置率较高，土地资源浪费严重

劳动力转移带来居住房屋大量闲置，农村规划滞后加剧了土地资源利用低效益。随着城镇化率不断提高，大量农民变为城镇中的"准市民"，由于迷信家乡风水好，农村出现了大量农民"挪窝"不"腾笼"、建新不拆旧等现象；同时，市民投资购买农村宅基地情况也不断增加。"空心村"导致房屋高空置率及土地资源浪费现象严重，公共服务设施在"空心村"更是难以有效配置使用，村庄的"散、乱、空"影响着新农村建设水平进一步提高。

（四）农业生产生活缺乏吸引力，农民增收较为困难

据调查图们市，2012年种植一亩玉米所投入种子、化肥、农药、农机雇用、租金、收割等费用近800元，纯收入仅为450元左右，远远低于务工收入，工资性收入对居民增收的贡献率逐步提高，农业收入推动农民增收能力不断弱化。农村生活缺乏活力，村庄格局缺乏协调性，乡土文化缺乏延续性，农村劳动力非农化、资金非农化和土地非农化倾向加剧。老人成为种地"主力军"，据调查"空心村"60岁以上老人仍从事农业生产的占20%，土地流转给外来人口占65%，种植业比较效益偏低，是无法让年轻人留在农村的主要原因。

（五）经济不发达的边境地区"空心村"所占比例较高

边境县（市）经济越不发达，空心村数量越多。图们市经济相对不发达，所辖的月晴镇、凉水镇、长安镇、石岘镇四个镇的"空心村"比重达60%。劳务收入并没有带动当地农村经济发展，距离中朝边境线0~5公里的空心村多达50多个，最少村只有两户4人。而集安、临江、珲春经济发展较好，虽然行政村和边境村数量较多，但空心村所占比例并不高。

二 边境地区"空心村"大量存在对吉林省经济社会发展影响

"空心村"是劳动力大量转移、城镇化不断推进所产生的一种社会现象，其大量存在给边境地区"三农"和社会发展带来严峻挑战。

（一）"空心村"给"三农"问题破解带来困难

一是现代农业经营主体缺失，先进农业科技无法有效传播。劳动力大量转移加速了家庭主要劳动力流失，"老龄农业"成为经营主体，年龄大、文化低，致使新技术推广难度加大，高新科技成果利用率低，影响吉林省保障国家粮食安全长期重任的有效完成。调查发现，土地流转50公顷以上经营者85%为非本村或本地人，土地流转经营制度、机制保障不完善，生产者多注重短期利益行为，农业生产经营稳定性差，制约现代农业持续发展。二是"留守老人、妇女、儿童"群体增多，农村基层组织功能不断弱化。吉林省10个边境县（市）总人口中，朝鲜族人口所占比例高达30%，出国劳务收入比从事农业生产收益高出10倍，是家庭收入快速增加的有效途径，由于语言优势等因素，具备条件的劳动力纷纷选择出国，从而产生了家庭空心化。据调查，图们市第五中学初中一年级一个班留守儿童比例高达97%，所引发的安全、心理、价值、文化等一系列问题亟待破解。基层组织缺乏后备干部，村庄公共事务没有表达权，参与实施主体弱化，导致"村村通工程"等国家惠农政策与乡村社会对接不畅，造成项目资源浪费。三是村民增收缓慢，易产生新农村建设背景下新的贫穷困境。"空心村"村级产业项目少，村委会、村党支部带领村民致富能力弱，农民仅靠种自家土地或租地收入维持生活较多，种粮比较效益仍然偏低，额外增加家庭收入能力薄弱，受物价上涨和家庭支出增多等因素影响，"空心村"贫困群体逐步增多。虽然每年个人去韩国劳务纯收入可达10万元，但村民外汇收入后并没有给当地农村带来繁荣，赚完钱去城市生活，传统村落逐渐消失，农村集体经济弱化和村庄空心化呈叠加式恶化。

（二）空心村为城乡一体化发展增加了阻力

一是农村土地资源浪费严重和城市土地资源供给紧张矛盾突出。农民建新不拆旧，房屋空置率增加，造成土地大量闲置，影响新农村建设总体规划布局；城镇化建设没有把农村建设全盘加以考虑，城镇化缺少土地支持，新农村建设缺少城市资本流入，两者需要统筹考虑，城乡需要一体化发展。二是城镇化进程加快与农民市民化进程缓慢矛盾突出。目前农村人口城市化实质上属于一种准城市化状态，农民进城后的子女教育、户籍、养老保障等与当地市民未实行统一标准，政策保障机制不健全；城市化进程加快但城市化不完全，农民进城后仍担心"退路"问题，农村占用的生活用地不能有效退出。三是城乡公共服务差异化与村民追求的幸福感差异较大。当村民经济收入达到一定水平后，追求高质量幸福生活是人们自然选择。城市与农村一直在进行着"零和博弈"，城市获取了农民工的劳动力所带来的财富累积与服务贡献，而这些累积与贡献的代价却是农民工的家庭分离、尊严缺失，农村仍然停留在财富贫乏、公共设施缺乏状态上。边境地区在医疗、教育、文化、生活服务等方面城乡差异较大，"脏、乱、差"是"空心村"生活环境的最集中体现，村民的幸福感不断衰减。

（三）空心村为边境社会长期繁荣稳定留下不安全因素

一是存在宅地潜伏矛盾纠纷。人员收入增加后，大多都选择到县（市）生活，造成"空心村"内的废弃宅基地多年无人使用，到了第三和第四代之后，邻居之间的土地界限必然会有些模糊。随着农村土地日益紧张和宅基地升值潜力增大，未来废弃宅基地可能会引发家族内或家族间以及宗族间的矛盾纠纷，破坏乡村和谐发展。二是社会和边境双重稳定压力增大。"空心村"房屋空置率高，年久失修，村民居住存在安全隐患，而且成为朝方人员越界偷盗抢劫隐蔽场所，老弱妇群体对应急突发情况处置能力弱。据调研，每年仅在延边地区的中朝图们江冬季封江期间，朝方人员越入我方非法作业（走私贩毒、入村抢杀、偷渡脱北等）95%发生在边境附近的"空心村"区域，维护边境社会双重稳定难度逐渐加大。三是敌特宗教策反渗透重要聚集地。边境地区地处东北亚隐蔽战线斗争前沿,"空心村"已成为非法信徒、境外策反人员传播信息的重要场所。每到国际、国内特殊敏感时期,各国非法组织人员都巧借旅游之名到边境地区"空心村"活动,据调查,仅2012年朝核试验期间,边境某市劝返境外19名抵边活动人员,当地村民思想受利益驱动极易产生出卖国家利益之事。

三 吉林省加强边境地区"空心村"治理的对策建议

解决"空心村"问题不是简单的加法或者减法,多维度探索边境地区"空心村"治理的有效途径,因地制宜建立不同形式的"空心村"治理模式,合理施策,稳妥推进边境地区"空心村"综合整治,既可以提升边境农村经济发展水平,维护边境地区安全稳定,又能在一定程度上促进城乡协调发展,使城镇化与新农村建设实现"双轮驱动",构建新型城乡关系,对促进吉林省边境地区经济社会和谐发展具有重要战略意义。

(一)建立政策激励机制,吸引留住人才来边境空心村生活发展

让生活有意义,生产有价值,仍有不少新生代农民工愿意回农村,村庄有了人气,资源才能回流,其核心是要培育出真正生活在村里的"人"。"空心村"建设涉及面广,内容多,任务重,需要各级干部和广大民众的积极支持与广泛参与,积极鼓励出国后回国人员、农民工返乡创业,政府在政策、税收、项目等方面要全力支持,对能带动"空心村"经济发展的农民工、农业项目要指定负责人,跟踪指导服务,确保与农村基层组织共同带领村民致富。对长期在"空心村"从事农业生产的种粮大户、家庭农场等新型生产经营主体,当地政府牵头建立稳定的土地流转机制和生活保障机制,降低落户门槛,遏制人口递减趋势,扩大农村常住人口数量。大力提高边境地区农村村干部待遇,吸引大学生村官到边境地区创业发展,边境县(市)要出台《关于鼓励和支持大学毕业生从事现代农业生产经营的

政策意见细则》，积极引导农业院校大学毕业生和大学生村官到边境地区发展，在生活待遇、职务晋升等方面创造良好人才环境，通过他们带动农民农村致富。加强培训实效性，通过一系列扶持政策，加快培育现代农民的步伐，促进农民在"空心村"治理建设中主体地位的有效形成。到2020年，边境县（市）从事种植业、养殖业的大学毕业生达到10000人。加速人才和劳动力在城市和乡村之间双向流动，使各方人才无忧无虑地流向农村、留在农村，拓展农村人才成长渠道，让务农成为一种职业，农民实现知识技能化，加速推进农民职业化进程，全面增强农村基层组织功能，始终保持农业农村发展充满活力。

（二）改变农业弱势产业地位，最大程度释放农业为农村农民增添福祉

在工业、农业之间合理配置社会资源，解决农村劳动力流失，实现效率最大化和受益最大化。鼓励社会资本投入农业，依靠外力，合力调整资源到农村农业中，加大农村农业基础设施改善，在空心村发展现代农业，旅游观光农业，特色农业，开展绿色无污染农业，开发农产品新品种，延长农业产业链条，提高农业附加值。扩大绿色种植基地规模，实行"企业＋合作社＋农户"的现代农业发展模式，培育发展现代农业经营主体，重视龙头企业和农民合作社对农业产业经营的带动作用，抓好"品牌农业"和"特色农业"。一方面加快县域经济发展，推进城乡经济一体化，为农民就地转移就业创造条件，同时注重加强培训，提高农民收入，努力遏制农村劳动力结构失衡趋势；另一方面提高农业产业化水平，农业产业化基地是推动农业产业化发展的主阵地，运用政策和税收杠杆等推动农村经济健康发展。依靠内力，在积极改善农民居住环境的同时，发展农村职业教育，加快农村劳动力素质培训；通过政策引导促进土地流转，使土地向种田能手和家庭农场集中，通过适度规模经营，稳住一部分有素质有能力的青年。打通农业技术推广最后一公里瓶颈，强化现代农业科技支撑，建立"农推中心＋教授基地＋示范园区＋专业合作社（龙头企业）＋农户"的新型农业技术推广模式，把先进的技术成果及时转化为简单易学的实用技术。积极发展多种形式的农民专业合

作社，提高合作社质量，引导农村能人或农民组建为农民提供产、购、销一条龙服务农业组织，减少农业生产成本，解决农业生产分散性与大市场之间矛盾，提高农民市场话语权和产品竞价能力，降低劳动强度。继续提高种粮补贴标准，探索"谁种地、谁受益"的补贴办法，提高农民种粮积极性，提升农民种粮的科技水平，以产业转型实现农村增美、农业增效、农民增收的多赢效果。

（三）创新土地使用管理机制，探索建设符合实际的新型农村社区模式

农村的问题必须盘活农村资源来解决。创新农村土地使用管理机制，提高土地利用价值，是解决新型农村发展的重要途径。每年实行农村宅基地使用归属权统计登记普查，建立宅基地使用权县（市）乡（镇）村三级登记管理责任机制，同时实行计算机网上管理。严格执行新增宅基地的标准，加大对《土地法》、《城乡规划法》等法律法规和政策的宣传力度，对存在"空心村"的村庄，新增住宅用地首先要安排使用空闲宅基地，一律不再审批占用新的耕地建房，缓解人地矛盾，实现耕地占补的总量平衡，作为一条底线强制执行。加大土地管理力度。对私自或超标准占用耕地建房、随意换卖承包地建房等问题，要加大整治力度，坚决消除"先建后报"、"先建后批"、"批少占多"和"一户多宅"现象，从根本上杜绝"空心村"现象，做到居住集中化、土地集约化。实施新农村建设与"空心村"规划治理有机结合，加强内部治理，科学规划，盘活空置土地资源，引入社会资本加大空心村改造力度，鼓励农民以土地承包经营权置换城镇社会保障，以农村宅基地置换城镇住房或置换股份合作社股权，实现农业高效、工业集聚、居住集中，土地集约，加强边境农村文化保护传承，实行民族文化和时代文化融合发展；在保存完备有历史价值的空心村房屋，实行居家养老和农村边境旅游开发相结合，加强村庄内涵式发展，实行经济社会文化融合发展。因地制宜，积极探索农村居民住宅建设新模式。对经济基础较好的村庄，通过农村土地增减挂钩机制，可引导农民居住方式逐步由庭院式向多层公寓式楼房转变，或实行并村建镇，形成公共设施资源共享；

对经济欠发达的村庄，可实行划新交旧、建房指标等量转换等办法，提高有限土地资源的利用率。从操作层面上看，空心村基础设施建设和公共服务覆盖的成本很高。在科学规划、保护好农民权益的前提下，强化各类基础设施之间的衔接配套，以农村产业为基础，强化产业布局和土地资源高效利用，引导城市的产业结构转型，推动土地利用性质的快速变更，最大程度挖掘边境地区土地产出的潜力。在城镇规划区内推进村庄的适度集中，一部分村庄作为保留村，另一部分则在农民自愿的基础上合并建设新型农村社区，有利于提高农民生活质量，这些新型农村社区将成为城镇体系的重要末端，推广"村企共建、集体开发、宅基地置换、旧村改造"等多种主导功能明确、产业特色彰显的产村相融的新型农村社区建设模式，促进产业和空心村治理融合共生发展取得新突破。

（四）推进城乡社会服务均等化，促进城乡一体化协调发展

统筹推进空心村社会公益事业发展。加快推进医疗、文化、教育等公共服务体系向农村延伸，提高农村资源的人均占有水平，逐步提高财政投入和支农补贴使用集中度，加强对农村教育的支持保障力度，改善中小学条件，扩大免费师范生去农村任教数量，提高边境少数民族地区教育补贴，设立专项资金对学校进行补助，提高贫困家庭寄宿生生活费补助标准；成立"留守儿童"之家，建立学校、社会、家庭和组织四方共管共育机制，实行"心灵看护行动"，让每一名留守儿童都有"代理妈妈"、"爱心辅导员"和"快乐活动室"，促进道德人格形成和健康成长。改善基础设施条件。加大财政投入力度，按照经济发展和财政收入的增长逐年提高空心村发展专项资金。合理确定专项资金额度，并列入各级财政预算，形成正常增长机制。创新农村社保制度，改革农村户籍管理制度，随着城乡社保标准的接轨和公共服务的均等化，逐步淡化依附在户籍上的权益，为有条件的"准市民"解决后顾之忧。统筹城乡协调发展，城镇化与新农村建设要"双轮驱动"，构建新型农村社区，促进生产的组织化、公共服务的配套和邻里关系友爱，引入社会资本加大边境"空心村"老龄服务体系建设，让他们能够安度晚年，用特色新村幸福指数吸引人。丰富边境百姓公共文化生活。建立边境地区与内陆地区

对口联系制度，深入开展送书报、送教材、送文化等活动，通过多种渠道和措施保证边民积极健康的主流思想和正确的价值观念。加强农村文化服务体系建设，完善农村医疗养老等保障制度，健全社保体系，提高基础保障水平，并在人口、区域等方面实行有差异的社保政策，把服务带给真正有需要的人，逐步实现"老有所养、病有所医、困有所救"的乡村梦，加快城乡公共服务均等化进程。

（五）创新开展党政军警民同守共建，促进边境地区长期繁荣稳定

边境地区既是隐蔽战线前沿，又是少数民族聚集区；边民既是生产群众又是自卫特殊群体，边境地区是祖国边防线，是边民世代居住的家园。新时期社会和边境形势都在不断发展变化，需要我们在军民融合上探索并保持边境经济社会繁荣稳定。一是实施"军警民联防联控机制"。根据辖区的不同特点和各自担负的任务，建立并完善边境地区所属边防部队、地方应急部门、边防武警和民兵联防联控机制，完善共同应对边境突发事件方案预案，落实情况报告、边境管理、通信保障、检查监督和定期演练等各项联防制度，顺畅组织指挥流程，深入开展创建"平安县（市）、平安乡镇"活动，借鉴长白县边境管控成功经验，引入社会多方力量共同推进平安活动质量提升，使边境群众安全感和幸福感指数不断提高。二是深化开展"党政军警民同心筑堡垒"活动。持续开展边防部队、边防武警的指导员到同级地方乡镇（村屯）兼任党支部副书记指导，共同开展边境管控和乡村经济发展，开展两个支部活动，加强基层党组织建设，同边共守，思想共融，积极开展先进文化、农业科技等下乡活动，依靠外力完善农村公共文体设施，使党的先进理论、先进思想文化传递到农村田间地头，抑制敌特渗透策反势力对村民精神的腐蚀。三是实施军地融合治边。部队积极协调加强边境乡镇所属"空心村"边防道路建设，完善农村生产生活基础设施，为农村经济发展创造条件；边境县（市）政府要出台《关于边民参与维护边境管控支付相应报酬的意见》，要把边境稳定与经济发展放到同等重要位置，摒弃国防投资零效益思想，加大边境管控经费支持力度，边防民兵管边护边活动经费，应实行省、市、县三级政府按比例共同负担，列入

财政预算，营造全民参与边境稳定的责任感和荣誉感，为护边和促进村（屯）经济发展提供保障。

参考文献

《空心村现象：由农村劳动力流失引发的思考》，中国农业新闻网，2013 年 3 月 27 日。

《"空心村"已成三农问题焦点分区整治势在必行》，新华网，2012 年 3 月 27 日。

吉林省农村法治文化建设研究

张 鑫 于晓光*

摘 要：

法治文化是法治的灵魂和血脉，在农村孕育法治文化氛围，为农村法治社会的形成提供深厚的文化底蕴，是法治建设的重点所在。当前，落后的市场经济、村民自治的实践缺陷、多元理性文化的缺失削弱了农村法治文化生成的外部基础；传统法律文化与现代法治文化的冲突与融合、农村法治文化主体的缺位与羸弱、法律运作的薄弱与宣传教育的缺失又使法治文化面临内部成长困境。吉林省农村法治文化建设既要以系统化思维为导向，孕育法治文化基因，也要在多元文化整合基础上，完善农村法制建设、提升法治宣传实效，进而培育具有本土特色和时代特征的法治文化。

关键词：

农村法治 法治文化 实践对策

吉林省农村地域广阔，农业人口众多，农村法治建设在依法治省进程中具有重要地位。目前较之于城市，农村还处于法治建设的"低洼地"，其最深层的原因在于缺乏系统、稳定且强有力的法治文化支撑。法治文化是以法治为思想内涵、以文化为表现形式的法治理念、法律制度、法律组织、法治行为和法治设施的总和，是与人治文化相对立的进步文化形态。法治文化是法治的灵

---

* 张鑫，吉林省社会科学院法学所助理研究员、法学硕士，研究方向为法理学、区域法治；于晓光，吉林省社会科学院法学所所长、研究员，研究方向为法制史、行政法学、区域法治。

魂，在农村孕育法治文化氛围，为农村法治社会的形成提供深厚的文化底蕴，是法治建设的应有之意。在中央号召下，吉林省将2012年确定为"法治文化建设年"，一系列工作在政府统一领导下逐步展开。我们认为，农村法治文化是法治文化建设的重点和难点，应当抓住当前有利的政策契机，从法治文化自身的发展规律和特点入手，分析吉林省农村法治文化建构的困境及根源，并系统性、针对性地开展工作。

一 吉林省农村法治文化建设的主要措施

为落实吉林省"六五"普法规划及省人大常委会《关于进一步加强法制宣传教育推进法治吉林建设的决议》，吉林省委宣传部、省司法厅、省依法治省领导小组等部门先后下发了《关于推进全省社会主义法治文化建设的指导意见》、《关于在全省开展"法治文化在身边"主题活动的通知》等规范性文件，对包括农村地区在内的法治文化建设工作进行指导和规范。两年来，全省各地各部门积极开展农村法治文化创建工作，通过多样的活动形式促进法治文化在农村社会的传播和普及。

（一）初步建立法治文化建设工作机制

组织领导机制。按照相关文件要求，许多地区成立了由党委、政府主要领导担任组长的法治文化建设领导小组，法治文化建设由党委宣传部门、政府司法行政部门负责组织、协调、监督和指导；文化新闻出版、广电管理等部门负责法治文化作品的研发、推广、传播，以及法治文化设施建设的规划、指导和完善；其他部门结合业务实际，开展各具特点的法治文化建设活动，提高本部门法治文化建设水平。

责任考核机制。一些地区将法治文化建设工作列入地方年度目标责任考核范围，明确考核要求、落实责任单位、量化考核指标，做到工作指导有计划、操作内容有方案、督查考核有通报、整改落实有措施。

经费保障机制。全省多地区将法治文化建设工作经费列入本级地方财政预算，做到专款专用。

联动协作机制。一些乡镇由地方组织部、宣传部、依法治理办事机构、司法局牵头，成立了多部门组成的法治文化活动联动机制，通过召开协调会、法治文化宣传联席会、研讨会等形式，通力合作，统筹协调解决法治文化建设活动中存在的问题，总结经验，安排部署工作重点。

（二）打造法治文化宣传教育基地，开展特色主题活动

吉林市永吉县以"弘扬法治文化精神，创新群众法治活动载体，构建和谐永吉"为宗旨，由永吉县依法治县办公室组织县文工团、小剧团和村（社区）艺术团等，每年为农村和社区义务送去 10 场法治文艺演出，通过各种文艺表演为村民送上喜欢的法治文化宣传活动。围绕永吉县"万户农家创文明"活动，设计了"法治文化在身边"、"志愿服务进万家"、"农民绿色证书培训工程"、"新型农民创业培植工程"等主题活动，把法制教育和法治文化深入到百姓身边。

磐石市在镇村广泛开展"五个一"工程，即一个法制宣传专栏，一个固定的法制教育阵地，一个法律图书角，一支法制宣传教育骨干队伍，每户有一个"法律明白人"。目前，全市 70% 的镇和 60% 的村实施了"五个一"工程，为繁荣农村法治文化起到了积极作用。烟筒山镇前锋村建立了法治宣传长廊和法治小广场，把涉农法律法规用图片的形式展示出来，丰富了村民的法治文化生活。

延吉市针对农村邻里关系密切的特点，开展"法律明白人"和"法治农家院"等活动，将具有威望且素质较高的村民培训成为掌握法律常识、了解司法程序的农村法律骨干，担任普法宣传员和纠纷调解员，引导群众自觉守法用法；并以若干户的集合为单位，组织开展法治宣传教育活动。

公主岭市司法局结合新农村建设，在全市 24 个乡镇，精心打造了 100 个民主法治示范村，在农民家的围墙上，画上了法制宣传画。一村百幅画，一画讲一法，画面色彩明快，用语简单易懂，深受当地百姓的喜欢。

（三）创新法制宣传方式，提升普法实际效果

为增强法制宣传的针对性和实效性，吉林省实施了"菜单式"法制宣传教育，即按照教育对象的法律需求编制普法"菜单"，发放到民众手中，根据

民众"点单"，开展有针对性的法制宣传教育活动。具体说，就是组织人员定期收集整理群众生产生活中遇到的法律问题、典型案例，根据不同人群对法律的不同需求，编制出分门别类的普法"菜单"，供群众"点单"选择。在此基础上，根据群众需求，编印宣传资料、开展法律咨询、解决法律问题、开展法律讲座等，做到有的放矢、按需普法。

（四）与特色民族文化有机融合

吉林省是一个多民族省份，境内共有汉族、朝鲜族、满族、蒙古族、回族、锡伯族等49个民族。各民族都有自己独特的文化及其塑造方式，少数民族聚居区的法治文化建设也应"顺势"而为，避免千篇一律，增强当地民众对法治文化的认同感和归属感。

松原市前郭尔罗斯蒙古族自治县在加强法治文化建设工作中，将法治文化与蒙古族文化有机融合，推进各民族团结进步。专门成立了民族法律法规研究会，开展研讨活动，确定每年九月为民族团结进步宣传月，集中开展民族政策、法律法规的学习宣传活动。将法治文化融入到草原文化之中，通过举办边境文化节、拍摄影视剧等形式弘扬法律精神。县民族歌舞团、草原乌兰木旗等文艺团体每年自编自演上百种文化节目，以马头琴等各族群众喜闻乐见的形式进行表演，成为草原上的一道法治风景线。

延边州安图县举办了首届"延边·安图长白山人口法治文化节"活动。通过开展特色法治文艺汇演、摄影作品展等活动，将法治文艺作品与延边朝鲜族能歌善舞的民族特色文化形式有机结合，满足群众对法治文化产品的需求。

（五）与法治实践相融合

法治文化建设工作的角度是立体多方位的。在实践中，吉林省将法治文化建设贯穿于法治实践的全过程，将生动鲜活的法治实务作为培育法治文化的重要载体。全省大力开展法治县（市、区）创建活动，建立了以依法治村为基础、依法治乡（镇）为支撑、依法治县（市、区）为龙头的三级联治机制，开展创建"民主法治示范村"、"模范法治乡（镇）"、"先进法治县（市、区）"创建活动。着眼于基层民主法制建设，制定《村民委员会选举办法》、《全面推行村民自治工作指导纲要》、《村民自治章程》等规章制度，规范村级民主选举、民主决策、民主管理、民主监督工作，推动村级各项事务纳入依法管理的轨道。目前，全省已有 49 个行政村被评为"全国民主法治示范村"。

二　吉林省农村法治文化建设的现实困境

（一）外部困境

法治文化的培育需要适合的外部土壤。自由的市场经济、宪政的民主政治、多维的理性文化是法治文化得以萌生和发展的外部条件。吉林省受计划经济影响颇深，经济、政治体制改革步伐较为缓慢，思想观念转变不快，农村法治文化构建中面临着很大的外部困境。

1. 落后的市场经济削弱了农村法治文化的经济基础

市场经济中商品生产与商品交换形成的地位平等、契约自由、人格独立、意思自治、权利本位等理念是法治文化生成的必备要素。由于历史和现实的原因，吉林省农村市场经济水平十分薄弱，土地分散经营，生产工具落后，技术水平不高，没有完全摆脱自给自足的状态，市场化和产业化程度较低。落后的市场经济一方面使农村社会难以形成对法治文化的迫切需要，同时又让法治文化建设面临严重的物质匮乏的困境，政府无法投入必要的资金，农民为生计奔波，对于法治文化这种不会带来直接收益的外来品也表现出了相当的冷漠。

2. 村民自治的实践缺陷侵蚀了农村法治文化的政治基础

民主与法治是一对孪生兄弟，法治本质上是民主的形式化、程序化和规范化落实，民主则是法治的本质。农村民主的主要形式是村民自治制度。实践中，乡镇政权对村民自治的过度干涉、村委会与村党支部之间不协调的关系、对村委会成员监督的弱化、村民参与自治的热情不高等问题的存在，使村民自治制度无法实现良性运行。缺乏了民主的政治基础，农民不能以自己的独立意志参与公共事务的决策与执行，公权力不能得到法律的制约，自然无法形成崇法尚法的法治文化。

3. 多维理性文化的缺失削减了农村法治文化的思想基础

"法律是远离激情的理性",法治文化也需要多维度的理性文化作为其思想基础。破除无知与迷信的科学精神,对多元文化观念的宽容与接纳,摆脱人身占有与人身依附的公民意识,平等与自由观念等,都是法治文化得以孕育的思想土壤。① 吉林省作为欠发达农业省份,思想相对保守,文化生活贫乏,农民文化素质不高,与现代理性文化之间存在着巨大的冲突。在理性文化要素远未成为农村社会的主流文化观念的情况下,法治文化的萌生和壮大无法获得充分的思想基础。

(二)内部困境

1. 文化层面——中国传统法律文化与现代法治文化的冲突与融合

中国古代传统法律文化的本质是"人治"文化,法即是刑、等级尊卑、权大于法、义务本位、畏法息讼、法律的工具主义等人治主义思想深植于国民头脑之中,纵使经历了近现代的思想洗礼,其消极影响仍难以消除。尤其在广大农村社会,在一定程度上还占据着主流思想地位。同时,传统法律文化也不能简单地全盘否定。"无论传统的'善'与'恶',都是历史和文化的积淀,只能更新,不能铲除;失去传统就丧失了民族文化的特质,就失去了前进的历史与文化基础。我们研究中国法律传统的目的,……就是要从固有的法律传统中总结出滋润五千年中国历史的理性思维的成果。"② 如何正确看待和处理传统法律文化与现代法治文化的冲突与融合,形成具有本土化特色的法治文化,是农村法治文化建设面临的一大难题。

2. 主体层面——农村法治文化主体的缺位与孱弱

无论物质条件多么丰厚,或是法律公共产品(法律制度、法律组织及设施、法治宣传教育等)多么完备,若没有具备现代法治意识、掌握必要法律知识的"人",法治文化建设只能是空谈。因此,主体是农村法治文化建设的关键要素。当前,吉林省农村地区的民众普遍存在法治意识淡漠、法律知识匮

---

① 姚建宗:《法理学——一般法律科学》,中国政法大学出版社,2006,第402页。
② 张晋藩:《中国法律的传统与近代转型》,法律出版社,2009,第2页。

乏、法律能力欠缺的问题，漠视法律、不知法律、害怕法律的观念广泛存在。在权利受到侵害（或侵害他人权利）时，要么浑然不知，要么屈从权威忍气吞声，要么以暴制暴，盲目寻求私力救济。另外，基层公权力主体也没有形成良好的现代法治意识，官僚主义作风严重，依法行政观念淡薄，产生了严重的负面示范效应，极大制约了法治文化的形成。

3. 行为层面——农村法律运作的薄弱与宣传教育的缺失

（1）法律制定。第一，立法数量少，涉及"三农"的规范性文件以政策性文件为主，上升为法律层面的不多；第二，立法以行政管理性的为主，切实保护农民利益的授权性法律不多；第三，在"立法宜粗不宜细"观念影响下，不少法律条款过于宽泛，缺乏可行性；第四，立法程序的民主化与公开化程度不高，对民意的反映不充分，法律经常不能充分反映农村的实际和农民的真实需要。

（2）法律实施。法律实施是使法律规范的要求在社会生活中获得实现的活动，至少包括公民守法、行政执法、法律适用（司法）三个环节。其中，执法和司法环节处于决定法律实施效果的主导方面。从执法情况来看，农村执法队伍素质不高，依法行政观念不强，执法腐败、"公权力违法"问题比较严重。从司法情况来看，现行体制下，司法活动常受到行政部门和党委机关的不当干预，加之基层法官整体职业素质不高，人情案、金钱案等司法不公和司法腐败问题比较突出。执法腐败和司法软弱会直接破坏法律的权威性和公正性，无法通过良性法律实践这一最具说服力和感召力的公共教育活动，培育农民对法律的信仰和期待，对法治文化的生成起到了极大的负面作用。

（3）法治宣教。第一，在宣教内容上，重点放在了对现行法、特别是实体法的知晓和遵守上，没有把培育受教育者的法治观念放在重要位置。第二，在宣传形式上，说教式、灌输式、被动式的宣传形式依然在很多地区沿用着，不能引起受众的兴趣。第三，国家正规法律教育在农村开展不足，义务教育阶段中的法治教育十分薄弱；电视大学、函授教育、法律进修班等非正规法律教育在农村更加稀缺。第四，广播、电视、报纸等大众传媒，过度追求商业化运作的需要，在法治节目中过分渲染案件的离奇和曲折，以吸引受众的眼球，对案件涉及的法律知识和折射的法治理念则涉之甚少，淡化了法治宣传的效果。

此外，还有的传媒作品，由于制作者对法律一知半解，出现了与法律精神和法律规定不吻合的错误内容，误导了受众。

三 吉林省农村法治文化建设的实践对策

（一）以系统化思维为导向，孕育农村法治文化基因

成熟、稳定的市场经济、民主政治和理性文化蕴含了法治文化生成和发展的必备基因。故法治文化建设不能就文化谈文化，必须以系统化思维为指导，完善、优化法治文化的外部环境。

1. 推动农村市场经济的发展

（1）完善农村市场经济体制和运行机制，促进农业和农村经济资源的优化配置。大力推进农产品价格体制和流通体制改革，建立健全农产品价格形成机制、成本控制机制、市场供求机制、市场竞争机制和利益分配机制。同时，完善市场交易规则，健全与市场经济相适应的法规体系和执法体系，创造良好的农村市场环境。

（2）加强经营体制改革，培育农村市场主体。一方面，要对农民开展必要的市场经济基础知识培训、实用技术培训和政策法规培训，使其成为适格的市场主体。另一方面，发展专业合作社，把分散的农户联合起来，改变农民在市场竞争中势单力薄的状态，通过提供规模化的信息和技术服务，提升农民的谈判能力和竞争能力。

（3）调整财政信贷分配格局，加大资金扶持力度。农业是弱势产业，生产周期长，靠天吃饭，风险极大，而农业的地位又极其重要，因此需要更多的资金支持。当前，既要加大对"三农"的财政扶持力度，积极向农村"输血"，也要努力探索农村金融制度改革，在农村信贷、农业保险等领域力求制度性突破。

（4）拓宽农民增收渠道。加快农村劳动力转移，鼓励富余劳动力从事非农产业，加快小城镇建设，彻底取消各种针对农民流动和进城就业的歧视性政策和不合理限制。鼓励有条件的地方兴办村办企业，针对吉林省农村依山傍水

的天然优势，支持农民从事家庭旅游服务业，打造特色乡村旅游品牌，激发内部活力，促进农民增收。

2. 推动农村民主政治的进步

（1）规范村民自治与乡镇行政的关系，抑制基层政权的扩张性。要合理划分"村治"与"乡政"的权力界限，在法律轨道上实现两种权力的对接与协调。基层政府要走出计划经济的惯性思维，改变单纯依靠行政命令管理农村社会的传统方式，要在尊重村民自治权力的基础上，更多地运用法律、经济、教育的手段，实现对农村的管理从直接控制变为间接调控、从控制为主变为服务为主。

（2）协调村委会与村党支部的关系，实现"两委"相互尊重，密切配合。要从制度上对"两委"的职权范围作出界定，明确党支部的职责在于坚持政治、思想、组织领导的同时，着眼于对本村发展方向的把握和重大问题的抉择，侧重对规章制度的提议、论证和决定，以及协调村级各组织之间的关系和自身建设等方面，不宜直接管理行政和财政事务。村委会在《村民委员会组织法》框架下管理公共事务和公益事业。"两委"要定期召开联席会议，就重大问题开展讨论，集体决策，并经村民（代表）会议通过后由村委会负责落实，并接受党支部和村民（代表）会议的监督。

（3）增强与拓宽村民的民主参与意识与参与渠道。要对农民进行广泛地民主启蒙、政治技能和法律方面的教育，让农民提高参政意识，熟悉民主参与的规则和程序，并通过良性民主实践，提升民主参与热情。同时鼓励发展各类自治组织和农村社团，提高农民的组织化水平，通过参加集体化组织，提高农民的自治能力，并增强农民对政策的影响力，拓展政治参与渠道。

3. 推动农村教育和思想文化建设

（1）高度重视基础教育。农村中小学校是农民学习科学技术、提升文化素养的前沿阵地。教育部门要认真贯彻《义务教育法》，切实执行公平的教育政策，加大对农村教育的经费投入，积极完善办学条件，改善教师待遇，努力提高教学质量，确保农村适龄青少年受教育权的实现。

（2）扶助农村文化事业和文化产业发展，丰富农村健康文化生活。要充分利用农村广播学校、农技站等文化宣传阵地开展科普教育和科技培训，加大经费投入，改造乡镇文化站和村图书馆，完善农村基础文化设施。政府要为农村文化产业的发展提供宽松的政策环境，鼓励企业家在农村兴办文化产业，鼓励农民自己筹资举办文化产业，并在税收、贷款、土地、房屋建筑使用等方面提供优惠。

（二）以多元文化整合为路径，培育本土化的法治文化

1. 文化整合的必要性

"所谓文化整合，是指不同的文化相互吸收、融化、调和而趋于一体化的过程。"[1] 法治文化从本源上说是一套来自于西方的文化体系，我们进行农村法治文化建设，很重要的一方面是吸取西方国家所创设的法治文明成果，尤其是有关市场经济运行、法治政府建设、公民权益保障等方面的成功经验，非常值得认真研究与借鉴。但是，随着研究的深入和实践的推进，人们对"法治言必称西方"的现象进行了反思。事实上，任何法的移植都不能完全无视本土法律的固有传统，法文化的移植更是如此。我们的法治文化建设若离开对传统法律文化的发掘与弘扬，必会成为无源之水，无本之木，那种主张推翻传统的法律文化，在废墟上建立现代法治的想法是幼稚且行不通的。

2. 文化整合的可行性

习近平同志在2013年8月召开的全国宣传思想工作会议上，着重强调中华传统文化对于塑造当代中国民族精神和民族文化的重要价值。法治文化的塑造也是如此。我国传统法律文化博大精深，滋养了几千年璀璨的古代文明。虽然用现代的眼光来看存在许多与法治格格不入的成分，但也不乏跨越时空、具有普遍价值的民主性因素。"譬如，重惜民命的民本主义法律观念；注重教化、综合为治的一贯传统；法、理、情相统一以缔造和谐的法律环境；引礼入法，法律与道德相互支撑；等等，都是可以跨越时空，具有强大的生命力的，是可以为现代法治提供历史借鉴的。"[2] 正是传统法律文化中的积极因素，使之能够与起源于西方的法治文化相整合，在既不否定自身历史、全盘照搬西方法治文化，又不孤芳自赏、固守传统的语境下，形成具有本土特色和时代特征的法治文化。

---

[1] 司马云杰：《文化社会学》，中国社会科学出版社，2001，第306页。
[2] 张晋藩：《中国传统法文化论纲》，《光明日报》2005年7月12日第6版。

（三）以保障农民权利为宗旨，完善"三农"法律制度

1. 立法内容要充分保障农民权益

当前有关"三农"的法律制度多数是行政管理性质的，农民难以从中直接看到自身的利益所在，容易引发农民对法律的误解。因此，要把农民的突出要求用法律的方式确定下来，切实解决农民遇到的实际问题，使法律成为农民权益的象征和保护神，赢得农民对法律的信任。当前，需要在农村社会保障体系建设、改革城乡二元分割的社会管理制度、完善村民自治、失地农民安置、农民工权益保障、农村环境保护等方面抓紧制定具体可行的地方性法规或规章。同时，要注意国家法对民间法的吸纳与融合，克服法律过于超前的问题，实现法律的乡村化和生活化。

2. 立法程序要充分彰显民主和公开

良法的产生有赖于民主、公开的立法程序，否则法律要么蜕变为服务少数利益集团的"私人产品"，要么脱离实际，无法获得民意认同。因此，在制定涉农法律规范时，从立法规划编制到法规草案起草，都要深入农村进行细致、客观的调研，掌握农村的真实情况和农民的实际需求。对于立法的主要依据、背景资料、拟定法案的主题以及民众参与的方式等信息，除法律特别规定应予保密之外，立法机关都应采取有效措施使农民有机会、有条件了解和知悉。草案制定后，要通过大众传媒、张贴公告等多种途径向农民公开立法草案的内容，吸纳农民代表召开立法讨论会和听证会，倾听农民的意见。立法完成后，要及时将立法成果向社会公布，法治宣传部门有义务向农民宣讲新法的内容，不得以任何方式强迫农民服从尚未公开的法律文件。

（四）以更有效的法治宣传教育为依托，促进农村法治文化主体的生成

1. 普法工作名称统一为"法治宣传教育"

吉林省"六五"普法规划明确把推进社会主义法治文化建设作为未来五年的重要任务。然而，当前普法工作的名称依然沿用"法制宣传教育"、"普法依法治理"，相关部门也称为"法制办公室"、"法制宣传处"等。法治与法

制,一字之差却蕴意深刻。法制是指法律制度及其实施,法治是指社会生活的基本方面和主要社会关系都纳入法律的轨道,而法律本身是通过民主方式制定而成。因此,法制本身不具有价值规定性,在人治社会也存在法制;法治只能在民主国家中才能产生,与人治势同水火。故,"法治"比起"法制"而言,涵义更为深刻和丰富,更符合当代社会核心价值取向。将"法制宣传教育"作为传播"法治文化"的重要途径,不免有逻辑错误之嫌。因此,建议将全省普法工作的名称统一为"法治宣传教育",这一字之变将法律从简单的工具性功能上升为一种价值目标和追求,具有重大的社会意义。

2. 法治实践是最好的法治宣传教育

法治文化不是单靠灌输就能被动产生的,它必须是在实际的法律运作中,在公众感受到法律带来了实效,从而对法律产生信任和依赖的过程中积淀起来的。因此,一次良好的法治实践活动是最好的法治文化宣传教育,效果远胜于千百次空洞的说教。基层国家机关要把依法履行职责的工作实践与法治宣传教育结合起来,使立法、执法和司法工作的过程成为宣传和普及法律知识、弘扬法治精神的过程;要动员农民参与基层法治实践,参与立法、社会管理和村民自治,把法治宣传教育融入农民的生产生活之中,使他们真切感受到法治的力量就在身边。

3. 丰富宣传教育形式,突出重点宣教对象

(1)加强法治文化阵地建设。按照主题鲜明、因地制宜、格调高雅、注重实效的原则,建设有地方特色、功能健全的法制文化阵地。值得一提的是,农村文化大院是近年来在吉林省各地农村涌现出来的农民自娱自乐的文化活动方式,也是我省农村公共文化服务的一个特色品牌,深得广大农民的欢迎。应当充分利用这一可贵资源,将文化大院打造成农村法治文化建设的主阵地,让村民在文化娱乐生活中感受到法治文化的熏陶。

(2)充分利用丰厚的历史文化资源。满族剪纸文化、东北秧歌文化、东北二人转文化、蒙古草原文化、东北渔猎文化、松花江河灯文化、东北闯关东习俗文化等吉林省地方特色文化和相关民俗活动,都是珍贵的民间文化形态,稍加改造,使其与法治文化相融合,就可以达到延续历史文化脉络和繁荣法治文化建设双赢的效果。

（3）发挥现代传媒的重要作用。在法律教育普及程度不高的当下，广播、电视成为了农民学习法律知识、获取文化信息的重要途径。广电媒体要增强社会责任意识，在法治节目及其他节目制作上，将传播法律知识、宣扬法治理念作为节目的目标和宗旨，提升制作人员的法律素养，摒弃低级趣味，提高节目质量，使其真正成为先进文化，尤其是法治文化的宣传阵地。

（4）突出重点宣传对象。法治文化宣传在面向全体农民的同时，更要重点突出以下三类对象：一是村"两委"成员、村民代表、农民企业家、种粮大户等有较强影响力和号召力的人员，提高他们依法行使权力、诚实守信经营的意识和能力。二是青少年、学生和外出务工人员。三是缓刑、监外执行人员、取保候审、刑释解教人员等特殊群体。后两类人员客观上对法律有着更迫切的需求，应当成为宣传教育的重点对象。

4. 挖掘省内法律人才资源优势

吉林省是一个文化、教育大省，省内高等院校数量多、层次高，其中以法学学科尤为突出。以吉林大学、东北师范大学等院校为依托，吉林省造就了一批在全国乃至国际范围内都颇有影响力的法学专家，培养了数量众多的出色的法律人才。这对于农村法治文化建设来说，无疑是一个巨大的人力资源宝库。吉林省应当充分利用这一优势，通过在学科建设、课题立项、评奖评优等方面给予引导和扶持，鼓励专家学者对我省农村法治文化建设中出现的典型问题和突出矛盾提出富有前瞻性和建设性的对策建议。同时，引导广大法律专业人才面向农村提供法律服务，缓解农村地区广泛存在的法律人才供给不足的问题。

参考文献

姚建宗：《法理学——一般法律科学》，中国政法大学出版社，2006。

刘斌：《法治文化三题》，《中国政法大学学报》2011 年第 3 期。

刘作翔：《法律文化理论》，商务印书馆，1999。

李德顺：《法治文化论纲》，《中国政法大学学报》2007 年第 1 期。

张晋藩：《中国法律的传统与近代转型》，法律出版社，2009。

民生问题

Livelihood Issues

B.20

吉林省民生发展总体形势分析

付诚 王一*

摘 要:

近年来,吉林省的民生发展以维护公众生存权与发展权为核心,在社会保障、医疗卫生、基础教育、就业等方面取得了一定的进展,但也存在民生发展缺乏顶层设计、物质支持不足、资源配置差异化现象显著、工作效能有待改善等问题。在未来的发展中,全面建成小康社会的要求为吉林省民生工作的开展营造了良好的政策环境,民生发展整体形势向好,应通过系统化设计、制度化安排、规范化建设、长效化推进提高利益的有效整合度,解决民生发展过程中存在的诸多问题,发展社会生产力、奠定民生发展的经济基础,推动民生机制建设、健全民生发展的制度基础,促进民生保障均衡发展、完善民生发展的社会基

---

* 付诚,吉林省社会科学院社会学研究所所长、研究员,研究方向为社会学;王一,吉林省社会科学院社会学所助理研究员、吉林大学哲学社会学院博士研究生,研究方向为社会保障与社会政策。

础，切实提高民生发展水平，增进公众福祉。

关键词：

民生保障　生存权　发展权　制度整合　均衡发展

民生事关人民群众的切身利益，改善民生既是人民群众的迫切要求，也是善治政府的价值追求。在深化改革、加快发展的历史背景下，民生保障日益成为吉林省社会发展的核心问题，逐年实施系列民生工程，努力让广大人民群众享受到更多的改革发展成果，全省民生工作取得了显著成绩。解决民生问题是一个不断发展、不断提升、不断完善的动态过程，经济社会越发展，民生工作就越深入，解决民生问题的要求就越高。全面建成小康社会背景下的民生保障体系建设，不再是单向制度改进，而是最大限度地解决差异、平衡各种利益矛盾，提高利益的有效整合度。在新的历史时期，为推动民生工作进一步向纵深发展，回应人民群众过上更好生活的新期待，应从更为宏观、系统的体制层面来看待改革进程中的民生保障问题，制定出更加科学、更加系统、更加全面的民生保障推进计划。

一　吉林省民生发展趋势分析

民生，即"人民生计"，从广义上来讲涉及公众生活的各个方面，应当被理解为一个开放的权利谱系，用以维护公众的生存权与发展权。进入21世纪以来，民生工作得到广泛关注，吉林省自2007年开始，每年以民生实事的形式推进民生工作，不断增进百姓福祉。

（一）以生存权为核心的民生发展趋势

生存权是基于人类生存本能而自然产生的①，是民生保障的核心内容，主要包括社会保障、医疗、住房、食品药品安全、扶贫开发等方面内容。

---

① 龚向和、龚向田：《生存权的本真含义探析》，《求索》2008年第3期。

1. 社会保障实现制度全覆盖

自 2004 年吉林省启动统账结合养老保障制度改革以来，根据国家政策要求，结合吉林发展实际，不断进行社会保障制度创新。经过多年努力，目前已经初步建立起与市场经济体制相适应的社会保障体系，在制度层面上基本实现了全覆盖。机关事业单位养老金制度、城镇职工基本养老保险、城镇居民基本养老保险和新农保实现了城乡居民养老保险的全覆盖；城镇职工基本医疗保险、城镇居民基本医疗保险和新农合实现了城乡居民医疗保险的全覆盖；在社会救助、社会福利等方面也更加注重覆盖全体城乡居民。在实现制度全覆盖的同时，社会保障的覆盖人数也显著提升。截至 2012 年底，各项社会保险覆盖总人次近 3500 万，其中，全省城镇基本养老保险覆盖总人数已达到 621.86 万人；城镇居民社会养老保险覆盖总人数达 31 万人；新型农村社会养老保险覆盖人数达 499 万人；城镇基本医疗保险参保人数达 1363 万人；失业保险参保人数达 251.5 万人；工伤保险参保人数达 352.2 万人，其中农民工 83.9 万人；生育保险参保人数 343.7 万人。

社会保障待遇水平显著提高。连续提高企业退休人员基本养老金，2012 年，吉林省企业退休人员月人均养老金水平达到 1370 元左右，与 2011 年相比实际人均调整水平达到 185 元，增长幅度为 15.6%，高出国家规定的平均调整水平 5.6 个百分点。实施社会救助和保障标准与物价上涨挂钩的联动机制，2012 年，吉林省城市低保对象月人均补助水平由 2011 年的 221 元提高到 243 元，达到上年度城镇居民月人均可支配收入的 20%，农村低保对象年人均补助水平由 2011 年的 1141 元提高到 1259 元，达到上年度农村居民年人均纯收入的 25%。

边缘群体社会保障问题逐步得到解决，自 2010 年开始，吉林省启动厂办大集体职工和五七家属工等群体参保续保试点，出台了《厂办大集体企业养老保险欠费清理和职工养老保险关系接续办法》和《五七家属工参加基本养老保险暂行办法》，经过几年的努力，吉林省"老工伤"、"五七家属工"、厂办大集体职工全部纳入社会保险统筹，重点解决了 22 个缺口市县资金问题，使 39 万国企改制解除关系人员的保险金问题得到妥善解决。

社会保障关系转接接续政策取得突破性进展。2010 年，实施《吉林省城镇企业职工基本养老保险关系转移接续暂行办法》，适用于省内转移基本养老保险关系的参保人员，包括城镇个体工商户及其帮工、自由职业者、灵活就业者及农民工，确定了省内转移关系"只转关系不转资金"的基本原则，实现了养老保险关系转移接续相关的行政审批、业务经办工作的正常运行，为解决参保人员养老保险关系异地转移接续难、农民工退保等问题提供了政策依据，切实保障了参加城镇企业职工基本养老保险人员的合法权益，促进了人力资源的合理配置和有序流动，保证了参保人员在省内顺畅转移接续养老保险关系。

2. 医疗体制改革稳步推进

医药卫生事业关系着公众的健康和幸福，是重大的民生问题。为提高全民健康水平、实现人人享有基本医疗卫生服务的目标，吉林省以新医改方案为契机，加大投入力度，2009年以来各级政府共投入医改资金近300亿元，探索建立完善医疗急救、卫生应急、传染病防控、大病救治、信息化管理、基本药物供应保障公共卫生六大体系。

初步建立国家基本药物制度。自2010年10月开始，吉林省在基层公立医疗机构执行基本药物规定，坚持统一招标、统一采购、统一配送、统一结算、统一监管的原则，在基本药物层面取消药品加价，全面推进基本药物制度。同时，吉林省在2011年9月24日完成了新一轮基本药物省级集中招标采购工作。据抽样调查结果显示，社区医院实施的基本药物价格与国家指导价格相比平均下降了41.3%，与省招标指导价格相比下降了18.1%，与改革前社区卫生服务中心零售价格相比下降了21.4%。[①]

基层医疗卫生机构综合改革有序实施。为尽快建立科学合理、配套衔接、规范有效、符合吉林省实际的基层医疗机构运行新机制，自2010年起吉林省开始推进此项改革，具体措施包括：一是进行补偿机制改革，在公办基层医疗卫生机构全面实行收支两条线管理，解决基层医疗卫生机构长期以来"以药养医"问题，确保政府办乡镇卫生院、社区卫生服务机构回归公益性。二是推进村卫生室改革，将村卫生室纳入新农合门诊统筹范畴，并在村卫生室全面实施基本药物制度，同时通过规范执业行为、强化培训制度等方式提高村卫生

---

① 相关数据来源于2013年度吉林省政协"改善民生、促进和谐"若干问题抽样调查。

室医生的医疗服务水平。

推进公立医院改革试点。自 2011 年起，吉林省确定了镇赉县、乾安县、农安县、延吉市的县（市）综合医院和中医院等共 8 个公立医院作为进行综合改革试点，重点进行收支两条线管理综合改革，鼓励试点单位大胆创新，破除各种体制机制的束缚，因地制宜探索新的模式。以破除"以药补医"机制为前提，以改革付费机制为突破口，以改革补偿机制和建立现代医院管理制度为抓手，深化体制机制创新，提高服务质量和运行效率。改革试点后，医院的门诊人次、住院人次、医疗收入上升，药品价格、门诊次均费用、住院次均费用下降，取得了良好的社会效益。

3. 住房保障体系初步确立

近年来，"居者有其屋"成为重要的民生发展目标，吉林省深入、全面、系统地对住房保障体系进行调控，逐步形成了包括经济适用住房、廉租住房、公共租赁房、限价房在内的不同发展模式，在一定程度上解决了城市中低收入家庭住房问题，对平抑房价、扩大消费和拉动经济增长起到了良好的促进作用。

快速推进以中低收入群体为对象的保障性安居工程建设。吉林省的保障性安居工程开始于 2006 年，最初是"城市棚户区改造"；陆续实施了"煤矿棚户区改造"、"农村泥草房改造"、"廉租住房保障"和"林业棚户区改造"，逐步形成了"五路安居"；2010 年，启动了"国有工矿棚户区改造"，由"五路安居"增加到"六路安居"；2012 年，"公共租赁住房建设"和"国有垦区危房改造"被纳入保障性安居工程，形成安居工程全面覆盖城乡的发展局面。目前包括城市棚户区改造、林业棚户区改造、煤矿棚户区改造、农村泥草房改造、城市廉租住房建设、国有工矿棚户区改造、公共租赁住房建设、国有垦区危房改造在内的"八路安居"工程进展十分顺利。在落实过程中做到了统筹协调，尽可能地满足中低收入群体的住房需求：以城市棚户区改造为契机建设廉租住房和公共租赁住房，解决住房困难群体的住房问题；将城市和国有工矿棚户区改造相结合，国有工矿棚户区改造安置小区与城市棚户区改造回迁安置房小区统一规划，统一建设；将农村危房改造与泥草房改造相结合，补助资金向最困难群众倾斜；保障性安居工程建设与房地产业发展及推进城镇化相结合，通过大规模实施城市棚户区改造，为房地产开发和城市建设提供空间，成为加快城镇化的载体。吉林省的保障性住房建设呈现出大幅度飞跃式的发展态势，形成了由政府构建的保障性住房市场与市场行为的商品房市场并驾齐驱的局面。截至 2011 年底，吉林保障性安居工程建设总量达到 1.49 亿平方米，受益群众达到 261 万户、750 万人，全省超过四分之一人口的住房条件得到明显改善，起到了改善中低收入群体住房状况的作用。

为提高城市供热保障能力，改善居民供暖条件，吉林省自 2010 年起启动了"暖房子"工程，把节能改造与宜居城市建设结合，通过改造陈旧供热管网、改造撤并小锅炉、既有居住建筑节能及供热计量改造、加强热源建设、启动全省供热信息化监管平台建设等方式，让人民群众特别是困难群众"住得温暖"。据统计，"暖房子"工程改造突破 3000 万平方米，全省 46.15 万户、138.46 万城市居民从中受益，全省城市供热保障能力和房屋保暖能力显著提高。据抽样调查结果显示，有近七成的被调查者对改造后供暖情况持基本满意、满意态度，① 暖房子工程实施前高投诉状况得到有效缓解。

4. 食品药品安全管理日益规范

食品药品安全关系到社会公众的身体健康和生命安全，是重要的民生问题。吉林省在深化食品药品监督管理体制改革过程中，针对省以下垂直管理体制被取消的重大变化，突出食品药品安全由政府负总责、监管部门负专责、企业负第一责任的"三位一体"责任体系建设，积极构建食品药品安全分级管理责任体系，出台了具有吉林特色的"吉林省药品监督管理条例"。

2012 年 4 月，全国药品行业出现空心胶囊镉超标事件，我省修正药业等多家企业卷入其中，被我省食品药品监督管理局要求暂停销售和使用。这是我省食品药品安全领域最为严重的药品安全事故，暴露出我省在食品药品安全领域存在一些隐患。在食品药品安全面临较大压力的背景下，吉林省加大了监管力度，组织深入开展药品安全大检查、大排查、问题大整改专项行动，并对重点品种、重点环节、重点区域，深度实施日常监督检查制度、药品生产质量非现场信息管理办法、药品质量受权人管理办法等，全面推动生产、流通和使用

① 相关资料来源于 2013 年度吉林省政协"改善民生、促进和谐"若干问题抽样调查。

的规范化、标准化、精细化管理，坚决防范食品药品安全事故发生。在监管体制和部门联动机制上实现突破，切实增加监管部门的人力和物力投入，最大限度地改善药品监管设施条件，完善食品药品监管部门联合执法机制，建立突发事件应急联动机制和舆情应对机制，提高处置能力。健全基本药物长效监管机制，完善基本药物生产、配送企业检验制度，建立高风险品种公益核查评价机制，完善工艺流程监管。

5. 平安吉林建设稳步推进

近年来，吉林省公检法司各部门协调联动，紧紧抓住维护国家安全和社会稳定这个总任务，不断深化平安吉林建设，着眼于社会矛盾化解，全面提高社会治安驾驭能力，积极探索维护社会稳定的有效模式。

一是社会治安防控网建设大大加强。2012年我省采取措施，强化街面防控网、社区防控网、单位内部防控网、视频监控网、区域警务协作网、虚拟社会防控网"六张网"建设，使全省社会防控体系建设得到进一步完善，治安防控能力明显增强。2012年以来，全省刑事立案同比下降了6.8%，各类侵财案件和"两抢一盗"案件分别下降了19.82%和19.88%。二是初步建立了"大走访、大接访"爱民实践活动长效机制。通过"大走访"，深入到基层，深入到群众中，解决群众关注的重点、难点问题。通过市长接待日、局长接待日等"大接访"活动，全面掌握群众诉求，梳理出矛盾纠纷的重点地区、领域、行业和群体，加以重点防控。三是探索建设网络服务平台。2012年2月，吉林省建立了包括省公安厅、9个市（州）和长白山公安局、42个县级公安局以及车管所等门户网站在内的四级应用系统，实现了吉林公安行政审批、办事项目从信息上网到服务上网的根本转变，进一步提高了审批效率。四是积极探索流动人口管理与服务新模式。加强流动人口协管员队伍建设，要求每个社区至少配备2名、每个村至少配备1名实有人口协管员，配合社区民警收集实有人口信息，通过对流动人口进行科学有效的管理，为维护社会稳定做出了积极贡献。

（二）以发展权为核心的民生发展趋势

民生不仅关注公众对生命和物质条件的要求，也关注就业、教育、文化等较高层次的需求，特别是随着生活水平的提高，吉林省以发展权为核心的民生保障取得了长足发展。

1. 积极就业政策成效显著

近年来，受经济环境波动的影响，吉林省的就业形势面临较大压力。为妥善解决就业难问题，特别是大学生、零就业家庭、农民工等特殊群体的就业问题，吉林省通过创业促就业、"春风行动"、公益性岗位等多种举措，基本稳定了就业形势，2010 年城镇登记失业率为 3.8%，2011 年为 3.7%，2012 年为 3.63%，呈逐年下降趋势。为妥善解决大学生就业问题，我省深化公共人才就业创业服务平台建设，为大学生提供就业创业政策信息、进行网络人才招聘等服务；高密度举办人才交流会，发挥市场配置人才资源的主渠道作用；创建省级大学生创业园 31 家，市级大学生创业园 9 家，县区级大学生创业园 17 家，吸收 2721 名大学生成功创业，直接带动 7223 名毕业生就业；一村一名大学生共吸纳 1932 人作为在岗人员，6074 人作为见习生。稳步推进农村劳动力转移就业。我省目前农村人口是 1480 万人，农村劳动力 740 万人，除近 200 万人专门从事农业生产外，有近 540 万农村劳动力需要转移。为稳步推进农村劳动力转移，我省加大工作力度深入推进"春风行动"，鼓励各地采取"企业＋农户"的形式推动就地转移，通过开发商业和服务业项目扩大转移规模；探索完善农村劳动力技能培训新模式，全面启动农村党员远程教育技能培训行动。强化创业促就业工作，以大学生、返乡农民工、城镇登记失业人员和退役转业军人的创业为重点，强化主题培育，努力形成全社会广泛参与的局面，制定全面落实创业的税收优惠、资金补贴、场地安排等扶持政策，提高小额担贷款额度。不断增加公益性岗位，截至 2012 年底，全省累计开发 11 万个公益性岗位，坚持以安置大龄失业人员、零就业家庭人员、随军家属、下岗失业人退役士兵、家庭经济困难的大中专毕业生等就业困难人员为重点，解决就业困难群体的实际问题。

2. 义务教育趋于均衡发展

为实现基础教育均衡发展，吉林省采取基础设施均衡和资源配置均衡两步走的策略。在基础设施方面，吉林省自 2010 年起开始实施农村校舍改造工程，对全省农村小学科学实验室建设项目和农村义务教育学校图书配备项目进展情况进行督导检查，加快农村中小学标准化建设和薄弱校改造工作。在资源配置方面，吉林省实施人才支援农村教育项目，从县镇以上学校选派优秀教师到农村中小学任教，从农村中小学选派教师到县镇以上中小学研修。同时，把开展"城乡学校同步教学备课系统"试点工作作为重点工作，采取优质教师赴薄弱校任教、跨校授课等多种交流模式，探索有效途径逐步使全省农村中小学教师共享城市的优质教学资源。在推荐生名额分配上，长春市城区统招推荐生比例逐年提高，按照生均和校均结合的办法，将名额直接分配到所有初中，确保每所学校都有优质高中名额。

3. 公共文化服务体系建设步伐加快

在文化大发展大繁荣的背景下，吉林省高度重视文化建设，将丰富人民群众的精神文化生活、全面提高社会文明程度、增强社会凝聚力和创造力、提升文化软实力和综合竞争力视为当前十分重大而日益紧迫的任务，通过加强城乡公共文化服务体系建设，不断提高公共文化服务层次。一是文化体制改革顺利推进。截至2012年底，全省67家国有文艺院团体制改革阶段任务基本完成，保留3家、划转3家、撤销21家、转企40家。二是城乡公共文化服务体系建设稳步发展。在城市，积极推动图书馆、博物馆、文化馆建设，一批新的场馆投入使用。在农村，建设2000个农村文化大院，进行4000场"送戏下乡"演出，满足农民欣赏高层次文化产品的需求。三是文化产业焕发活力。东北亚文化创意科技园、吉林省林田远达形象集团有限公司等文化企业发展态势良好；文化创新工程取得显著进展，"村级文化建设模式创新与示范推广——朝鲜族民俗文化村建设模式实践与推广"项目被文化部列为2012年度国家文化工程创新项目；"提琴及板腔共鸣乐器储存方法及音质嫁接关键技术研究"项目被文化部列为2012年度文化科技创新项目，增强了文化产业的整体实力和竞争力。

二　吉林省民生发展的主要困境

当前吉林省民生发展形势总体向好，但改革开放以来剧烈的结构转换、机制转轨和利益调整所积淀起来的结构性矛盾也正在逐步显现，各利益主体的诉求日益增加，改革进入高成本、高风险阶段。在经济发展不确定性增强和利益结构深刻调整的复杂背景下，吉林省的民生发展面临诸多挑战。

（一）民生发展缺乏顶层设计

民生保障涵盖内容广泛，是一项复杂的系统工程，各种民生保障制度差异很大，要统筹兼顾，面临很多实际困难。当前，民生保障制度设计中究竟应当遵循量入为出的原则还是应当遵循公平正义的原则还没有廓清；民生保障究竟是应当重点强化政府责任，还是应当力推社会广泛参与，没有一致的结论；民生保障中中央政府与地方政府事权和财权应当如何划分，如何才能保障地方更有积极性投入，还在不断探索之中；改善和保障民生的路径设计，严重受制于地方政府的财力和政府首长的决心，相当多的政府还没有从传统的"万能型"角色转变到现代的"有限型"角色，在民生保障领域中缺乏总体设计，头痛医头，脚痛医脚。这些问题导致对于民生问题的认识往往局限于单一的手段和途径，或把改进的重点和重心放在一个领域内，思路狭隘，措施单一，不利用切实保障和改善民生的进行。

（二）民生发展物质支持不足

民生作为惠民工程，其内容大都属于公共产品或准公共产品，需要大量的资金投入作为支持。近年来，吉林省虽然取得了跨越式发展的成就，但经济发展的总体水平仍然较低，财政收入有限，导致民生投入相对不足。而医疗卫生、社会保障、扶贫开发、基础教育、住房保障等民生领域都需要大量的财政支持，资金投入不足严重制约了民生工作的开展。另外，由于长期面临着经济增长的压力，政府将注意力更多地集中在经济建设方面，对民生工作的重视程度不够。虽然随着经济发展水平的提升，公共财政对于民生发展有了更多的倾斜，投入力度逐年增长，但在医疗、社会保障、教育等方面的绝对数投入增长较快，但支出比重变化却不大，以致人均占有量仍然较少，与公众的实际需求存在较大差距。

（三）民生资源配置差异化现象显著

近年来，吉林省对公共服务的重视程度和投入力度都在不断增加，但基本公共卫生服务共享不均、基本养老服务有效需求不足、义务教育资源过度集中等问题未能从根本上得到解决。在基本公共卫生服务方面，由于历史条件、经济基础等原因，我省城乡之间、地区之间、不同群体之间基本公共卫生服务还存在"供给不均"、"享有不均"等问题。在养老服务方面，目前吉林省社会化养老服务的供给与需求之间无论在数量上还是质量上都存在着明显的失衡，老年人希望在养老机构得到较好养老服务的愿望难以满足，而养老机构床位空置率却长期维持在30%左右，社会化养老服务的有效需求不足问题严重，政府和市场都存在"失灵"问题。① 在基础教育方面，尽管近年来吉林省不断出台多项措施解决基础教育领域发展不均衡问题，但目前各区域之间、重点校与一般校之间无论在基础设施还是在资源配置方面仍旧存在较大差异。教育失衡是教育政策及制度安排的衍生物。提升教育质量是我们长期以来追求的教育目标，在发展初期推行"重点校"、"地方负责分级管理政策"和教育督导与学业水平评价城乡双重标准政策，有现实必要性。但这样的政策在与市场结合后，逐步形成了资源垄断机制，成为导致教育资源失衡的重要原因。重点学校在人力物力资源明显超过了一般学校。重点学校既有行政拨款的优势，又可以吸收社会资金办学，在硬件设施上，比普通学校有着更好的办学环境。在政策上，能够相对自主地面向市场，有相对灵活的运行机制。在生源上，有能力吸收更多优质生源。在教师选择上，优秀教师容易集中于大城市的重点学校。这些因素都在不断加剧教育资源配置的不均衡。

（四）民生工作效能有待改善

近年来，中央和吉林省高度重视民生问题，在新增财力中做出安排，努力增加教育、医疗、养老、住房保障等诸领域的投入。但百姓对民生工程的满意度却没有预期那样高。这里固然有百姓期望过高的问题，但民生工程在落实过程中出现的一些刻意作秀、扯皮推诿、不规范操作等问题，导致百姓对政府民生工作的不认同。政府的执行力、效能、作风、廉洁自律，事关发展大局，事关群众利益，事关政府形象。当前一些基层政府存在工作作风问题，一是工作与群众的需

---

① 参见付诚、王一《政府与市场的双向增权——社会化养老服务的合作逻辑》，《吉林大学社会科学学报》2010 年第 5 期。

求脱节、与群众的愿望脱节，凡事讲政绩。二是治理手段与现代化进程脱节、与时代的发展脱节。新的发展阶段对政府职能提出了新要求，基层政府行政管理必须做出适应性调整，但现实是基层政府对微观经济运行干预过多，社会管理和公共服务仍比较薄弱；部门权责脱节和效率不高的问题仍比较突出。三是部门分工不合作，既降低了行政效能，又有损政府形象。在食品药品安全、社会保障、住房保障等领域都存在一件事情多个部门负责，部门之间职责界定不清，你中有我，我中有你，边界模糊，协调配合机制悬空，主辅关系不明，有利则争、无利则推的现象。这种状况直接影响民生工程的进程和质量，常常看到一项好的民生政策，被耽搁在部门利益上，耽搁在工作协调上。解决民生问题要有明晰的产权意识，要综合考虑政府支付能力，但更要考虑百姓的愿望，何况民生工作的最终目的是让百姓受益，公正高效是第一位的。在推进民生工作中，要强化工作创新，既不能包办，又不能过分依赖中央，要充分相信市场，积极引入社会资本，形成合作共赢的发展局面，尤其是要研究"民生项目封闭运行办法"，在保障开发商享受政策的基础上，避免市场风险，使民生工作能够扎实地推进下去，将民生工作真正落到实处，使百姓享受到切实的好处。

三 吉林省民生发展形势判断与对策建议

在全面建成小康社会背景下，吉林省的民生工作迎来了进一步深化发展的历史机遇。有迹象表明，"稳增长、调结构、促改革"将成为今后一个时期我国发展的主基调，就业、教育、医疗、养老服务、社会保障、公共文化、保障性住房、社会治安等民生领域的公共财政投入将进一步增加，民生发展总体形势向好。初步预测，在政府与社会的共同努力下，吉林省就业、教育、医疗、养老服务、社会保障、公共文化、保障性住房的年增长率在8%左右，速度有所放缓。在未来的民生保障体系建设中，民生发展不再是单向制度改进，而是最大限度地解决差异、平衡各种利益矛盾，实现民生发展从数量型向质量型的转变。根据对民生发展形势的判断，今后应通过系统化设计、制度化安排、规范化建设、长效化推进提高利益的有效整合度，完善民生保障体系建设，提高公众福祉。具体的对策建议如下。

（一）发展社会生产力，奠定民生发展的经济基础

经济基础是民生发展的必要物质条件，经济发展是民生投入增加的前提和保障。因此，必须立足省情准确把握经济发展规律，转变经济发展方式，创新经济发展理念，提高经济发展质量，为民生发展奠定坚实的经济基础。同时，吉林省现有经济增长模式所依赖的体制动力与民生改善政策之间存在固有的体制冲突，因此我们在未来的改革进程中，必须从体制变革的角度着眼经济增长与民生改善的权衡问题。从政府的角度而言，最为重要和紧迫的变革在于对自身职能定位的重新认知。如何调和增长与民生两者之间的关系，实现经济增长与民生改善的体制相融，是我们下一阶段改革的重中之重。经济增长是改善民生的重要保障，而民生改善也是经济增长的最终目的，二者在手段和目标上必须相融。改革的突破口就在于政府必须合理调整自身职能定位，将改革与发展的目标定位于民生的改善，而经济增长应当只是实现这一根本目标的手段。手段必须服务于最终的目标，经济增长的模式也必须有利于民生的改善，把握住这一点才能在改革方向和政策选择方面不偏离正确的方向，要建立民生优先的公共财政体制，将公共服务作为政府的首要职能，使解决民生问题成为财政支出的首要对象，切实提高社会保障、教育、医疗卫生等领域占财政支出的比重。另外，公众收入水平的提高和收入分配的合理化，也是民生发展重要的经济保障。要将发展经济实现产业富民与建立具有广泛合理性的收入分配机制有机结合起来，推动经济社会持续、健康、全面发展，努力增加劳动报酬占GDP 的比重，统筹城乡发展，努力缩小城乡收入差距，消除市场准入歧视，最大限度地引入竞争。

（二）推动民生机制建设，健全民生发展的制度基础

在未来的发展中，吉林省既要重点推动以生存权为核心的民生保障，完善民生托底机制，也要加快推进以发展权为核心的民生保障，完善民生发展机制。

在社会保障方面，要进一步推动统筹城乡社会保障制度建设，注重适应流动性、保证可持续性，提高社会保险统筹层次，实现社会保险无障碍衔接，增强社会保障基金的支付能力，合理确定各保障项目的保障水平，控制并缩小群

体间待遇差距。在医疗卫生方面，吉林省应在巩固现有成果的基础上进一步深化医药卫生体制改革，加快医药卫生事业发展，以适应人民群众日益增长的医药卫生需求，不断提高人民群众健康素质。紧紧围绕"保基本、强基层、建机制"的要求，深化公立医院改革，推动基本药物制度全面覆盖基层医疗机构，强化医疗机构药品监管，实施药品统一配送和药房托管制度，彻底破除"以药养医、以药补医"机制；继续推进基层医疗卫生机构管理体制和运行机制综合改革，努力建立一个维护公益性、调动积极性、保障可持续的充满活力的新机制。在就业方面，吉林省缓解就业压力，应该从重点群体入手，破解就业的结构性矛盾。对外来务工群体，要加强信息引导，多策并举解决用工单位与务工人员之间信息沟通不畅的问题，强化技能培训，改善就业环境，提高就业质量。重点解决大学生就业难问题，建立促进大学生就业的长效机制。大力推动创业促就业。落实"党委政府领导、部门广泛参与、创业项目依托、政策资金扶持、典型带动引导"的"吉林模式"，加强创业服务体系和能力建设，切实改进创业服务。在食品药品安全面监管方面，必须加大监管力度，增强食品药品安全责任，摒除体制弊端，突出食品药品安全由政府负总责、监管部门负专责、企业负第一责任的责任体系建设，积极构建食品药品安全分级管理责任体系。全面推动生产、流通和使用的规范化、标准化、精细化管理，实现食品生产、流通、餐饮服务以及药品、医疗器械、保健食品、化妆品一体化监管，坚决防范食品药品安全事故发生，切实保障百姓的饮食用药安全。在保障性住房建设方面，要制定统一的、具可持续性、可操作性的总体规划，坚持社会公平、动态保障、政府主导、循序渐进、立法先行的原则，从供给层次、监管机制、融资渠道等方面全面完善保障性住房建设体系，保障对象和覆盖范围要与公共的需求和政府的公共财政实力相匹配，先通过租住型住房解决最低收入群体的住房问题，再逐步解决中低收入群体的产权型住房问题，进而全面解决中低收入家庭的住房问题。

（三）促进民生保障均衡发展，完善民生发展的社会基础

均衡发展是民生保障的价值取向和结果状态，也是加快经济发展方式转变、扩大内需的必然要求，积极推进民生保障均衡发展的目标是使全体公民都

能获得基本均等、能够满足基本需求、与经济社会发展水平相对等的民生保障。在未来发展中，吉林省推进民生保障均衡发展应遵循坚持保基本、广覆盖、可持续的基本原则，做到尽力而为与量力而行相结合。优化公共财政支出结构，建立财政投入长效保障机制，提高民生保障支出所占比重，使民生保障预算支出增长幅度高于财政经常性支出增长幅度，增加对县域民生保障一般性转移支付的规模和比例，提高全省范围内基本医疗卫生、社会保障、公共服务、保障性住房、义务教育的供给能力和均等化水平。

同时，要注重适度推动民生保障领域政府与市场的合作，政府对民生保障负总责，但并不意味着从政策制定到执行的全过程都要由政府承担。应加强制度创新，在养老服务、保障性住房建设等准公共产品领域调动市场、社会等多元主体的积极性，丰富民生保障供给层次。具体地说，在社会化养老服务的供给中，政府可将社会福利的供给向民营部门转移，政府在社会福利中的直接供给角色转变为福利服务的规范者、购买者、管理者、仲裁者以及促使其他部门从事福利服务供给的角色。同时加大对养老服务机构资助和免税的力度，政府作为主要出资者、政策法规制定者与监督者的权利与责任要进一步加强。充分释放市场的活力，重视服务使用者的购买力，合理配置资源，使服务和经营变得更有效率。政府把自由市场同基本的社会福利结合起来，对养老服务体系实行分类管理。针对基本需求的补缺型供给，政府作为各阶层社会成员利益的最终保障者，要通过政府投资使弱势老年群体公平地享受养老服务；针对普遍性需求的大众型供给，政府作为调节者要提供良好的政策环境，给予合理的资金支持，引导市场充分发挥作用；针对奢侈性需求的高端供给，在政府必要的指导下，市场起主导作用。通过分类管理，在政府与市场合作的框架下实现资源的合理配置和照顾社会弱者的理想。① 另外，在保障性安居工程中，"共有产权房"政策值得推广。政府将原来供应经济适用房划拨的土地改为出让，将出让土地与划拨土地之间的价差、政府给予经济适用住房的优惠政策，显化为政府出资，形成政府产权，从而形成低收入困难家庭和政府按不同的产权比

---

① 付诚、王一：《政府与市场的双向增权——社会化养老服务的合作逻辑》，《吉林大学社会科学学报》2010 年第 5 期。

例，共同拥有房屋产权。实行"共有产权房"有利于限制投机、促进住房保障公平。但在政策实施过程中应合理确定政府与保障对象之间的出资比例，做好规划、建设、分配、后续管理等方面的监管工作，切实做到促进住房公平的作用。

参考文献

郑功成：《科学发展与共享和谐：民生视角下的和谐社会》，人民出版社，2006。

龚向和：《民生之路的宪法分析》，《学习与探索》2008 年第 5 期。

邓慧强：《民生权利：民生的法治表达》，《遵义师范学院学报》2008 年第 5 期。

郑磊：《民生问题的宪法权利之维》，《浙江大学学报》（人文社会科学版）2008 年第 6 期。

龚向和、龚向田：《生存权的本真含义探析》，《求索》2008 年第 3 期。

B.21 吉林省安全生产形势分析与对策研究

刘星显*

摘 要:

近年来,吉林省经济进入了一个较快的发展时期,伴随着经济的高速增长,各种重特大安全事故也呈现出频发的态势,在社会上造成了较大的负面影响,不但给国家财产和人民生命安全造成巨大损失,也影响到经济的发展与社会的稳定,制约了安全生产的整体现代化水平的提升。近期我省重特大安全生产事故频发的主要原因可归结为四大"症状":安全伦理缺失症、政府监管疲软症、企业唯利短视症、日常管理弱化症。建立防范重特大安全生产事故的长效机制应从教育培训、行政问责、激励约束、社会监督、科技促进等方面入手,才能尽快度过安全事故频发的高风险期。

关键词:

安全生产　安全事故　长效机制

习近平主席针对 2013 年接连发生的多起重特大安全生产事故提出:"要始终把人民生命安全放在首位,以对党和人民高度负责的精神,完善制度、强化责任、加强管理、严格监管,把安全生产责任制落到实处,切实防范重特大安全生产事故的发生。"① 省委书记王儒林、省长巴音朝鲁在 2013 年 6 月 8 日召开的安全生产电视电话会议中亦强调指出:"吉林省安全生产形势十分严峻,

---

* 刘星显,吉林省社会科学院法学研究所助理研究员、法学博士,研究方向为法理学。

① 《始终把人民生命安全放在首位切实防范重特大安全生产事故的发生》,《人民日报》2013 年 6 月 8 日第 1 版。

加强安全生产刻不容缓、迫在眉睫。"① 频繁的安全生产事故不但给国家财产和人民生命安全造成巨大损失，也影响到经济的发展与社会的稳定。社会主义初级阶段的社会主要矛盾以及各种现实因素，都不可避免地对安全生产工作产生影响与制约。只有通过长时期坚持不懈的努力，开展更加科学有效工作，才能使吉林省尽快度过安全事故频发的高风险期，在新的安全生产形势下，针对吉林省的具体情况，逐渐改进安全生产工作模式，建立起安全生产的长效机制，防范重特大安全事故的发生。

一　吉林省进入经济高速增长期与安全事故频发期

近年来，吉林省经济进入了一个较快的发展时期，以 GDP 增幅为例，据吉林省统计局数据显示，吉林省在 2012 年全年实现地区生产总值 11937.82 亿元，比上年同期增长 12.0%，高于全国平均增速 4.2 个百分点，在全国居第10 位。2008～2012 年这 5 年间，吉林省 GDP 平均增速达到了 13.8%，2013年第一季度，全省 GDP 同比上涨 10.2%，增速全国排名第 14。可以说，吉林省经济总量快速增长，进入了工业化高速发展的快车道。但是，伴随着经济的高速增长，各种重特大安全事故也呈现出频发的态势，尽管伤亡人数持续下降，但仅在 2013 年上半年，吉林省就发生了多起重特大事故：吉林省桦甸市老金厂金矿事故（死亡 10 人）、通化矿业（集团）公司八宝煤矿瓦斯爆炸事故（死亡 36 人）与再度瓦斯爆炸事故（死亡 17 人）、吉林省延边州和龙市庆兴煤业有限公司庆兴煤矿瓦斯爆炸事故（死亡 18 人）、吉林省德惠市吉林宝源丰禽业有限公司火灾事故（死亡 121 人）等，与上年同期相比，上升幅度非常大，在社会上造成了较大的负面影响。

自 2006 年安全生产纳入到年度统计公报统计单列项以来，吉林省伤亡事故发生率、生产安全事故死亡人数、亿元 GDP 生产安全事故死亡率等多项指标持续下降，安全生产形势总体稳定。2012 年全省共发生各类事故 8675 起，死亡

---

① 《坚定不移抓好安全生产工作确保生产安全确保人民平安》，《吉林日报》2013 年 6 月 9 日第 1版。

1618 人，同比减少 2755 起，减少死亡人数 57 人，分别下降 24.1% 和 3.4%（见图 1）。其中工矿商贸企业发生事故 116 起，同比减少 3 起，下降 2.5%。全省亿元 GDP 生产安全事故死亡率为 0.135，同比下降 15.1%，减少 0.024。但工矿商贸十万就业人员生产安全事故死亡率同比上升 31.6%，增长 0.502。[①]

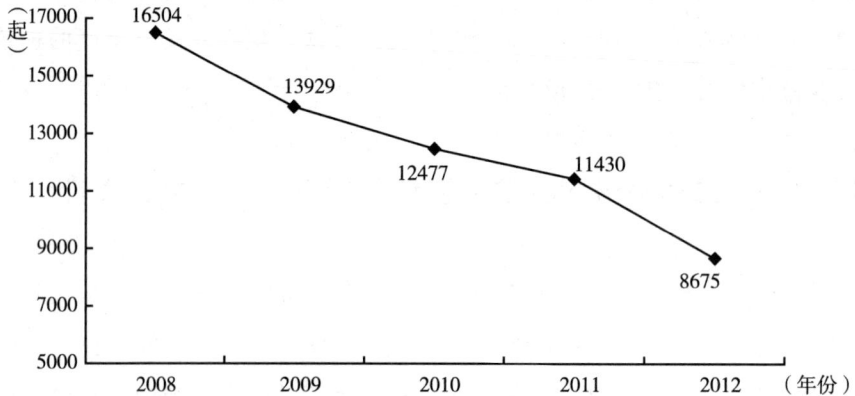

（起）

图 1 2008～2012 年全省伤亡事故统计

资料来源：吉林统计信息网。

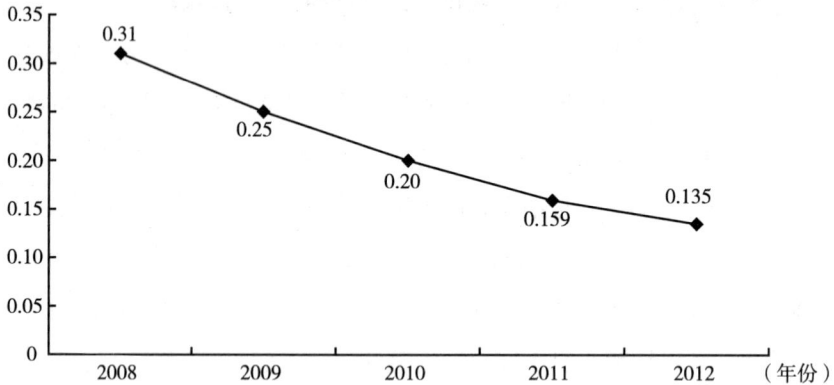

图 2 2008～2012 年全省亿元 GDP 生产安全事故死亡率

资料来源：吉林统计信息网。

---

① 参见 2006～2012 年吉林省国民经济和社会发展统计公报。吉林统计信息网，http：//tjj. jl. gov. cn/tjgb/ndgb/，2013 年 6 月 18 日访问。

通过对工业化国家安全生产发展规律的比较研究显示，安全生产形势的变化、发展与当地经济社会发展的水平之间存在密切的关联，大多数工业化国家大体上都遵循了从事故多发到逐步稳定，再到持续下降的安全生产的周期发展规律。一般说来，安全生产均呈现出四个阶段性特征：工业化早期的事故死亡人数上升阶段，工业化中期的高风险波动阶段，工业现代化后的事故风险平缓下降阶段以及后工业化时代的安全保障阶段。[①] 应当说，一个国家或一个地区的安全生产形势除了与产业结构与监管力度有关之外，主要与工业化发展水平这个基本面密切相关。当某一区域的人均国内生产总值处于快速增长的特定区间时，安全生产事故发生率、死亡率等相关指数也相应地较快上升，并在一个时期内处于高位波动状态。[②] 此期间内，潜在的不安全因素增多。目前，吉林省处于工业化发展中期的加速阶段，总体上看，我省正处于从安全生产的第二阶段向第三阶段的过渡时期，各地市安全生产形势又呈现出差异性与不稳定性的阶段性特点。在这个转型阶段，吉林省由以快速经济增长为核心，开始向以社会进步为主要发展目标的模式逐渐转化，安全事故、突发事件的发生具有频繁性、重特大性等特点，呈现出经济高增长与社会高风险并存的显著特征，安全生产形势的反复，也反映出安全生产政策干预的被动性与滞后性。与此同时，我省安全生产领域的经济结构与社会结构不协调的问题在这个阶段也比较突出，社会经济急速发展，生产活动日趋频繁，生产规模不断扩大，安全生产建设相对滞后于经济增长，制约了安全生产的整体现代化水平的提升。

二　近期吉林省重特大安全生产事故频发的主要原因

国内外的统计分析资料表明，在劳动生产的过程中 80% 以上的事故由于人为原因造成。美国著名安全工程师海因在对工业伤害事故的调研中发现，98% 的安全事故是可以预防的，只有 2% 的事故超出人的能力所能预防的范围，而在可预防的工业事故中，以人的不安全行为为主要原因的事故占

---

①　参见刘铁民《中国安全生产大趋势已进入拐点——生产安全事故宏观预警与发展态势分析》，《中国安全生产科学技术》2009 年第 3 期。
②　参见冯健钧《政府构建安全生产长效机制研究》，天津大学硕士学位论文，2010。

89.8%，以物的不安全状态为主要原因的事故占 10.2%，[①] 这表明绝大多数的安全事故完全可以通过采取科学有效的防范措施予以避免。当前，我省安全形势十分严峻。除所处发展阶段的客观原因外，四大"症状"是 2013 年我省重大安全生产事故频发的直接原因。

（一）安全伦理缺失症

习近平主席就做好安全生产工作作出的重要指示中提出："人命关天，发展决不能以牺牲人的生命为代价。这必须作为一条不可逾越的红线。"[②] 应当看到，在安全监管执法和安全生产中目前还没有真正树立起"人命关天"、"以人为本"的理念，监管者与经营者缺少对生命敬畏及尊重等伦理精神的执着追求和热忱关怀，当安全与经济利益发生矛盾时，仍用功利主义原则逾越保存生命伦理原则。在通化矿业（集团）公司八宝煤矿第一次瓦斯爆炸事故后，吉林省委书记王儒林和省长巴音朝鲁明确要求举一反三，吸取教训，坚决防止发生安全生产事故，同时，吉林省有关部门要求，类似事件必须先等专家组提出明确意见和方案后再行动。但是，当第二次险情发生时，相关责任人却因"保矿"想法迫切，在没有经请示和制定科学周密方案的情况下，擅自组织下井，导致事故的再次发生。[③]

近年来生产安全问题不断涌现，除了企业没有履行相应的伦理责任之外，政府以及相关职能部门也具有不可推卸的责任，当前企业对企业员工的健康安全权益尚缺乏责任意识与责任伦理，其中也折射出政府以及相关职能部门行政伦理的缺失。企业如果是通过技术改进等方式来降低成本，会带来双赢和多赢的局面。在安全事故的诸多案例中，企业无视相关法律法规，为在市场中获得竞争优势，超越法律底线乃至伦理底线，在生产环节中实施机会主义，通过以损害劳动者权益的方式来提高收益。[④] 把行政伦理、经济伦理的培育视为地方

① 李宣东等：《双因素理论与安全事故预防》，《辽宁工程技术大学学报》2005 年第 5 期。
② 《始终把人民生命安全放在首位切实防范重特大安全生产事故的发生》，《人民日报》2013 年 06 月 08 日第 01 版。
③ 《吉林通化矿业（集团）公司八宝煤矿的瓦斯爆炸事故系列专题》，新华网，http://www.jl.xinhuanet.com/2012jlpd/2012jlpd/2013-04/03/c_115261206.htm，2013 年 6 月 14 日。
④ 参见杨光飞、梅锦萍《市场转型与经济伦理重塑》，《伦理学研究》2011 年第 6 期。

建设与企业发展的额外成本是一种短视观念，最终将限制市场秩序的维护与发展。

（二）政府监管疲软症

在社会转型时期，特别是在推进城镇化发展的过程中，地方政府为在较短时间内提升地方经济发展水平，迅速增加财政收入，同时也受到部门利益与领导政绩的驱使，易于与被管理企业或某些特殊利益集团形成利益共同体，从而导致在政府监管服务职能与社会公共利益的基本要求之间发生脱节与偏离。

在以 GDP 为主要指标的官员绩效考核制度下，地方政府和企业之间的利益同盟是导致高事故发生率的重要原因。通过引入某些高污染、低安全的企业，地方政府在短时期内获得了 GDP、财政收入与就业率的提升等相关政绩，而企业则在这个过程中获得了廉价土地、能源、劳动力与基础设施。在短时期内，GDP 盲目增长与安全成本低投入的负面效应并不明显，在地方政府以及相关职能部门很容易与企业缔结成某种利益同盟关系，制约了其发挥应有的监管职能，致使轻视安全生产的企业现象屡见不鲜，极大地损害了社会公共安全利益的实现。[①] 如在对吉林宝源丰禽业有限公司火灾事故的调查中显示，宝源丰在多年的建设、生产过程中存在多种违规行为，但作为米沙子镇的重点招商引资企业，当地相关职能部门为其一路开绿灯，甚至违规操作，对该企业安全生产的日常管理与监督力度大打折扣，消防检查流于形式，最终酿成恶果。

（三）企业唯利短视症

从我省企业产安全事故的基本情况来看，在企业内部，事故发生的主要原因在于安全成本投入不足与安全管理缺失两个方面，其中前者一般构成了我省中小企业安全事故的根本原因，而大型企业在安全成本投入相对充足的前提下，由于日常安全生产管理的失范，同样难以有效防止生产事故的发生。

企业作为社会的基本经济单位，决定了企业组织行为必然带有自利倾向。虽然企业可以通过安全投资达成安全生产的必备条件，保障生产顺利进行，为

---

① 参见聂辉华、李金波《政企合谋与经济发展》，《经济学》2006 年第 6 卷第 1 期。

企业的经济发展带来长期利益，但是由于安全效益具有滞后性特点，前期安全投入较大，效益产生需要较长时间，导致部分企业在短期经济利益的驱动的压力之下，选择无视安全生产相关法律法规，漠视员工职业安全与健康，尽可能削减、降低在安全方面的投入。由于我省的中小企业绝大多数还处于起步阶段，经济基础比较薄弱，其生存和发展受宏观环境的影响较大，在市场竞争激烈、经济不景气的情况下更倾向于不进行安全生产，同时由于在中小企业特别是城镇周边企业的就业员工大多数安全素质较低，职业安全需求低，降低了对安全生产条件的要求，纵容了企业不进行安全生产的行为。可以说，企业自身缺少安全投入的动力与企业员工安全需求较低共同导致了企业采取不安全生产行为的现象频繁出现。即便是成规模的大型企业之中，在安全成本上的投入也不达标，存在投机取巧行为，如在对吉林宝源丰禽业有限公司火灾事故的调查中显示，企业厂房尤其是房顶大量使用了廉价的未达标的易燃保温材料，车间空间布局不符合基本防火要求，同时企业还存在比较严重的重生产纪律轻安全纪律的现象。

（四）日常管理弱化症

日常安全生产管理是消除安全隐患、预防事故发生、维护安全生产的重要保障，也是安全管理的重要内容，但是我省部分企业日常安全管理缺位现象十分突出。部分企业没有始终把安全生产摆在第一位，重生产、轻安全的现象不同程度存在。一些安全生产措施只是停留纸面上，没有真正得到贯彻执行。相对来说，我省企业在安全生产方面的资金、人力投入水平始终停留在较低水平，在保障安全投入的制度建设方面乏善可陈，相应的监管体制不完善，导致一些地方安全管理和监督同社会经济发展之间发生脱节，致使企业日常的安全生产条件难以获得充分保障。在企业内部还存在安全管理弱化现象，事故隐患不能及时消除，存在一些死角和盲区，违章指挥、违章操作、违反劳动纪律的现象时有发生，普遍存在。

三　建立吉林省安全生产长效机制的对策建议

2011 年党和政府提出了安全发展的概念，制定了国家安全发展的战略方针。目前我省的安全生产制度建设正进入一个转型的关键时期，该时期的主要标志是：由财富优先获得向安全优先获得的安全生产政策转型，由经济利益、效率优先到以人为本的安全发展战略转化，并在这个过程中逐步建立起合乎省情的安全生产长效机制。安全生产长效机制是与安全生产工作的健康运行有关的各组成部分相互关系作用形成的良性发展机制，是确保安全生产工作有效开展、正常运行的一系列规章、制度、组织所构成的有机系统。安全生产长效机制具有影响时效的长期性、覆盖范围的全面性、日常运行的规范性、调节方式的强制性以及运行动力的内生性等基本特征。建立吉林省安全生产长效机制需从以下五方面入手。

（一）建立安全生产的文化教育机制

安全的理念决定安全的意识，安全的意识决定了安全的行为。我省的安全生产文化制度建设正进入一个转型的关键时期。安全文化作为人类安全价值观及行为准则的总和对人的安全观念、安全意识、安全态度等有着深刻广泛的影响。搞好我省的安全生产工作，除加强传统的安全监督和管理，还必须从安全文化的高度来认识和开展安全教育工作。必须在抓好安全理念渗透和安全行为养成上下功夫，转化为安全行为，升华为自觉行动，自觉尊重与爱护人的生命价值，始终把劳动者的人身、生命的安全利益放在第一位，重塑人命关天、以人为本的安全伦理道德观，推进安全文化的发展、繁荣。

建立安全生产的文化教育机制，要做到：第一，树立科学的以人为本的安全观。安全文化建设要紧紧围绕以人为本这个中心，不断提高管理者与企业的安全意识和安全责任，把安全第一变为每个人的自觉行为。第二，完善安全宣传教育体系，增强安全生产意识。严格遵照安全生产教育工作的各项规定，强化职工教育培训制度，组织各级安全生产责任人、管理干部与广大员工认真学习相关法律法规，进行安全责任教育，培养全员安全意识，明其责、尽其职，实现从"要我安全"到"我要安全"的根本性转变，提高职工安全生产素质，增强防范事故与应急援救的能力。第三，鼓励理论探索与应用，促进安全文化发展。要支持、帮助企业搭建安全交流沟通平台，鼓励开展有关安全生产管理学术交流，利用先进的理论指导安全生产实践，将安全文化融合于企业的各项工作中，创造安全生产的良好氛围。

（二）建立安全生产的行政问责机制

建立安全生产的行政问责机制，对在安全生产过程中的失职、渎职行为予以追究，是促使企业落实安全生产主体责任，确保政府严格履行安全生产监管职责的制度保障。只有把严格问责与科学问责、依法问责有机结合在一起，才能充分发挥行政问责的优势。① 地方政府与企业形成利益同盟侵蚀公共安全利益的根本动因在于唯 GDP 论，过分强调 GDP，会使地方政府更加关注促进短期的经济增长，而忽视长期的社会层面社会福利最大化的问题，当地方政府把GDP 之外的因素，诸如安全、环保、民生等都纳入目标函数时，才有动力使其将安全生产纳入到重点建设领域，制造安全生产隐患的政企利益同盟才能真正得以瓦解。政府不仅要在加强监管方面下功夫，更重要的是用好政绩考核的指挥棒，从改革地方政府官员绩效考核体系出发，建立长效的考核机制，才能从根本上防范安全事故的发生。倘若安全生产考核结果能够系统性地纳入地方政府的考核范围，那么实现科学发展观才真正有了激励机制，从根本上说，只有贯彻科学发展观，才能彻底消除安全隐患。

安全事故的运动式治理有一定作用，确实可以在短时间内调集一切可以调动的资源，集中投入到应对危机之中去，以调解资源不足和控制能力有限的问题。但运动式治理不会起到根本作用，应当看到政府可用的资源相对于其所需要应对的问题而言永远是稀缺的，运动式治理还将带来一种机会主义文化，不法企业会心存侥幸，不认为受到处罚是因为违法，而将之视作是自己运气欠佳。政府应建立一个包括考核、问责制度在内的监管、治理的长效机制。从近年来安全生产事故的处理情况来看，政府对地方政府官员的行政问责力度在不断加大，这说明政府逐步将公共安全生产事故的防范作为考核地方政府官员的一项内容。带有盲目性特点的问责风暴反映出目前的行政问责制和地方政府官员绩效考核体系的不完善，主要表现在地方政府官员问责规定弹性过大，缺乏

---

① 杨占科：《建立依法严格科学的安全生产问责机制》，《现代职业安全》2011 年第 9 期。

可操作性，大多只是做了一些原则性的规定并没有制定相应的实施细则，同时行政问责制的配套制度还不够完善，比如政务公开制度、政府绩效评估制度、引咎辞职制度等。

建立安全生产的行政问责机制，要做到：第一，健全法律体系，完善问责依据。目前制约问责效能的突出问题是缺乏履职到位与否的衡量标准，要尽快研究制定、完善适合我省省情的安全生产问责条例，促进安全监管监察水平的全面提高。第二，落实行政问责，健全问责机制。要进一步完善各种安全生产问责制的细则、程序、配套法规，建立一整套行政问责的联动机制，使问责制能真正有效运行起来。第三，建立预防机制，加强事前责任追究。问责是手段而不是目的，倘若只有事后责任追究，很难将安全事故防患于未然。要注意加强对事前的责任追究，明确规定行政问责的方式、内容、程序和尺度，由突击式的问责风暴转为常规性问责，保证公共权力运行的公正、规范、高效，将安全生产事故的防控重点由事后处理向事前预防方向转变。同时进一步建立健全未遂事故责任追究制度，对于未造成人员伤亡的安全生产事故，完善比照处理机制，根据具体情况追究相关责任人的责任。

（三）建立安全生产的激励约束机制

在世界范围内，安全生产的经济激励大体上经历了三个阶段：以风险工资和诉讼责任赔偿为主要表现形式的第一代安全生产经济激励模式（英国），以伤害补偿为主要表现形式的第二代安全生产经济激励模式（德国）以及以事故税和责任共同体为表现形式的第三代安全生产经济激励模式（荷兰）。这些激励方式的产生、发展与变化同当时的历史条件相适应，取得了一定效果，但也存在各自的缺点，这对我省建立多层次全方位的安全生产激励机制提供了颇多启示。在市场经济条件下，企业容易片面追求经济利益，不愿意对安全培训、安全技术研究等加大投入，往往存在被动性，政府应采取激励措施弥补企业的动力缺失，积极引导并激励企业主动承担安全生产主体责任，加大安全投入，进而实现安全生产长治久安。以往的企业在安全管理制度中更倾向于设计惩罚机制而忽视了激励机制的重要性，企业应使正向激励与反向激励相结合，不断完善安全生产奖励机制，将激励的重点放在安全管理人员以及对安全生产有突出贡献的人员上面。通过设置科学的激励机制，降低事故损失，提高经济效益，树立企业声誉，促使企业员工自觉保障安全生产的运行。在政府层面，地方政府及相关职能部门也应从引导、调控的高度设计安全激励机制，激励企业采取有效的措施推动安全生产。

建立安全生产的激励约束机制，要做到：第一，推行安全生产责任保险制度。将企业的安全生产状况与保险费率挂钩，实行浮动费率，以激励企业树立效益观念，企业参保后如在一定时间内发生安全生产事故，应调高保险费率，促使其提高安全投入的资本与人力，最大限度地预防安全事故。第二，积极引导改革企业安全生产奖励体制。要充分发挥工会、广大职工参与企业内部建设方面的作用，同时要重视社区组织、社会民众在外部监督方面的作用，把安全工作与奖励机制结合起来，给予安全管理层充分权力与较高地位，使得从事安全生产工作的人员享受从优政策与待遇，对安全生产工作从业人员发放特殊岗位津贴、补贴。第三，发展安全中介机构，推动安全生产领域的服务外包。许多中小企业因规模所限，成本制约，没有能力按照法律规定配备专职的安全管理人员，政府应该有计划地培育发展安全生产中介机构，以满足政府和企业的安全需要。

（四）建立安全生产的社会监督机制

建立安全生产的社会监督机制是指要发挥新闻媒体、自治组织等社会组织和社会公众的作用，形成舆论监督、群众监督的机制，提升监管效果，在全社会形成促进企业安全生产水平提升的良好社会氛围。

建立安全生产的社会监督机制，要做到：首先，建立安全生产事故信息的发布、举报与跟踪制度。要及时准确地对外公开安全生产重大决策部署情况、安全生产工作的进展情况、重大安全生产隐患的治理情况、重点安全生产项目的建设情况、重特大安全年生产事故的进展和查处情况、群众举报和新闻媒体反映的安全生产的热点问题，将政府、相关职能部门与企业在安全生产方面的实施情况置于新闻媒体和社会公众监督之下，拓宽和畅通安全生产社会监督渠道，设立举报信箱，统一和规范安全生产举报投诉电话，实行安全生产信息的公开。其次，重视新闻媒体的监督作用。要不断扩大新闻媒体舆论监督的公众参与范围，方便社会公众了解情况、参与监督，不断完善与社会公众、新闻媒体的沟通机制，充分发挥人民团体的监督作用，创造良好的监督环境，依法维护、落实企业职工安全生产知情权、参与权、监督权等各项有关安全生产的权利。

（五）建立安全生产的科技促进机制

安全生产科技进步是预防事故、保障生产安全的有效手段，是实现本质安全的重要保证，对经济社会安全发展、科学发展具有重要的推动作用。应当说，作为安全生产工作的重要技术支撑，安全生产科技是提升我省安全生产保障能力建设的重要组成部分，不仅反映出现代化安全生产工作的内在要求，同时指明了我省下一阶段安全生产的发展方向，要将有关安全生产方面的科技成果更迅速、高效地转化成为提升安全生产的构成性要素，在建立生产监管体系、生产标准化体系等方面发挥应有的作用。

建立安全生产的科技促进机制，要做到：首先，构建科学的安全生产监督管理体系。要充分重视科技在加强安全生产监督管理方面的作用，持续加强政府、企业对安全生产科技建设方面的资金与人力投入，科学规划、合理布局，建立完善重特大安全生产事故的预警系统、监测系统与应急系统，保证、维护系统的正常运转与升级更新，进一步提高政府的日常监督管理与应急处置的能力与企业的安全生产水平自控自检水平，加快安全生产科技进步，推进全省安全生产系统建设，实现科学预防和有效处置安全生产事故的整体目标。其次，构建科学的安全生产标准化体系。政府及相关职能部门要积极研究制定地方性的企业安全生产标准，并将企业安全生产责任进一步明确、细化，逐步建立自我约束、自我完善、持续改进的企业安全生产工作机制，不断提升企业安全生产的条件，优化安全管理的结构，实现对整个生产过程的全程、全员的标准化安全控制管理。最后，构建科学的安全生产创新体系。安全生产的科技进步不仅需要政府、企业在资金、人力等方面的投入，还应借助社会的资源与力量，通过特许经营、投资入股、政策激励等措施，积极探索推进资源整合的有效方法，构建以市场为导向，以企业为主体，产、学、研相结合的安全技术创新体系。

参考文献

刘铁民:《中国安全生产大趋势已进入拐点——生产安全事故宏观预警与发展态势分析》,《中国安全生产科学技术》2009 年第 3 期。

冯健钧:《政府构建安全生产长效机制研究》,天津大学硕士学位论文,2010。

杨光飞、梅锦萍:《市场转型与经济伦理重塑》,《伦理学研究》2011 年第 6 期。

聂辉华、李金波:《政企合谋与经济发展》,《经济学》2006 年第 6 卷第 1 期。

李宣东等:《双因素理论与安全事故预防》,《辽宁工程技术大学学报》2005 年第 5 期。

B.22
吉林省统筹城乡社会保障的
制度困境与发展对策研究

王　一*

摘　要：

目前，吉林省社会保障体系已经基本实现了制度全覆盖，待遇水平显著提高，边缘群体社会保障问题逐步得到解决，社会保障关系转接接续政策取得突破性进展。但城乡社会保障发展的不平衡导致社会保障制度在公平性、协调性、整合性等方面仍然存在诸多问题。在进行理论反思和实践经验总结的基础上，笔者认为必须从统筹城乡的视角下认识社会保障制度建设问题，整合社会保障制度的设计理念、筹资模式和运行逻辑，建立统一框架的社会保障体系，打破不同社会群体之间的内部分裂和福利分配差序格局，将分散的社会保障项目整合为统一社会保障体系，进而实现社会保障全面协调、稳定发展的目标。

关键词：

社会保障　城乡统筹　公平正义　制度整合

进入 21 世纪以来，在国家的政策支持和各级地方政府的积极努力下，吉林省社会保障制度建设取得了突破性进展，逐步建立起与市场经济体制相适应的社会保障基础性框架，在制度层面上基本实现了城乡居民社会保障全覆盖。但也应该意识到，长期存在的城乡差异使得社会保障制度在公平性、协调性、

---

* 王一，吉林省社会科学院社会学所助理研究员、吉林大学哲学社会学院博士研究生，研究方向为社会保障与社会政策。

整合性等方面面临着严峻考验。从统筹城乡的视角下重新认识社会保障制度，克服城乡发展不平衡所带来的各种难题，成为当前社会保障制度建构必须面对的关键性问题。

一 吉林省社会保障体系的发展现状

社会保障制度作为工业化的产物，是国家面向全体国民依法实施的具有经济福利性的各种保障措施的统称，具有维护社会公平、增进人民福祉的重要作用，主要包括社会保险、社会救助、社会福利等内容。[①] 进入 21 世纪以来，在关注民生、以人为本的政策环境下，社会保障作为再分配制度，其维护社会公平的职责逐步得到普遍认同，社会保障制度建设迎来了前所未有的发展机遇。经过多年的努力，吉林省社会保障体系建设基本实现了制度全覆盖，待遇水平显著提高，边缘群体社会保障问题逐步得到解决，社会保障关系转接接续政策取得突破性进展。

（一）实现制度全覆盖

从总体上来看，截至 2012 年末，吉林省已经基本实现了社会保障制度层面的全覆盖。在养老保险方面，自 1998 年开始实施《吉林省统一企业职工基本养老保险制度实施办法》，适用于城镇各类企业职工和个体劳动者，是一种社会统筹与个人账户相结合、权利与义务相对应、管理服务社会化、新老办法平稳衔接的养老保险体系；2010 年实施《吉林省新型农村社会养老保险试点实施意见》，按照"保基本、广覆盖、有弹性、可持续"的基本原则，建立个人缴费、集体补助、政府补贴相结合的新农保制度；2011 年实施《吉林省城镇居民社会养老保险试点实施意见》，筹资模式和基本原则与新型农村社会养老保险基本一致。自此，通过机关事业单位退休金制度、城镇职工基本养老保险、新型农村社会养老保险和城镇居民社会养老保险实现了城乡居民养老保险的全覆盖。

[①] 参见郑功成《中国社会保障改革与发展战略：理念、目标与行动方案》，人民出版社，2008。

在医疗保险方面，1998 年，实施《吉林省建立城镇职工基本医疗保险制度总体规划》，实施范围包括全省城镇所有用人单位，由用人单位和职工共同缴纳医疗保险费，是一种统筹基金与个人账户相结合的保险制度；2003 年，实施《吉林省新型农村合作医疗试点方案》，实行个人缴费、集体扶持和政府资助相结合的筹资机制，建立以大病统筹为主的新型农村合作医疗制度；2008 年，实施《吉林省关于城镇居民基本医疗保险试点的实施意见》，覆盖城镇所有非从业居民，是以大病统筹为主的城镇居民基本医疗保险制度。自此，通过城镇职工基本医疗保险、城镇居民基本医疗保险和新农合实现了医疗保险的城乡居民全覆盖。

在失业保险方面，2003 年，实施《吉林省失业保险办法》，失业保险基金主要由用人单位和职工共同缴纳，规定对于在法定劳动年龄内非因本人意愿中断就业，具有从事正常社会劳动能力，有求职要求的劳动者，按照规定参加失业保险，按时足额缴纳失业保险费，在失业后领取 3～24 个月失业保险金，保障失业人员失业期间的基本生活，促进其再就业。

在工伤保险方面，2004 年，实施《吉林省工伤保险条例》，实施范围包括本省境内的各类企业、有雇工的个体工商户等用人单位，工伤保险费由用人单位缴纳，职工因工致残事故发生后，按照伤残等级由工伤保险基金支付伤残津贴、供养亲属抚恤金和生活护理费，使因工遭受事故伤害或患职业病的职工获得及时的救治和补偿。

在生育保险方面，2006 年，实施《吉林省城镇职工生育保险办法》，实施范围涵盖本省行政区域内的城镇各类企业和机关、事业单位、社会团体、民办非企业单位、有雇工的个体工商户等用人单位，生育保险费由用人单位缴纳，女职工在生育过程中产生的医疗费用从生育保险基金中支付，保障城镇职工生育和接受计划生育手术期间的基本生活和基本医疗需要。

在社会救助方面，2004 年，吉林省实施《城市居民最低生活保障条例》，城市居民最低生活保障所需资金由当地人民政府列入财政预算，对于本行政区域内持有非农业户口、家庭收入低于规定标准的城市居民，按规定支付最低生活保障金，并在再就业、从事个体经营、子女入学、医疗、冬季取暖等方面给予扶持和照顾，保障城市居民基本生活。2007 年，实施《吉林省农村居民最低生活保障办法》，农村最低生活保障所需资金列入财政预算，保障范围为本省行政区域内持有常驻农村户口，其家庭人均实际纯收入低于当地农村最低生活保障标准的家庭及其成员，重点保障对象为因长期重病、重残、年老体弱、丧失劳动能力、生活条件恶劣造成生活常年困难的家庭及成员，保障农村困难家庭居民的基本生活。2009年，实施《吉林省农村五保供养办法》，所需资金列入财政预算，保障残疾人及符合标准的老年人和未成年人在吃穿住医葬、未成年人教育等方面的生活照顾和物质帮助。2008年，实施《吉林省城乡医疗救助指导意见》，对于本辖区内持有常驻户口的城乡居民最低生活保障对象、五保供养对象、重点优抚对象等群体给予日常救助、临时救助和住院救助，减轻城乡特殊群体的医疗困难。

在实现制度全覆盖的同时，社会保障各项制度的覆盖人数也显著提升。截至2012年底，各项社会保险覆盖总人次近3500万，其中，全省城镇基本养老保险覆盖总人数已达到621.86万人；城镇居民社会养老保险覆盖总人数达31万人；新型农村社会养老保险覆盖人数达499万人。城镇基本医疗保险参保人数达1363万人。失业保险参保人数达251.5万人。工伤保险参保人数达352.2万人，其中农民工83.9万人。生育保险参保人数约343.7万人。

（二）待遇水平显著提高

连续提高企业退休人员基本养老金。2011年，吉林省企业退休人员月人均养老金水平为1185元左右，与2010年相比实际人均调整水平达到了152元，增长幅度为13.5%，高出国家标准3.5个百分点；2012年，吉林省企业退休人员月人均养老金水平达到1370元左右，与2011年相比实际人均调整水平达到185元，增长幅度为15.6%，高出国家规定的平均调整水平5.6个百分点。

实施社会救助和保障标准与物价上涨挂钩的联动机制。2012年，吉林省城市低保对象月人均补助水平由2011年的221元提高到243元，达到上年度城镇居民月人均可支配收入的20%，农村低保对象年人均补助水平由2011年的1141元提高到1259元，达到上年度农村居民年人均纯收入的25%，在按照低保家庭人均可支配收入与当地保障标准的差额确定补助金额基础上，对其家庭中的老年人、未成年人、重度残疾、重病患者等特殊困难家庭成员，提高补助标准。

提高医疗保险待遇水平。2011年吉林省城镇居民基本医疗保险参保补助标准由2010年每人每年120元提高到200元，2012年进一步提高到每人每年240元，统一建立了城镇居民大病补充医疗保险制度，最高支付限额10万元，平均报销比例不低于80%。2011年，吉林省新农合财政补助标准由2010年的每人每年120元提高到每人每年200元，为进一步提高报销水平提供了基金保障。新农合住院统筹补偿比例普遍提高，补偿封顶线由2010年的每人每年4万元提高到6万元，较好地满足了农村居民的医疗保障需求。

（三）转接接续问题取得突破

2010年，实施《吉林省城镇企业职工基本养老保险关系转移接续暂行办法》，适用于省内转移基本养老保险关系的参保人员，包括城镇个体工商户及其帮工、自由职业者、灵活就业者及农民工，确定了省内转移关系"只转关系不转资金"的基本原则，实现了养老保险关系转移接续相关的行政审批、业务经办工作的正常运行，为解决参保人员养老保险关系异地转移接续、农民工退保等问题提供了政策依据，切实保障了参加城镇企业职工基本养老保险人员的合法权益，促进了人力资源的合理配置和有序流动，保证参保人员在省内顺畅转移接续养老保险关系。

（四）边缘群体保障有序推进

自2010年开始，吉林省启动厂办大集体职工和五七家属工等群体参保续保试点，出台了《厂办大集体企业养老保险欠费清理和职工养老保险关系接续办法》和《五七家属工参加基本养老保险暂行办法》。在各级政府的努力下，国企改制遗留失业保险金发放问题正在解决，通过利用社保补贴政策和统一征缴资金，重点解决了22个缺口市县资金问题，使39万国企改制解除关系人员的保险金问题得到稳妥解决。解决符合参保条件"五七家属工"纳入社保问题，严格把握各项条件和标准，通过资格审核但尚未纳入养老保险的1万人左右的待遇问题基本得到解决。着手解决厂办大集体改制人员参保续保问题，已经启动 34.4 万名漏保断保人员的参保续保工作。经过几年的努力，吉林省"老工伤"、"五七家属工"、厂办大集体职工全部纳入社会保险统筹，妥善解决了边缘群体的社会保障问题。

二　吉林省社会保障体系的制度困境

尽管吉林省的社会保障制度已经初步实现了制度全覆盖，但外部驱动型的变迁路径使得社会保障缺乏统筹规划和综合设计，理念与功能都存在模糊地带，造成了公平性、协调性、整合性等方面存在诸多问题。

（一）缺乏实践反思

社会保障制度需要在理论规范和知识体系的基础上对发展方向和路径进行有效阐释。但长期以来，国内社会保障学界始终存在重实践轻理论的倾向，无论是对"福利国家"理论的摒弃、对新自由主义的质疑，还是对第三条道路的追捧，始终都是唯西方理论动态马首是瞻，尚未达到应有的理论自觉，也很难实现西方理论的本土化和应用价值。此外，受经济社会发展环境影响，在社会保障制度实践过程中存在一种"不均衡发展"理念，也就是在资源总量相对不足的情况下，优先发展某些有基础或难度较小的领域，以便迅速突破，这种实践逻辑事实上具有"功利主义"取向。应当说，这种取向在社会保障制度从无到有乃至实现全覆盖的过程中发挥过积极作用，但在新的历史时期，这种缺乏理论反思的实践逻辑也成为社会保障制度全面统筹协调发展的障碍。

（二）制度过于碎片化

吉林省的社会保障制度改革走的是一条逐项推进、多轨并存的渐进式道路，"在中国的渐进改革路径中，每一个改革步骤，实质上都是社会经济运行遭遇'瓶颈'时的突破"，不例外的是，社会保险制度的"碎片化"状态也是"瓶颈突破"式改革的一个结果。① 社会保障制度的"碎片化"使养老保险存

---

① 朱玲：《中国社会保障体系的公平性与可持续性研究》，《中国社会科学》2010 年第 5 期。

在四种制度，医疗保险存在三种制度，城市和农村在养老保险、医疗保险、社会救助等方面都存在巨大差距，各项制度的设计理念、筹资模式、运行方式都遵循不同的逻辑，导致制度操作过程中出现种种问题。另外，养老、医疗、社会救助等各项社会保障制度分别由人力资源社会保障、卫生、民政等多部门经办，各部门的管理方式并不统一，信息也不能共享，导致各地间难以转移接续，不仅妨碍劳动力流动，而且加大了管理成本。

（三）制度公平性不足

社会保障作为具有经济福利性的生活保障体系，是公共资源的重要组成部分，应该修正市场资源分配产生的不平等，起到保护弱者的作用，满足公共利益的需要。① 但吉林省社会保障覆盖面的不断扩大并没有从根本上解决社会保障的公平性问题，主要表现在城乡、区域和阶层之间。首先是城乡分层问题。社会保障的城乡二元格局使农村居民所享受的养老、医疗等方面的社会保障待遇与城市存在较大差距。其次是区域分层问题。改革开放以来，区域、城市之间的经济发展水平出现分化，在吉林省范围内主要体现在省会城市、地级市与县级市之间的分化。最后还有阶层间的福利分层。以养老保险为例，目前存在城镇职工基本养老保险制度、"退休金"制度、城镇居民社会养老保险制度、农村居民社会养老保险制度四种制度形态，不同制度间待遇差距很大。除去城乡、区域和阶层之间的福利分层以外，还存在部门、行业等方面的福利分化现象，目前的社会保障资源配置在巩固并强化着现有的社会分层格局，这不仅违背了社会保障的宗旨，还违背了公平正义的价值理念。

（四）统筹协调能力不足

由于各社会保障项目都是从基层试点开始逐步推广的，导致社会保障项目的统筹层次难以提高。目前，吉林省各项社会保障制度的统筹层次各不相同，除城镇职工基本养老保险实现省级统筹外，其他各项制度均为县（区）级统

---

① 关信平：《当前我国社会保障制度公平性分析》，《苏州大学学报》（哲学社会科学版）2013 年第 5 期。

筹或市（地）级统筹，统筹水平普遍较低且统筹层次参差不齐。由于不同地区各自为政，导致异地养老保险资格认证困难，医疗保险异地就医即时结算难以实现，资金不能调剂使用，极大地限制了社会保险的社会共济作用，影响和制约了社会保险基金效用的发挥，导致基金使用效率低下，而且统筹层次越低意味着决策权越分散，基金的风险越高，当地政府对社保资金有很大的支配权，挤占、挪用等现象偶有发生，制约了社会保障制度的健康发展。

（五）整合衔接不到位

当居民在城乡之间流动时，其社会保障待遇未能得到自由、合理、有序地转续，身份资格认定、缴费年限认可、保障资金转移、待遇核定计发等政策都不尽合理，导致其社会保障待遇的损失。从总体上来看，吉林省社会保障仍然滞后于经济发展水平，在一定程度上影响居民对于未来的预期，而且在调节收入分配方面的作用发挥也不够充分，社会保障资源主要集中于城市，进一步强化了城乡差距，社会保障制度对于就业的带动作用也不明显，甚至阻碍了劳动力的自由流动，社会保障制度的整合衔接能力仍有待提高。

三　吉林省统筹城乡社会保障制度的政策选择

统筹推进城乡社会保障体系建设是党的十八大对未来一段时期社会保障制度建设提出的基本要求，从世界各国发展历程的实践经验来看，社会保障制度通常都经历了由碎片化向一体化的过渡。因此，必须从统筹城乡的视角下认识社会保障制度建设问题，克服当前城乡社会保障发展的不平衡所带来的各种难题，缩小城乡差距，全面统筹、协调城乡社会保障，实现社会保障健康稳定发展的目标。

（一）统筹城乡社会保障制度的基本框架

统筹城乡社会保障制度应建立统一框架的社会保障体系，打破当前机关事业单位从业人员、城镇职工、城镇居民、农村居民之间的内部分裂和福利分配差序格局，将分散的社会保障项目整合为统一的社会保障体系，使全体公民无论身份、地域、行业，都能够平等地享受基本的生活保障。

吉林省统筹城乡社会保障制度建设要以阶梯递进为原则推进城乡社会保障制度的衔接。根据不同情况使政府、社会、个人在社会保障制度中共同承担责任。一方面，城乡社会救助所需资金来源于财政预算，由政府统一出资，属于政府全供型的保障，在保障基础上要实现统筹衔接。对于家庭收入低于规定标准的城市居民按规定支付最低生活保障金，并在再就业、从事个体经营、子女入学、医疗、冬季取暖等方面给予扶持和照顾，保障城市居民基本生活。同时，对于家庭人均实际纯收入低于当地农村最低生活保障标准的家庭及其成员，特别是因长期重病、重残、年老体弱、丧失劳动能力、生活条件恶劣造成生活常年困难的老年人和未成年人在吃穿住医葬、未成年人教育等方面的生活照顾和物质帮助。另一方面，逐步将针对不同人群的养老保险制度、医疗保险制度进行统筹协调，缩小城乡差距。这就涉及不同群体间缴费水平和待遇差距问题，本文以争议最大的养老保险为例，论述逐步实现相同缴费比例和养老金待遇的可行性。根据国际劳工组织的要求，养老金替代率的最低标准为40%；目前城镇职工连续缴纳15年情况下的养老金目标替代率约为39.2%。结合两者综合考虑，将基础养老金的替代率暂时确定为40%既符合国际惯例，又符合中国国情。根据刘昌平等学者的预测，2005~2050年在职人员与离退休人员的比例始终会在4∶1以上。[1] 根据马丁·费尔德斯坦[2]的论证，在相应时间序列内，1名退休者要领取40%替代率的退休金，需要4名在职者每人10%的社会平均工资。目前，城镇职工基本养老保险的缴费比例约为20%，能够满足要求。而对于农村居民来说，2012年，我国农村居民人均纯收入为7917元，国家的补助标准为每月55元，每年发放660元，占当年农村居民人均纯收入的8.3%，而农村居民缴纳养老保险费的金额分为每年100~500元5个档次，最高档500元占2012年农村居民人均纯收入的6.3%。可以看出，如果国家能够调整政策，将目前的出口补助转变为入口补助，加上农村居民的个人缴费，能够达到10%的缴费标准，进而实现40%的养老金整体替代率。在此基

---

[1] 刘昌平、殷宝明：《中国基本养老保险制度财务平衡与可持续性研究——基于国发〔2005〕38号文件形成的城镇基本养老保险制度》，《财经理论与实践》2011年第1期。

[2] 马丁·费尔德斯坦：《中国的社会养老保障制度改革》，《经济社会体制比较》1999年第2期。

础上，形成基础养老金与企业年金、个人储蓄共同构成的多支柱养老模式，逐步满足全体国民的养老需要。除养老保险外，医疗保险等社会保险项目及社会救助、社会福利也要在权利义务关系对等性、待遇给付公平性等方面进行统筹安排，缩小城乡差距，改变原有的城乡二元结构。

（二）统筹城乡社会保障制度的实施路径

统筹城乡社会保障制度建设是一项复杂的系统工程，要超越城乡二元结构格局的藩篱，弥合城乡之间、工农之间、区域之间的差距，需要各项制度的相互配合。

1. 以扩大产业吸纳能力为核心夯实参保基础

长期以来，吉林省农民对土地的依赖性较强、农民进城的意愿较弱，这不仅制约了城镇化的发展速度，也为以社会保险为核心的城乡社会保障制度整合带来困境。家庭承包经营形成的农民依附土地的体制问题使农民对土地的依赖性在吉林表现得非常典型。根据我们近期对全省 2000 户的农民进城意愿调查问卷结果显示，有 62% 的农民不愿意进城，主要原因是进城的成本和土地流转问题。而且，随着近年来粮价的攀升，2011 年全省农民家庭人均纯收入已达到 7509.95 元，比 2002 年增加 2.2 倍，其中，农业收入 3946.16 元，占家庭经营纯收入的 79.7%，占家庭纯收入的 52.5%，农民依靠种地就能获得比较稳定的收入，而且再加上粮食直补等政策性补贴，农民对土地的依赖性进一步加强，进城意愿降低。这就需要增强产业综合竞争优势和吸纳能力，使更多农民转变为市民，纳入城镇居民的社会保障体系中，同时拉动城市工业发展，提高城市工业反哺农业和农村的能力，实现真正意义上的城乡社会保障制度统筹。具体包括以下几方面。

一是要优化和完善城市群产业功能。依据自然禀赋和产业基础，加强城际间产业的关联性和差异化发展，加速产业集聚和专业化分工。利用现有产业基础，深入挖掘高科技产业和先进制造业的潜在优势，推动高技术人才从产业低端向高端转移，为农业劳动力升级提供空间。坚持产城融合，加强产业园区建设与城市建设的有机衔接，发展特色鲜明、功能完善、宜业宜居的城市新区。着力建设特色产业基地，适应经济全球化的发展趋势，着眼全国和全省产业布局调整及中部城市群产业一体化分工，建设具有鲜明特色和竞争潜力的产业基地。

二是加快推进工业结构升级。增强城市群产业的核心竞争力。以推进项目建设特别是重大项目建设为抓手，大力发展汽车、石化、农产品加工等支柱产业；推动汽车和石化产业深度融合。坚持改造提升和培育发展并进，提升城镇化产业发展活力。既要以自主创新和技术进步为动力，改造提升冶金、建材等优势产业，还要积极培育发展知识技术密集、产业关联度高、带动性强的战略性新兴产业。推进信息化与工业化深度融合，实现重点骨干企业在研发设计、生产制造、企业管理等方面的信息技术应用达到同行业先进水平。

2. 以"家庭账户"为核心搭建城乡社会保障衔接平台

目前的社会保障制度是以个人账户和社会统筹为核心的，缺少家庭这一层次，不利于家庭成员的共享。如果以家庭为单位将养老、医疗、教育、就业、住房等项目所缴纳的基金进行整合，可以提高家庭的抗风险能力，也为统筹城乡社会保障制度建设奠定了基础。特别是对于农村居民而言，其主要收入来源于土地，而土地收入往往是以家庭为单位，家庭账户比个人账户更具备现实可行性，使农民在收入有限的情况下，能够有更大动力参保。

深圳市自 2009 年起，在全国率先推行医保"家庭账户"，规定个人账户积累额超过市上年度在岗职工月平均工资的，超过部分除支付本人的医疗费用以外，还可用于其已参加本市社会医疗保险的父母、配偶及子女，在定点医疗机构就诊时自付的基本医疗费用、地方补充医疗费用以及子女健康体检、预防的接种费用，很多参保人从"家庭账户"享受到实惠，个人账户余额可用于父母、配偶和子女，提高了资金的使用效率，值得吉林省学习借鉴。

3. 以可持续性为核心提高社会保障制度的现实适应性

统筹城乡社会保障制度应该注重适应流动性、保证可持续性。由于各种历史和现实原因，目前吉林省社会保障制度的整合与衔接尚不到位，吉林省正处在工业化、城镇化快速发展的历史时期，劳动力流动规模明显加大，社会保障制度必须适应劳动力的流动性需要。一方面要提高社会保险统筹层次，改变目前社会保险县（区）级统筹的状况，逐步实现省级统筹，实行统一制度、统一标准、统一管理、统一调剂的管理方式，促进劳动力的合理流动，扩大基金调剂范畴，充分发挥互助共济和防范风险的功能。另一方面要实现社会保险无障碍衔接，以农民工群体为重点，妥善解决劳动力流动过程中养老保险、医疗保险等社会保险关系的转移接续问题，实现医疗保险缴费年限在各地互认和累计合并计算。

社会保障基金是社会保障制度长期稳定运行的经济基础，在人口老龄化和劳动力流动性不断增强等多重压力的背景下，有必要增强社会保障基金的支付能力。一是明确各级政府社会保障责任，建立分级投入机制，提升社会保障支出比重，保证地方政府的财政收入水平与支出责任相匹配，增加对欠发达地区的转移支付，缩小地区间的待遇差别。合理确定各保障项目的保障水平，控制并缩小群体间待遇差距。二是依法加强社会保险费征收和惩处力度，探索建立社会保险诚信机制，努力做到应缴尽缴，同时严格规范社会保险基金支出，保障资金安全。三是开拓社会保障基金投资渠道，确保社会保障基金保值增值。此外，要确定合理的社会保障水平，既满足公众的基本生活需求，又避免"泛福利化"倾向，还要注意制度的激励作用，提高公众参保的积极性，保障社会保障的可持续发展。

参考文献

马丁·费尔德斯坦：《中国的社会养老保障制度改革》，《经济社会体制比较》1999 年第 2 期。

约翰·罗尔斯：《作为公平的正义——正义新论》，三联书店，2002。

J. 范伯格：《自由、权利和社会正义》，贵州人民出版社，1998。

郑功成：《中国社会保障改革与发展战略：理念、目标与行动方案》，人民出版社，2008。

刘昌平、殷宝明：《中国基本养老保险制度财务平衡与可持续性研究——基于国发〔2005〕38 号文件形成的城镇基本养老保险制度》，《财经理论与实践》2011 年第 1 期。

关信平：《当前我国社会保障制度公平性分析》，《苏州大学学报》（哲学社会科学版）2013 年第 5 期。

吴雪平：《我国社会保障政策的经济分析》，《人民论坛》2013 年第 4 期。

李争艳：《浅谈我国社会保障管理体制的改革与创新》，《现代经济信息》2013 年 3 月。

B.23
BLUE BOOK

吉林省提升公共服务水平的对策研究

丁晓燕　徐卓顺*

摘　要:

> 虽然吉林省公共服务发展水平在近几年有所提升,但照全国平均水平还有一定差距。并且吉林省公共服务呈现出地区发展不平衡、城乡之间有差距、城市发展不均等等特征。为此,政府应在加快户籍制度和农村产权制度改革的同时,通过重塑公共服务供给机制、改进公共资源的配置方式,培养公共服务专门人才等措施加快公共服务体系建设,使其能够更快更好地适应经济社会发展的需要。

关键词:

> 城乡公共服务　公共资源　吉林省

经济社会的发展,既会对公共服务的数量和质量提出高要求,又会对公共服务供给带来压力。因此,探索适合吉林省的公共服务新途径,逐步建立和完善覆盖城乡、功能更加完善、分布更加全面合理、管理更加有效的公共服务业体系,是一项宏大的民生工程,具有深远的社会、经济和政治意义。

一　吉林省公共服务的现实状况

(一)公共服务规模和水平迅速提高,但各项公共服务占财政支出的比重下降

近年来,吉林省在经济总量和财政实力不断增强的带动下,公共服务体系

---

* 丁晓燕,吉林省社会科学院软科学研究所所长、研究员,研究方向为宏观经济、区域经济;徐卓顺,吉林省社会科学院软科学研究所副研究员、博士,研究方向为数量经济。

建设取得了显著成效,公共服务规模和水平跃上新的台阶。

从医疗卫生方面看,医疗基础设施配置水平有所提升,2012 年,吉林省每万人拥有医疗卫生机构 7.17 个、每千人拥有医疗卫生床位 4.64 张,每千人拥有卫生技术人员 5.24 人,分别比 2000 年增加了 5.14 个、1.37 张和 0.40 人。同时,医疗经费支出大幅增加,由 2000 年的 9.38 亿元增长至 2012 年的 160.36 亿元,增长了 17.10 倍,占财政支出比由 2000 年的 3.60% 升至 2012 年的 6.48%,上升了 2.88 个百分点(见图 1)。

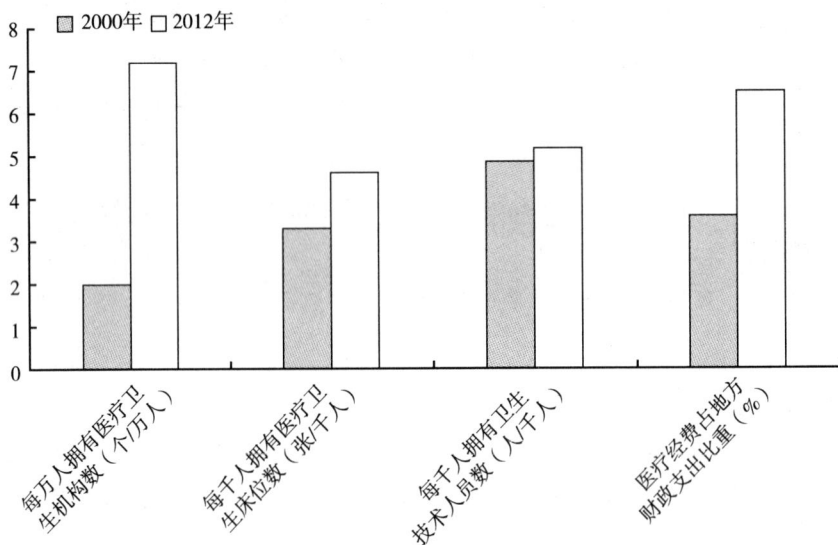

图 1 吉林省医疗卫生发展情况

从基础教育方面看,发展势头良好,但投入仍有不足。"十二五"期间,吉林省为贯彻落实"十二五"规划中的"教育发展重点工程",加强了义务教育学校的标准化建设,为提升教育基础能力,对省内中小学教育资源进行了整合。中、小学总量分别从 2000 年的 1710 所和 9435 所降至 2012 年的 1457 和 5186 所,每万人拥有量也分别从 2000 年的 0.63 所和 3.46 所降至 2012 年的 0.53 所和 1.88 所。同时,为加强教师队伍建设,加强教师素质教育水平,教师队伍有所精简。由 2000 年的 29.04 万人降至 2012 年的 23.66 万人。与此同时,学生数量也有所降低,致使每百名学生拥有的教师数量从 2000 年的 7.55

人增至 2012 年的 9.11 人。教育经费支出大幅提高，2012 年教育经费投入增长至 451.05 亿元，是 2000 年的 12.60 倍，占地方财政支出的的比重也由 2000 年的 13.74% 升至 18.25%，仅仅上升了 4.51 个百分点，教育投入还有进一步增长的空间（见图 2）。

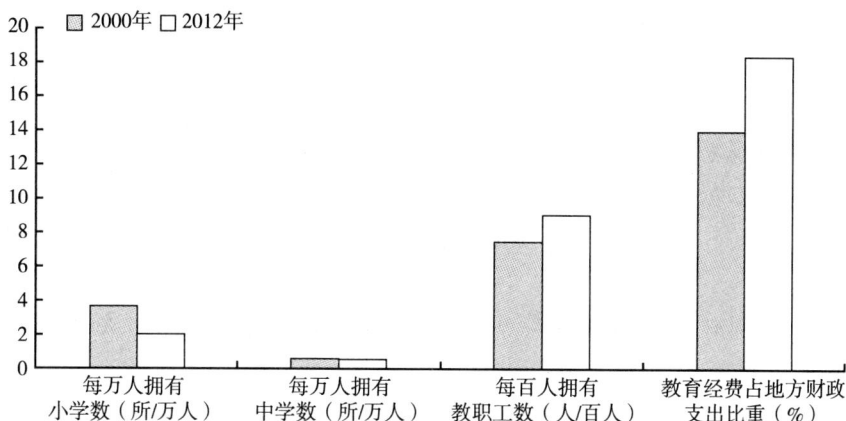

图 2 吉林省基础教育发展情况

从文化体育方面看，文化体育设施建设有待加强。图书馆藏量大幅增长，2000 年吉林省公共图书馆藏量达到 1030 万册，至 2012 年已增至 1710 万册，增长了 66.02%。同时，人均馆藏量由 2000 年的 3.78 册/千人增至 2012 年 6.20 册/千人，增长了 64.02%。但是，与此同时，由于文化活动在吉林人生活中的地位仍然不够突出，文化享受和文化消费的习惯仍然没有普遍建立，造成吉林省艺术表演场馆有所减少，由 2000 年的 52 个降至 2012 年的 41 个。而且，文体经费虽由 2000 年 6.0911 亿元升至 2012 年的 47.48 亿元，但是，文体经费占地方财政支出的比重却从 2000 年的 2.34% 降至 2012 年的 1.92%，下降了 0.42 个百分点，文体投入还需要进一步提升（见图 3）。

从公共设施建设方面看，吉林省公共基础设施配置水平整体提升较快。其中，保障人民基本生活需要的城镇用水普及率及燃气普及率显著提升。分别由 2000 年的 87.49% 和 73.29% 提高到 2012 年的 92.38% 和 89.46%，分别提升了 4.89 个和 16.17 个百分点。同时，人均绿地面积和人均拥有道路面积也有

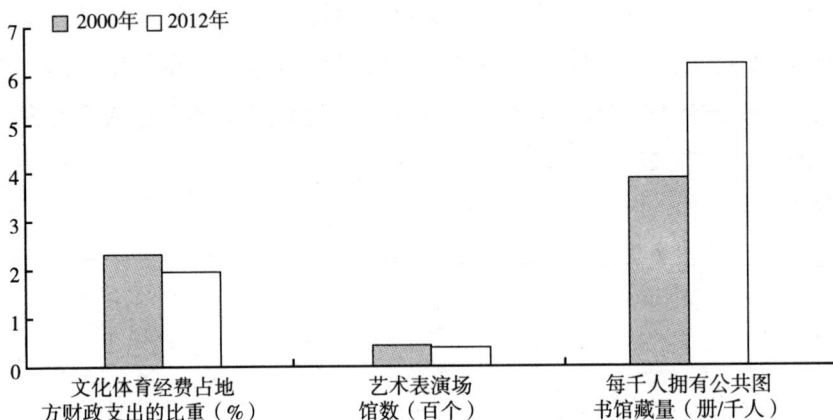

图3 吉林省文化体育发展情况

所增加，分别由 2000 年的人均 6.12 平方米和 6.23 平方米提升至 2012 年的
10.96 平方米和 12.61 平方米（见图 4）。

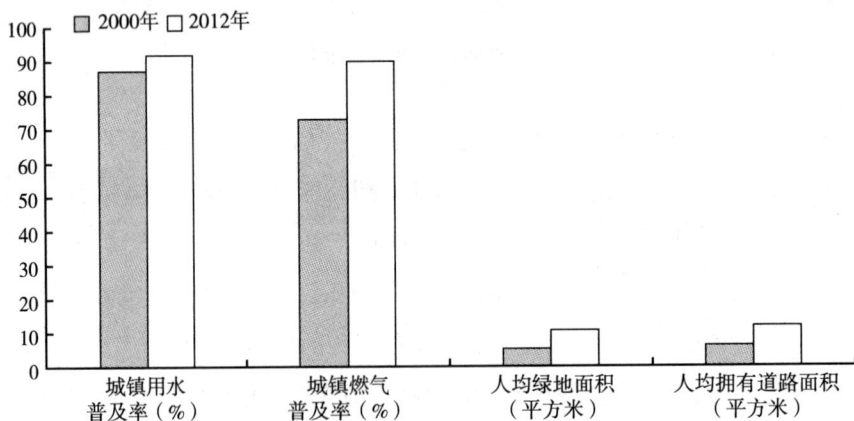

图4 吉林省公共设施发展情况

从社会保障方面看，吉林省社会保障参保人数增长较大，但保障投入还需
提升。为实现"十二五"规划中社会保障事业发展的主要目标，吉林省加快
了社会保障制度建设，城乡统筹取得了积极进展，基本养老保险、基本医疗保
险保障人群实现基本覆盖。截至 2012 年末，吉林省城镇参加基本养老保险的
职工数已经达到 632.18 万，参加失业保险人数达到 251.5 万，参加基本医疗

保险的职工数达到 1370.0 万。其中，2012 年的养老保险和医疗保险保障人数比 2000 年分别增长了 2.15 倍和 9.99 倍，而失业保险却下降了 9.94%。可见，虽然吉林省社会保障和就业投入由 2000 年的 19.26 亿元增至 2012 年的 304.00 亿元，而且这项支出占地方财政支出比重也有所增长（由 2.93% 增至 6.32%），但是依然要加大就业保障力度，增加失业保险投入（见图 5）。

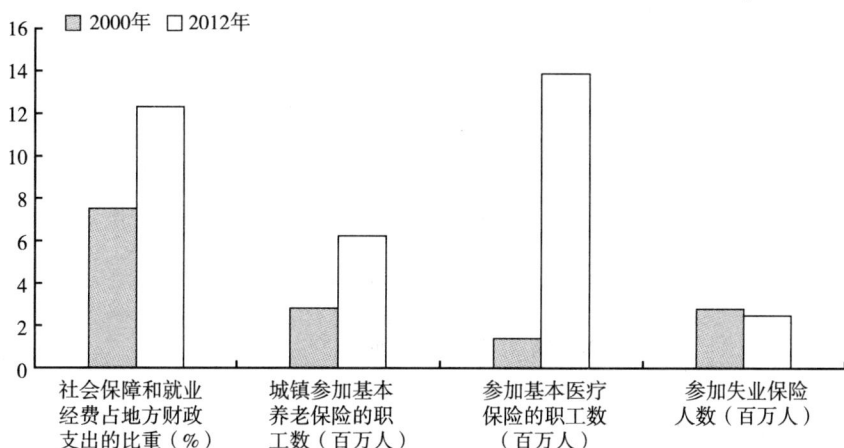

图 5 吉林省社会保障发展情况

（二）教育和卫生水平高于全国平均，但文体和公共设施建设相对落后

从医疗卫生方面看，吉林省医疗基础设施配置高于全国平均水平，医疗投入还需提升。2012 年，吉林省每万人拥有卫生机构数比全国平均水平多出 0.16 个，每千人拥有医疗卫生床位数比全国平均水平多 0.42 张，每千人拥有卫生技术人员数比全国平均拥有人数多 0.3 人，分别位居全国 31 个省市（自治区）的第 17、第 7 和第 13 位。而吉林省的医疗经费支出仅有 160.36 亿元，位居全国第 24 位，占财政支出的比重比全国平均水平低了 0.20 个百分点（见图 6）。

从基础教育方面看，吉林省教育资源较全国平均水平好，但教育投入仍需加强。2012 年，吉林省每万人拥有的中、小学数量比全国平均水平多 0.20 所和 0.04 所，位于全国中等偏上水平。而每百人拥有的教职工数量较高，仅次

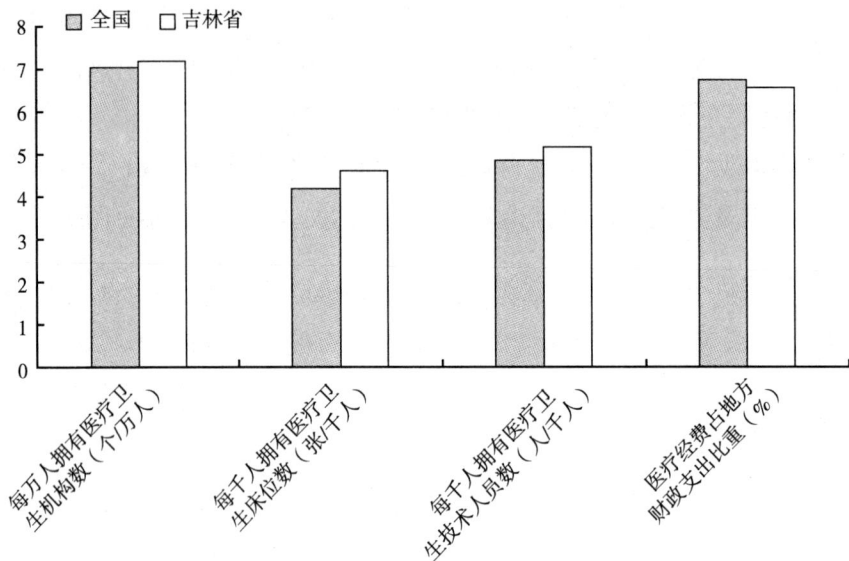

图6 2012年吉林省与全国医疗卫生情况比较

于北京、天津和内蒙古位居全国前列，高于全国平均水平 2.31 人。与此相对
应的是吉林省的教育投入，教育支出只有 451.05 亿元，仅位于全国 31 个省市
（自治区）的第 24 位，教育经费支出占财政支出的比重低于全国平均水平
0.54 个百分点（见图 7）。

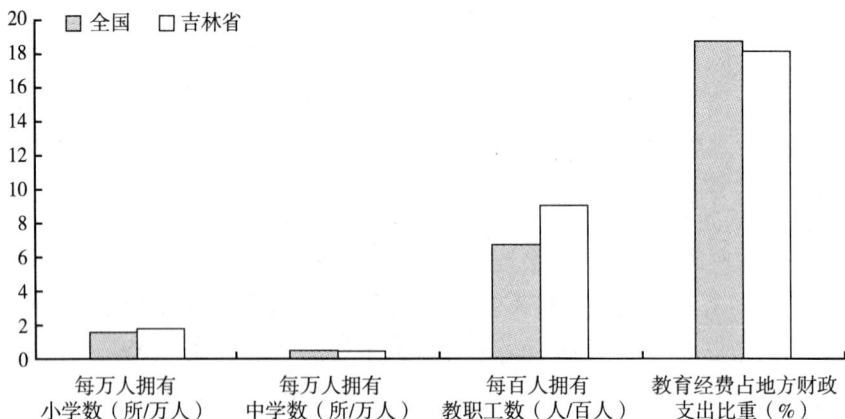

图7 2012年吉林省与全国基础教育情况比较

从文化体育方面看，吉林省文化艺术场馆建设方面仍有不足。2012 年，吉林省艺术表演场馆有 41 个，位于全国 31 个省市（自治区）的第 29 位，排位靠后。同时，吉林省文体投入虽有所增加，达到 47.48 亿元，但仅位列全国第 21 位，占地方财政支出比达到 1.92%，低于全国平均水平 0.014 个百分点。而图书馆馆藏拥有量大幅增长，每千人拥有馆藏量较全国人均馆藏量多 0.4 册（见图 8）。

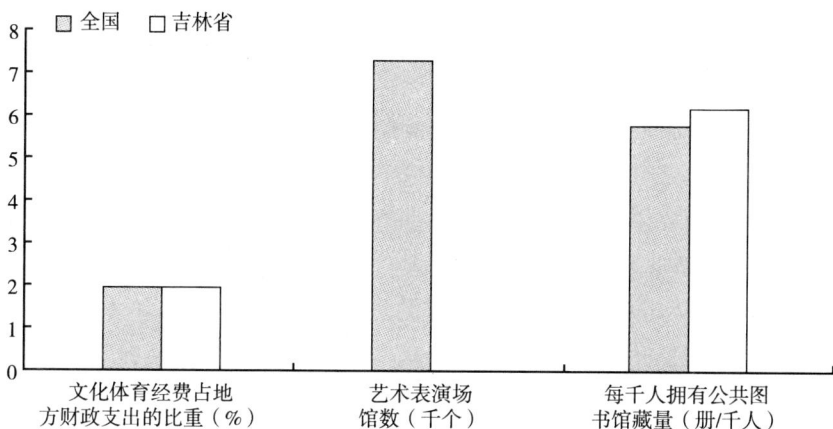

图 8 2012 年吉林省与全国文化体育情况比较

从公共设施建设方面看，吉林省公共基础设施建设整体水平依然落后于全国平均水平。2012 年，吉林省城镇用水普及率和燃气普及率虽大幅度增长，分别达到 92.38% 和 89.46%，但在全国排位靠后，分别位于全国 31 个省市（自治区）的第 26 位和第 22 位，比全国平均水平低 4.78 个和 3.69 个百分点。人均绿地和人均拥有道路面积也比全国平均水平少 1.3 平方米和 1.78 平方米，分别位于全国 31 个省市（自治区）第 17 和 20 位（见图 9）。

从社会保障方面看，吉林省社会保障制度的覆盖面进一步扩大，各项社会保障水平不断提升。2012 年，吉林省城镇参加基本养老保险、失业保险和基本医疗保险的职工人数分别有 632.18 万人、251.55 万人和 1370 万人，达到全国参保人数的 2.08%、1.65% 和 2.55%。同期，吉林省城镇单位就业人员达到了 285.5 万人，占当年从业人员总量的 1.87%。可见，吉林省的基本养老

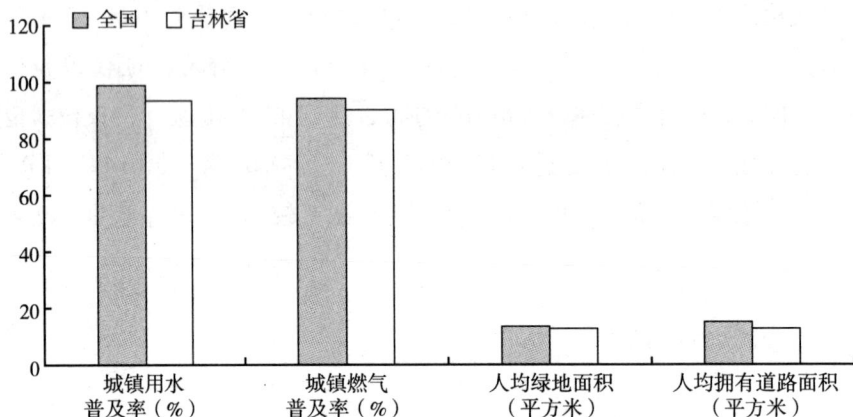

图9　2012 年吉林省与全国公共设施建设情况比较

保险和基本医疗保险参保率相对较高，而失业保险参保情况不乐观。另外，吉林省社会保障和就业支出占财政支出的比重虽高于全国平均水平 1.11 个百分点（见图 10），但其绝对值仅有 304 亿元，位列全国 31 个省市（自治区）第 21 位，还需进一步加强这方面的投入。

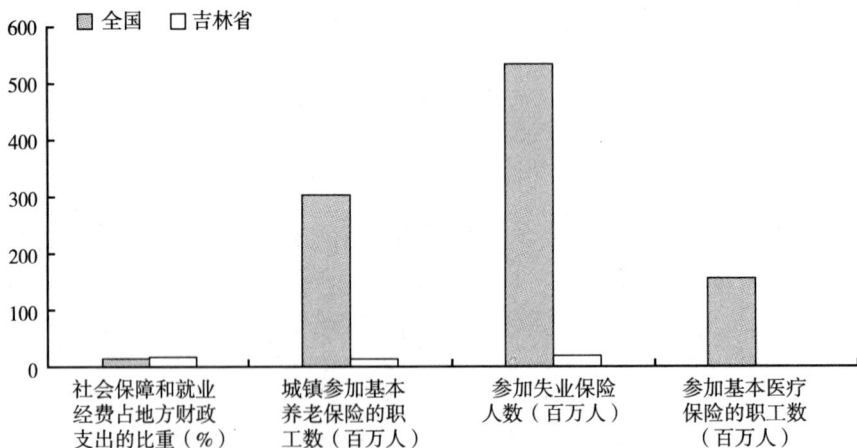

图10　2012 年吉林省与全国社会保障情况比较

（三）地区发展不平衡，长春及中部地区具有明显优势

1. 从吉林省**9** 个市（州）看，长春的公共服务具有较大优势，辽源差距较大

医疗卫生方面，2012 年长春医疗卫生机构数达到 4090 个，是最低的辽源

的 5.22 倍；医疗卫生机构床位数 42283 张，是辽源的 7.53 倍；卫生技术人员为 42934 人，是辽源的 6.44 倍；医疗经费是白城的 10.32 倍。

基础教育方面，2012 年长春小学达到 373 所，是最低的白城的 5.25 倍，长春的中学数量和教职工数量分别是最低的辽源的 7.23 倍和 8.12 倍，长春的教育经费是最低的延边的 11.27 倍。

文化体育方面，2012 年长春的体育场馆最多，高达 40 个，而最少的四平、松原和延边仅有 2 个；长春的艺术表演场馆也最多，有 16 个，而延边和四平等城市仅有 1 个；长春公共图书馆藏量高达 8865.31 千册，是最低的松原的 44.25 倍。

公共基础设施建设方面，长春的基础设施建设最为完善。2012 年长春的城市用水普及率和燃气普及率最高，分别达到 99.7% 和 98.08%，而四平和白山最低，分别仅有 71.44% 和 75.64%。长春的人均绿地面积和人均道路面积最多，分别有 13.76 平方米和 17.89 平方米，而辽源和通化分别最低，仅有 7.52 平方米和 8.55 平方米。

社会保障方面，长春的社会保障参保人数最多。2012 年长春的城镇参加基本养老保险、基本医疗保险和失业保险职工数最多，分别达到 148.69 万人、292.19 万人和 71.82 万人，分别占参保人数的 29.48%、25.84% 和 28.63%。白城的养老保险和医疗保险参保人数最少，仅占参保总人数的 1.96% 和 2.58%。白山的失业保险参保人数最少，仅占参保总人数 1.52%（见表 1）。

2. 从区域看，中部地区公共服务整体发展水平优于东西部地区

医疗卫生方面，中部地区医疗设施配置总量较高，但人均拥有量处于中等偏上水平。西部主要城市松原、四平和白城的人均拥有量较高，但其他县级市人均配置水平较低。东部的主要城市医疗设施配置水平较高，人均占有量方面通化等 9 个市县均位于前列，其他市县处于 49 个县市（州）的中游。

基础教育方面，东部地区的人均教育设施配置水平较高，但在教育经费的投入上不及中、西部地区。东部的人均拥有中学数和人均教职工数量较多，20 个东部市（县）中有 10 多个城市位于前列。西部的人均拥有小学数较高，镇赉、双辽等市县位于前列。而在教育经费投入上，长春、吉林等中部地区相对较高，但占地方财政支出的比重却远低于西部地区，却略好于东部地区。

表1 2012年吉林省城市公共服务能力比较

一级指标	二级指标	长春	吉林	四平	辽源	通化	白山	松原	白城	延边
医疗卫生	医疗卫生机构数(个)	4090	3435	2095	784	1875	1141	2616	1554	2139
	医疗卫生机构床位(张)	42283	22571	14089	5616	10895	7710	7463	7049	10426
	卫生技术人员(人)	42934	25232	15672	6667	11718	8050	11078	8801	13988
	医疗经费(万元)	157898	94120	22556	19615	21634	22171	17408	15300	18596
基础教育	小学数(个)	373	149	83	52	41	49	89	71	191
	中学数(所)	159	69	30	22	24	35	27	31	159
	教职工数(万人)	27349	11592	4748	3367	3449	4381	5176	3715	17870
	教育经费(万元)	392362	170126	64690	61944	64791	37221	74191	37710	34805
文化体育	体育场馆数(个)	40	4	2	8	13	3	2	6	2
	艺术表演场馆数(个)	16	3	1	1	1	3	1	2	1
	公共图书馆藏量(千册)	8865.31	1580.49	473.27	226.61	289.27	227	200.34	246.05	811.57
公共设施	城镇用水普及率(%)	99.7	98	71.44	98.22	87.37	81	95.31	98.09	93.615
	城镇燃气普及率(%)	98.08	96.3	93.18	78.81	79.07	75.64	94.05	81.86	91.43833
	人均绿地面积(平方米)	13.76	12.01	8.15	7.52	11.81	9.87	11.86	7.87	11.265
	人均拥有道路面积(平方米)	17.89	10.3	8.74	9.92	8.55	9.89	11.34	9.37	9.675
社会保障	社会保障和就业经费(万元)	285004	267035	80691	67253	63182	37518	30037	49200	29599
	城镇参加基本养老保险的职工数(人)	1486869	691485	238276	169096	211913	98934	164018	115792	146259
	参加基本医疗保险的职工数(人)	2921888	1443578	491769	416136	421219	306124	420139	291807	457237
	参加失业保险人数(人)	718211	278734	108906	55992	93342	38016	93116	66047	79268

文化体育方面，中部的地区的硬件条件较好，但在人均拥有量方面略逊于东部地区。中部地区的体育场馆和艺术表演场馆总量远多于其他地区，但在人均图书馆藏量方面，中部地区远逊于东、西部地区，仅长春和吉林处于前列，其他的中部城市仅好于部分西部城市。

公共设施方面，中部的长春、吉林等城市整体配置水平较高，其他市县（州）配置水平较为均等。中部城市的城市用水普及率相对于其他市县较好。部分东部和西部城市的城市燃气普及率较高。中部城市的绿地面积和道路面积的绝对值虽然较高，但人均拥有量上不及东部的敦化和梅河口等市县。

社会保障方面，中部和东部地区社会保障参保总人数较高，但东部地区参保总量较城镇单位就业总人数还有一定差距。中部地区基本养老保险参保人数达到283.20万人，占总参保人数的56.15%，较东部地区高了30.89个百分点，较西部地区高了37.56个百分点。中部地区的基本医疗保险参保人数达到588.07万人，占总参保人数的52.02%，较东部地区多了23.33个百分点，较西部地区多了32.71个百分点。中部地区的失业保险参保人数达到132.42万人，占总人数的52.79%，较东部地区多了25.55个百分点，较西部地区多了32.81个百分点。同时，中部地区单位从业人员达到148.15万人，占全省单位从业总人数的48.63%，中部地区各社会保障参保比例均大于单位从业人员比重，而东、西部地区的参保比重却小于单位从业人员比重（分别为30.73%和20.64%），因而，东、西部地区还需加强社会保障体制建设，努力扩大社会保障覆盖面。

（四）城乡公共服务水平失衡

由于历史的原因，在我国特有的城乡二元结构下，城乡公共服务的供给呈现出特有的二元特征。近几年，通过农村综合改革，国家政策的重点倾斜、投入的加大，农村基本公共服务水平有所提高，城乡差距逐步缩小，但因历史积累、城乡二元分治造成的差距基数太大，短时间内城乡巨大的差距难以彻底改善。从吉林省看，公共服务在城市和农村之间明显失衡，具体表现在：

1. 城乡教育发展不均等

城乡对教育的财政投入不均等。从各级财政教育投入分配格局看，中央和省级政府掌握了主要财力，基本摆脱了负担农村义务教育经费的责任，县乡政府财力薄弱，却承担了财政义务教育经费的绝大部分。显然，这种状况使农村的财政负担加重，没有足够的财政后盾进行教育投入，造成了城乡间教育资源配置不平衡，教学设施、环境以及教师水平的差距。城乡教师待遇失衡。城市教师待遇遵循了国家的规定，但是乡村，尤其是贫困山村，教师的工资待遇较低，甚至拖欠教师工资的情况时有发生，致使农村教师队伍不稳，优秀教师资源流失。农村教师学科结构不合理。在农村中小学中，诸如语、数、外等基础学科的教师较多，而美术、音乐等学科教师缺少，造成学科无法开启或是只能由非专业老师兼任。农村教师素质偏低。农村教师多数是以自考或函授等学历取得教师资格，部分乡村中小学教师甚至是民转公的教师，这种低水平的教师资源制约了素质教育的实施。

2. 城乡医疗资源配置不均衡

农村医疗卫生资源短缺。从设施上看，截至 2012 年初，吉林省城市人均医疗机构床位数为 6.84 张/千人，而农业人口乡镇卫生院床位数仅为 3.32 张/千人；从医师数量上看，每千人口拥有卫生技术人员城市为 7.06 个，农村仅为 4.18 个；每千人口拥有执业医师城市平均 3.04 个，而该比例在农村仅为 1.79。农村三级医疗服务网络功能不健全。乡镇卫生院的数量虽然满足了"以乡镇一院"的要求，但多数卫生院房舍陈旧短缺、面积不足、设备老化短缺等问题突出。村级卫生所"诊查室、治疗室、药房"三室分开的卫生所少之又少。农村卫生人才普遍存在"三低一高"现象，即学历低、水平低、工资低、年龄高，没有达到"两化（系统化、正规化中等专业教育）"的要求。

3. 城乡文化体育资源不充足

农村文化基础设施相对薄弱。农村各类文化资源紧缺，乡镇文化站无办公地点、无活动场所、无基本文化设施的"三无"现象非常普遍。村级文化活动室多数没有图书和必备的文化活动器材及用品，专门的文化活动场所更是寥寥无几。严重滞后的文化基础设施成了丰富农民文化生活的"瓶颈"。文化建设投入严重不足。2008 年以来省委、省政府虽然有"每年对文化建设的投入增幅不低于同级财政经常性收入的增幅"的意见，但由于近年来，特别是税费改革后，县乡财政困难，加之一些领导干部认识上的不足，对文化事业投入极其有限，用于农村文化建设的资金更是严重不足。导致农村文化基础设施建设经费没有保障，正常文化活动无法开展。文化人才队伍参差不齐。从事农村文化事业的专职人员严重缺乏，各乡、村的文化管理人员多是兼管或代管，无专业人员，对文化工作及其职能认识不清，无法尽职尽责地完成工作。专业学校毕业、科班出身的专业人才大多留在城市发展，以目前农村的经济发展水平和生活环境无法挽留住这些人才。多数乡村没有文化专业人才和业余骨干分子，部分乡村虽有一些民间艺人和文化活动活跃分子，由于受客观条件限制，也无法充分发挥其活跃、带动农村文化活动的作用。

4. 城乡社会保障体系不协调

农村社会保障体系不健全。目前，城镇居民已经基本能够享受完善的社会保险、社会救助和社会福利，而农村未能从根本上形成规范的社会保障制度，农村的社保制度也未能全面铺开，更没有与城镇的社会保障制度相衔接，农村仍以"养儿防老"作为主要养老方式，而且新兴的合作医疗制度尚未规范化，最低生活保障制度仍处于短缺的状态。农村社会保障水平低。在原有的农村保障制度设计中，农民缴纳的保费没有进入社会统筹体系，因而，农民在领取养老保险时只能取决于其个人账户储存额的多少，政府未能在农村社会保障中承担相应的责任。例如在蛟河，部分享受老农保待遇的农民月保障金不足50元，最低的月领取金额仅有6.63元。农村社会保障服务水平低。目前城镇从业人员的社保均由企业代扣，社会保障金也实现了社会化发放，而农村社保服务的社会化程度远低于城镇，多数农村没有社会保险的经办机构。

5. 城乡基础设施水平差距大

城乡基础设施投入差距大。城市的基础设施投入来自于中央和城市政府，随着国家财政的强大，城市基础设施投入也逐渐增长，相对的，农村公共设施投入虽有所增长，但增长幅度无法满足农村经济发展的需求。目前，吉林省基础设施和公共事业依然是城乡差别最大的方面，成为构建和谐社会最迫切需要解决的问题之一。城乡基础设施维护和管理差距大。城市的基础设施有完备的管理体系，而农村居民相对分散的居住情形致使农村公共服务设施服务半径大于城镇集中居住区，导致农村公共服务成本较高。

二 制约吉林省公共服务水平提高的障碍

（一）经济落后，制约了公共服务的供给

一直以来，吉林省经济总量长期处于较低水平。2012 年 GDP 总量位于全国 31 个省市（自治区）第 22 位。产业结构不尽合理。吉林省长期以来呈现出二产业独大，第一、第三产业所占份额偏小的格局。2012 年，吉林省第二产业比重高达 53.41%，第三产业次之，达到 34.76%，第一产业最低，仅有 11.83%。财政收入较低。2012 年吉林省财政总收入为 1910.07 亿，其中一般预算收入为 1041.25 亿元，在全国排名 24 位，与排名第一的广东相比相差 5187.93 亿元，差距相当悬殊；与毗邻省份辽、黑相比，辽宁和黑龙江的一般预算收入分别为 3105.38 亿元和 1163.17 亿元，都超过了吉林省。在吉林省财政约束下，公共服务供给必将受到影响，使公共服务无法满足吉林省经济社会发展的需求。

（二）现行行政架构的缺陷和部门职能的割裂，制约了公共服务体系的构建及规划

在现行的行政体制下，由不同的政府部门负责的公共服务缺乏统一的组织和协调，同时也造成了资源的浪费。基本公共服务应是以方便广大群众为原则，适度集中公共服务，使基层群众用尽可能低的成本获得各项公共服务。然而，吉林省政府由于管理模式的限制，无法实现从政府包办、效率低下的基层行政组织向集中开放式的政务服务中心模式的有效转化，造成了各地公共服务规划分散，质量不高的情况。

（三）社会力量尚未得到有效利用，制约了公共服务的社会化

就长期而言，公共服务通过社会组织和志愿者服务，并充分利用市场机制，促使公共服务走向社会化，是满足社会发展的公共服务需求的必要条件。目前，吉林省社区志愿服务尚处于起步阶段，而且社会组织规模有限，自我发

展能力薄弱，无法在我省公共服务供给上承担主要作用。而且，我省诸如私人医疗机构、私立教育机构并不发达，市场机制方面的广阔发展空间未能全面开拓，这也必然影响公共服务供给。

（四）公共资源的配置存在着缺陷，影响了公共服务的效率

公共资源投入不能完全做到"费随事转"和"费随人转"，影响了资源服务于人的效率。政府福利拨款投向的单一，也影响了社会团体兴办福利事业的积极性。同时，在基本财力配置方面，乡镇仍承担着发展经济和创收的压力，无法集中发展公共服务。此外，来自中央、省的公共资源仍然要受到上级部门分隔的制约，从而，影响到城镇化中公共服务的效率。

三 提升吉林省公共服务建设的政策措施

（一）推进户籍制度改革与农村产权制度改革

由于多数公共服务制度均依附于户籍制度上，现今城乡分割的户籍制度不仅仅阻碍了城镇化进程，也阻碍了公共服务发展。而改变城乡分割的户籍制度，就要解决农村土地的产权流转问题，实现人口的自由迁徙。一是在户籍制度改革方面，着手打破城乡户籍壁垒，破除阻碍农村劳动力自由流动的枷锁。改革户籍管理制度，逐步统一城乡户口登记管理制度，逐步将公共服务领域各项法律法规和政策与现行户口性质相剥离。按照"属地化管理、市民化服务"的原则，鼓励将流动人口纳入居住地教育、就业、医疗、社会保障、住房保障等体系，切实保障流动人口与本地人口享有均等的公共服务和同等的权益。二是在农地产权制度改革方面，围绕建立健全现代农村产权制度，做好土地和房屋的产权登记，推动农村土地使用权和房屋所有权流转。

（二）重塑公共服务的供给机制

构建与城镇化发展相适应的公共服务体系的关键是重塑公共服务供给机制。一方面要对传统公共服务机制进行调整。将公共管理服务重心向基层转

移，将原有的政府效率低下的行政组织转化为开放式政务服务中心，实现由对上负责到为民负责的转换。另一方面要利用市场和信息机制，提升公共服务供给能力和效率。可以通过推进公共服务机构民营化的方式，或是通过政府购买社会组织服务的方式，调动市场和社会资源参与，实现公共服务社会化。还可以建立对公共服务领域中的社会组织接受社会捐献的配额补助制，调动社会公益资源，促进社会组织加入到公共服务的运营中。

（三）改进公共资源的配置方式

通过加大直接投入、吸引社会资金投资等方式，提高公共服务能力的物质保障。一是加大公共财政对教育、医疗等公共服务的投入力度，并将财政集中于县、市、区等二级政府，确保乡镇等组织能够提供给居民更好的公共服务。还要确保基本公共服务支出增长幅度能够高于一般预算支出增长率，并使公共服务支出在预算支出中的比重逐年提高。二是扩大公共服务资金来源。通过建立融资平台，或是采取多种政策措施直接吸引社会资金进入到公共服务领域。与此同时，还应加强公共服务资金监管，确保资金的正确使用。

（四）培养公共服务专门人才

随着城镇化发展，居民对公共服务需求和质量要求均在不断提升，为此，一支拥有专业技能的庞大公共服务队伍是满足公共服务发展需求的必要条件。因此，应制定相应的人才培养计划，利用我省现有的高等院校和职业技术学校，以及专业培训机构，并与现有的职业教育资助政策有机衔接，建立更高质量的、专业性能强的一支公共服务队伍。而且，还应当制定相应的政策吸引居民热心参与公共服务志愿者队伍，这不仅能够有效解决公共服务领域人员的缺失问题，还能使其在助他和互助中实现自助。

吉林省基层法律服务问题与对策研究

宋慧宇 *

摘　要：

关于基层法律服务的政策变动频繁，全国各地改革模式各异。
吉林省基层特别是农村地区法律服务相对缺乏的实际状况仍
然存在，基层法律服务却面临体制和管理的问题和困境。应
当充分肯定吉林省基层法律服务在经济社会发展中的重要地
位和作用，借鉴其他地区基层法律服务工作的改革经验，明
确吉林省基层法律服务的改革方向，并在实施脱钩改制、政
策扶持、行业管理、规范竞争、充实队伍、提高素质等方面
规范发展。

关键词：

基层法律服务　司法所　基层法律服务所　基层法律服务工作
者

基层法律服务是中国特有的制度，最初的出现是为了解决基层群众对法律
服务需求量增加，同时律师数量又较少的问题。但随着我国经济社会和法制体
系三十年的发展，当前基层法律纠纷日渐复杂，律师行业发展迅猛，基层法律
服务无论是法律依据、业务能力还是服务范围都已经远远滞后。正确认识当前
吉林省基层法律服务存在的问题，借鉴其他省份的做法和经验将有助于确定吉
林省基层法律服务今后的改革方向。

---

* 宋慧宇，吉林省社会科学院法学研究所副研究员、法学博士、吉林大学政治学博士后流动站研
究人员，研究方向为行政法学。

一　吉林省基层法律服务工作存在的问题

（一）吉林省基层法律服务工作的法律和政策背景

尽管基层法律服务制度是为适应广大农村对法律服务的客观需求，但其最初是依赖于国家政策和行政手段自上而下建立推行的，因此司法行政管理部门的政策变化对基层法律服务的存废和发展具有深刻影响。从总体上来看，基层法律服务在一定时期内定位出现政策上的反复性和不连续性。

从时间上看，基层法律服务性质分为几个阶段：自基层法律服务所产生起至 2000 年，司法部一系列规范性文件①并没有规定基层法律服务所的性质，特别是与后来建立的司法所"一套人马，两块牌子"的做法更加模糊了其地位和性质；2000 年一年时间内，基层法律服务所经历了上半年事业性机构性质②和下半年改制为合伙制法律服务所，实行自主执业、自收自支、自我管理、自我发展的法律中介组织；③ 随后 2002～2003 年司法部的一些文件和讲话中又将基层法律服务工作定位于提供公益法律服务，公益性社会组织又成为司法行政管理部门拟定的一个新的发展方向。

此后，由于全国各地经济社会发展极不均衡，导致实践中做法无法统一，目前各省基层法律服务所仍然保留了事业单位、独立合伙制、公益性社会组织等不同性质，有公益性和营利性两种不同运转方式。面对这种情况，司法部在2010 年后又在全国各省司法行政管理部门征求针对基层法律服务两部管理办法的修改草案和改革意见，有望于近年出台。

（二）当前吉林省基层法律服务工作存在的问题

吉林省是农业大省，也是经济相对落后地区，多年以来，吉林省基层法律

---

① 包括司法部《关于乡镇法律服务所的暂行规定》（已废止）、《关于进一步加强乡镇法律服务所组织建设的若干意见》、《乡镇法律服务业务工作细则》。

② 司法部：《基层法律服务所管理办法》和《基层法律服务工作者管理办法》。

③ 司法部：《基层法律服务机构脱钩改制实施意见》。

服务组织在城市社区和广大农村地区不同程度上承担着部分司法行政职能，在改善和保障民生、提高全民法治意识、保护弱势群体利益、维护基层社会稳定、构建及实现和谐社会等方面起到了重要作用。而后在法律和政策的影响下，吉林省基层法律服务所艰难地完成脱钩改制工作。目前，吉林省基层特别是农村地区法律服务相对缺乏的实际状况仍然存在，而与此相对基层法律服务却面临着体制和管理的问题和困境。

1. "两所合一"模式影响司法公正

根据规定，基层法律服务所改制后仍然保留其协助司法行政机关或基层政府开展调解基层纠纷、普法宣传等项工作职能不变。[①] 另外，当前吉林省基层法律服务所完全脱钩改制、实现"两不"和"四主"[②] 运行的约占全省基层法律服务所的1/10，其他绝大部分基层法律服务所虽然性质已经改变，但因为经济条件不具备仍然与基层司法所在形式上合署办公。

职能保留与合署办公使得基层法律服务在实践中暴露出两大弊端：一是在合署办公的地区广大基层群众无法将两所性质清楚地区分。无论实质是否公正，形式上的不公正将必然导致对结果的质疑，因为基层法律服务的提供需要收取费用，这种两所合一的混淆会使司法所在履行司法职能时缺乏公信力，基层法律服务所也会被质疑与地方司法部门勾结影响司法公正；二是由于制度惯性使得基层法律服务所仍然紧紧依附于司法所，导致的结果是：一方面一些基层法律服务工作者利用与司法所的关系企图获取案源和影响案件办理，另一方面在当事人一方涉及基层机关或干部时，基层法律服务往往受制于行政权力。

2. 不正当竞争行为扰乱法律服务市场

基层法律服务所脱钩后在参与诉讼和市场竞争过程中一直备受争议和指责。

---

① 根据2000年9月《基层法律服务机构脱钩改制实施意见》第二部分第三点，基层法律服务所"承担的接受司法行政机关或基层政府委托，协助开展调解基层纠纷、'148'法律服务、普法宣传、法律援助等项工作的职能不变"。

② "两不"指"不占国家编制，不要国家拿钱"；"四自"指"自主执业、自收自支、自我管理、自我发展"。

首先，法律依据上的反复。1991 年司法部《乡镇法律服务业务工作细则》以部门规章的形式规定基层法律服务工作者可以有偿代理除刑事诉讼之外的诉讼业务；随后 2007 年修订的《律师法》以法律的形式否定了这项代理诉讼依据，《律师法》的出台使得司法行政管理部门、律师和很多学者一直主张的基层法律服务应当彻底退出诉讼领域有了法律依据。但是，2012 年第二次修正的《民事诉讼法》第 58 条又明确规定了基层法律服务工作者和律师一样均可作为诉讼代理人参加民事诉讼。

其次，法律依据的支持并不能解决实践中基层法律服务质量偏低的问题。独立后的基层法律服务所平等地参与法律服务市场竞争，市场经济规律的驱动促使个别基层法律服务工作者不顾职业道德，假冒律师、恶意低价、疏通关系等等，严重扰乱了法律服务市场的秩序。

3. 人员素质偏低影响基层法律服务工作质量

司法部在 2000 年 12 月举行了全国首次也是唯一一次全国基层法律服务工作者执业资格考试。目前，吉林省基层法律服务工作者大部分来自三个渠道：通过执业资格考试、考核以及企业法律顾问获得执业资格，这三种来源人员总体学历偏低，正规大专以上学历比例不高，水平参差不齐，与律师必须具有大学本科学历有着明显的差距，不仅在参与市场竞争中处于劣势，而且与当前基层法律服务市场广泛的法律服务需求间的矛盾和冲突日渐尖锐。

4. 基层法律服务管理工作的障碍和困惑

根据司法部各项规章，基层法律服务所和基层法律服务工作者自产生之日起，其核准（批准）机关为司法行政机关。随后 2003 年《行政许可法》和 2004 年《国务院关于第三批取消和调整行政审批项目的决定》明确取消了基层法律服务所设立核准和基层法律服务工作者执业资格认定的行政审批项目。但《国务院对确需保留的行政审批项目设定行政许可的决定》保留了司法行政机关对基层法律服务工作者执业核准的审批权。根据以上法律的相关规定，目前基层法律服务所已经不再设立审核机关，对于已有的基层法律服务所的变更和撤销，司法行政机关也比较谨慎，基本上尽量维持现状，无论基层法律服务所自愿申请撤销还是存在违法违规行为。

二 吉林省基层法律服务工作的经验借鉴及地位作用

（一）全国各地基层法律服务工作的经验借鉴

多年来，基层法律服务工作的改革一直以司法行政部门规章和规范性文件的形式进行不断地摸索和调整，从总体上看，当前司法部的精神是不建议继续壮大基层法律服务，只要求在现有的基础上进行整改、转型及资源整合。理论上关于基层法律服务所的改革有几种意见：撤销说、限制说和保留说，全国各地在实践中也各行其是、做法各异。

1. 公益性社会组织模式

目前基层法律服务所的一个改革提议和方向就是向公益性社会组织转变，这也是司法行政管理部门的意向，典型的做法是上海市和辽宁省大连市。2004年5月，徐汇区天平街道调委会建立"天平街道人民调解室"，以政府名义的"购买服务"无偿提供给基层群众。[①] 2012年6月，辽宁省大连市高新区设立基层公益法律服务室，集人民调解、法律服务、法制宣传和法律援助等为一体，将基层法律服务工作者并入其中，除法制宣传和调解纠纷外，在"办理公证、法律援助、诉讼"方面提供帮助。[②] 这种模式实质上是试图形成一个化解基层矛盾纠纷的大一统管理方式，这种同化的方式虽然对基层法律服务工作者是一个出路，但会使基层法律服务不再具有独立专门从事法律业务的特色。而且，这种模式资金全部依赖政府财政的做法对地方经济发达程度要求较高，并不适合全国绝大多数地区。

2. 合伙制法律服务所模式

合伙制的法律服务所实质具有合伙企业性质，完全脱离政府机构走向市场，与律师事务所共同成为法律服务市场的竞争主体，采取此种模式的

---

① 陈荣卓、唐鸣：《城乡基层法律服务所改革：区域选择与实践比较》，《江汉论坛》2010年第2期。

② 刘巨敏、金东淑：《高新区"公益法律服务室"开到社区》，大连天健网，http://dalian.runsky.com/2012－06/09/content_4296078.htm。

有江苏省和重庆市等。2002 年 7 月江苏省颁布了《江苏省合伙基层法律服务所管理试行办法》，规定合伙基层法律服务所是"由基层法律服务工作者自愿组织、共同出资、自我管理、共担风险，并对法律服务所的债务承担无限连带责任的法律服务组织"。据此，江苏省将基层法律服务所改制为自收自支的律师事务所形式的合伙组织，当然在这个过程中从严要求了基层法律服务所的人员组成、职业道德、执业纪律和社会保障等。2011 年 11 月重庆市颁布了《重庆市基层法律服务条例》，规定"设立基层法律服务所应当采取合伙形式"，提供法律服务属于经营活动，对其的管理与律师事务所基本类似。这种模式无疑最大限度地实现了基层法律服务所的独立自主形态，但是，基层法律服务所成为独立市场主体后，必然会在市场竞争和经济规律作用下提高收费标准以满足组织运营和个人利益，这样一是与基层群众需要低廉便利法律服务的初衷和现实相悖；二是与律师事务所在市场竞争中完全处于劣势，生存和发展受了很大限制。此外，国务院已经明确取消了司法行政机关"基层法律服务所"设立核准的行政审批权，江苏省和重庆市又规定了司法行政机关（部门）审核基层法律服务所的设立，其合法性有待商榷。

3. 民办非企业中介组织模式

脱钩改制后的基层法律服务不再依赖地方政府财政支出，完全走向市场又存在自身实力不足、难以生存的问题，那么由政府财政半扶持，自身独立核算、自负盈亏的民办非企业中介组织就成为一种选择模式。2005 年湖北省鄂州市华容区段店镇将基层法律服务所改制并成立"法律服务中心"[①]，定位为非营利性组织，属于民办非企业单位，不再由政府财政供养，资金来源有两方面：一是与段店镇政府签订合同，完成镇政府设置的目标和任务，即为基层政府、村委会、企业和群众提供各项法律服务，获取段店镇政府每年支付一定的

---

① 尽管对于基层法律服务所的存废有诸多争论，湖北省的做法仍秉承"规范和拓展"的积极态度。2007 年《湖北省司法厅关于规范和拓展基层法律服务工作的意见》指出，"基层法律服务有其存在的合理性以及发挥作用的巨大空间，在社会主义初级阶段客观上有长期保留和发展的必要，对于基层法律服务工作的发展前景应该抱有坚定的信心"，但同时对机构名称不规范的，包括"事务所"、"中心所""法律服务中心"等则要求加以纠正。

款项（约一万元），考核优秀还有额外奖励；二是办理法律援助案件，年终拨付相应的法律援助经费。[①] 2011 年，山东省泰安市泰山区和菏泽市相继启动了"律师会客厅"、"社区律师工作室"的服务模式，定性为"为非营利性法律服务机构"；与社区签订法律服务协议，由社区争取部分财政资金用于硬件建设和购买法律服务免费为社区及居民提供；机构组成以律师事务所为主体，同时将基层法律服务工作者纳入其中；业务范围包括了"协助社区及居民处理涉法涉诉事务"，未明确法律服务工作者是否可以代理诉讼业务。[②] 这种由政府出钱购买社会中介组织的法律服务一方面扶持了脱钩改制后的基层法律服务的发展，另一方面也能通过合同履行和考核激励提高基层法律服务质量。但是，纯粹非营利形式由政府财政支持仍然略显吃力，此外，"法律服务中心"模式中所有资金经费发放权完全掌握并依赖于政府对合同完成情况的考核，会使基层法律服务工作受到掣肘，特别是当事人一方是基层政府和干部时，其公正性很难保证。

（二）基层法律服务在吉林省经济社会发展中的地位和作用

1. 现实法律需求下基层法律服务所存在的空间

律师行业在基层特别是广大农村地区的法律服务投入不足。改革开放三十多年来，我国律师行业的人数和质量长足发展，但"律师在为农村提供法律服务的方式方法方面没有根本性的变化"[③]。目前吉林省"多数县、市只有一两个律师事务所，七、八个律师，有的县还没有律师事务所，……而且律师都集中在大中城市和县城"，[④] 这与吉林省基层复杂经济纠纷较少，多数为民事纠纷，无法吸引更多高层次法律服务有关；此外，成为律师无疑需要大量的成

---

① 陈荣卓、唐鸣：《城乡基层法律服务所改革：区域选择与实践比较》，《江汉论坛》2010 年第 2 期。

② 关永年、张国龙：《"律师会客厅"、"社区律师工作室"：〈基层律师法律服务新模式〉》，《中国司法》2013 年第 7 期。

③ 任金保、王琼：《基层法律服务所发展取向与农村基本法律服务制度之构建》，《中国司法》2006 年第 11 期。

④ 李文才、靳宝忠、李清风：《加快农村基层法律服务发展积极促进农村小康社会建设》，《当代法学》2003 年第 8 期。

本投入，比如至少具有大学本科学历、经过严格的司法考试等，出于成本和收益的权衡，使得大部分律师对基层特别是广大农村地区标的相对较小的案件不感兴趣。这就使得基层法律服务广泛需求与律师法律服务投入不足间产生了巨大缺口。

正是这种缺口为基层法律服务的生存和发展提供了空间。面对律师高昂的收费以及无偿法律援助苛刻的申请条件，收费低廉的基层法律服务能够满足基层组织和群众低层次的法律需求；此外，在我国基层特别是广大农村"熟人社会"仍占主导地位的情况下，空间距离的接近、社会关系的相熟也使基层法律服务能够更加便捷、直接和快速地解决纠纷。

2. 基层法律服务关系到基层社会和谐稳定和群众权益保障

首先，基层法律服务改革是社会管理创新的重要内容。社会矛盾化解工作的重心在基层，法律的基本作用之一就是"定纷止争"，基层法律服务正是为基层组织和群众提供解决纠纷的途径和机制，特别"农村是典型的'小政府'、'大社会'，司法行政工作的重心在基层"[①]，司法行政机关作为社会管理的重要职能部门要充分认识到基层法律服务工作的重要地位和作用，积极支持和推动其改革和发展。

其次，基层法律服务是维护社会和谐稳定的重要手段。公力救济不畅致使很多基层的矛盾纠纷无法得到及时正确有效的排解，甚至个别案件因牵涉面广而引起大规模的群体性事件，引发一系列社会问题。基层法律服务将与群众密切相关的社会生产、经济生活和日常纠纷就地解决在基层，成为群众负面情绪的宣泄出口，起到了"灭火器"和"安全阀"的作用；同时，通过法律渠道而非私力救济解决问题，也能够提高基层干部和群众对法治的认识和理解，并学会以合法的方式维护自身权益。

最后，基层法律服务是维护群众合法权益的重要途径。吉林省广大农民群众还有城市中的下岗失业者、残疾人、农民工等均属于相对弱势的群体，这些人群相对其他社会群体处于一种不对等的状态，在其自身权益受到侵害时往往

---

① 吴玲：《充分发挥乡镇基层法律服务为社会主义新农村建设服务的作用》，《中国司法》2006年第6期。

由于经济和知识所限无力去寻求或无法正确寻求法律帮助，此时，针对社会底层群众提供维权服务的基层法律服务就显得尤为重要。

三　吉林省基层法律服务工作的改革方向及发展趋势

（一）吉林省基层法律服务工作的改革方向

1. 坚持脱钩改制

从法律依据上讲，司法行政管理部门的规范性文件精神是将提供有偿法律服务，具有经营性质的基层法律服务所转变为独立的社会中介组织，此外，根据2011年《中共中央国务院关于分类推进事业单位改革的指导意见》中"政事分开、事企分开和管办分离"的原则，应当说基层法律服务所脱钩改制是解决基层两所职能混淆、管理无序，保证基层司法行政权中立性和权威性，法律服务所自主、健康发展的必由之路。

2. 采取半营利半扶持模式

从吉林省的经济状况来讲，公益性社会组织和合伙制企业模式都不适合于吉林省。首先，吉林省经济状况相对落后、市场交易不甚活跃、法律服务需求量较少的现实情况使得完全实现脱钩改制后的基层法律服务所经营状况并不乐观，这就决定了基层法律服务所脱钩后完全推向市场成为自负盈亏的合伙企业模式不能适应吉林省。其次，吉林省属于经济相对落后地区，财政资金薄弱，基层法律服务所成为完全由政府出资供养的公益性社会组织模式缺乏强有力的物质基础支撑，同样不适用于吉林省。那么，可以考虑介于两者之间的模式，基本"定位于市场化的法律服务机构，通过收取符合农村实际低廉费用维持自身的运转，自收自支"①，具体操作形式可以采取半营利半扶持的模式。

（二）吉林省基层法律服务工作的规范发展

对基层法律服务所的管理要秉承"规范"和"发展"的原则，"规范"

---

① 汤维建：《农村基层法律服务亟需加强》，《团结》2006年第4期，第37页。

重点在有效规制基层法律服务主体和服务行为，维护公平竞争的市场秩序，促进法律服务市场竞争的良性循环；"发展"重点在积极探索基层法律服务的全新模式，拓展服务领域和方式，扶持基层法律服务全面健康发展。

1. 逐渐实现两所分离，提供基层法律服务所政策扶持

（1）实现两所分离。

首先，独立后的基层法律服务所作为法律中介组织（不采用合伙企业模式，参照律师事务所管理方式）具有营利性，在这方面吉林省目前执行的《吉林省乡镇法律服务收费标准》为1998年颁布，其中应聘为法律顾问的收费标准于2002年略作调整，目前看来收费略低，不符合经济社会发展形势，应当予以调整提高。司法所是政法部门的基层组织，资金来源于政府拨款，人员具有地方行政编制或政法专项编制，承担着司法行政在基层的全部职能，为基层群众提供法律咨询和调解纠纷必须是无偿性和公益性。

其次，改制后两所的关系为基层法律服务所接受基层司法所的监督管理，两者是完全独立的法人个体，不再具有附属关系，因此，具备条件的地方应尽量将法律服务所与司法所在机构、编制、人员、经费等方面完全分离；农村不具备条件的地区可以暂时合署办公，但内部管理必须分割清晰，各司其职，司法所所长不能兼任法律服务所主任。由此看来，桦甸市常山法律服务所自2000年一直开展的"一元钱法律顾问"活动以及所主任2002年被省厅评为"人民满意司法干警"① 作为当地司法局的工作政绩并不合适，也说明了吉林省基层仍然两所合一的做法。

（2）提供政策扶持。

吉林省各级政府必须给予基层法律服务所一定的支持帮助和政策倾斜，但不能以此为要挟行政干预其案件办理。具体措施包括：第一，乡镇人民政府及本区域内乡镇企业在涉及法律事务和法律纠纷的委托代理工作时尽量联系本地基层法律服务所；第二，基层有经费的司法行政活动如法制宣传在调动基层法律服务工作者要给予适当补贴，不宜如在"两所合一"模式下使其无偿承担

---

① 桦甸市：《吉林桦甸市发挥基层法律服务优势为新农村建设服务》，中国政府法制信息网，http：//www.chinalaw.gov.cn/article/dfxx/dffzxx/jl/200710/20071000049118.shtml。

司法行政职能；第三，县级法律援助中心可以在乡镇法律服务所设工作站，将法律援助工作委托基层法律服务工作者，同时也不用增加专门的法律援助工作者。[①]

2. 建立完善行业管理，有效规范基层法律服务市场竞争

（1）建立行业协会。

基层法律服务工作者协会是社会团体法人，是代表本协会成员共同利益的自律性组织，相对于拥有处罚权限的司法行政机关，由同行业人员组成、维护本行业利益的行业协会更能有效团结和凝聚本行业人员，在自我管理、自我规范上更加有效率。基层法律服务行业协会主要职责包括：规范从业组织和人员的执业行为、与政府进行协调沟通、组织职业教育培训、关怀从业人员思想动态、帮助从业组织和人员解决困难、推动行业的规范和发展等。全国已经有多个省市成立基层法律服务工作者协会并制定了协会章程。[②]

（2）规范市场竞争。

针对基层法律服务行业存在的一些不正当竞争行为，以完善的制度来保障行为的规范化是最佳途径。首先，完善诚信办案制度。市场经济必须是信用经济，在基层法律服务中讲诚信不仅可以使法律服务工作者在竞争中处于优势地位，而且能够切实维护委托人的合法权益，可谓一举两得。其次，完善业务规程制度。完善的业务规范和操作流程一方面可以提高案件办理效率，另一方面也是有效监督基层法律服务的重要途径，如各项公开制度、签订合同手续、记录谈话笔录、严格档案管理等。再次，完善管理制度。必须保证基层法律服务收入正当支出合理，专门财会人员管理账目，统一开具发票，财务章使用规范，定期制作财务报告等，禁止私自乱收费或私开白票的行为。最后，完善绩效监督和责任追究制度，包括对基层法律服务所执业资质情况、内部管理、人员执业表现等方面进行考察，并对违法违规行为进行严厉查处。

---

① 张睿海：《改善基层法律服务促进新农村建设》，《重庆科技学院学报》（社会科学版）2009 年第 11 期。

② 如《长沙市基层法律服务工作者协会章程》（2007 年）、《湖北省基层法律服务工作者协会章程》（2011 年）、《重庆市基层法律服务条例》第四章（2011 年）等。

3. 充实基层服务队伍，积极提升基层法律服务人员整体素质

（1）扩大服务队伍。

目前，吉林省基层法律服务工作者的来源单一，导致基层法律服务队伍人员锐减，后备力量匮乏，造成管理工作停滞不前，只能等待观望。面对这种情况，一些司法实务部门和学者都提出恢复全国基层法律服务工作者执业资格考试，或者纳入国家司法考试但准入资格应当低于普通律师[①]，实践中已经有地方开始操作，《重庆市基层法律服务条例》（2012年实施）第七条规定，"经市基层法律服务工作者协会考试合格或者参加国家司法考试达到规定的成绩"可以申请基层法律服务工作者执业。但根据"上位法优于下位法"的原则，地方性法规与国务院行政法规相抵触的部分无效，故仍有待商榷。因此，仍应当在法律的框架内以政策优惠或者物质激励等措施鼓励具有律师资格、公证员资格的人员加入基层法律服务队伍。另外，"政府是否可以参照选调生、支教生、大学生村官等各种政策支持，引导那些通过司法考试但处于闲置状态的法学大学生进入基层法律队伍，这既解决了基层法律服务人才专业素质问题，又可增加就业"[②]。

（2）提升人员素质。

针对基层法律服务人员和质量良莠不齐，整体行业水平偏低的问题，司法行政机关要通过多种方式着力加强基层法律服务行业和从业人员的职业素养和业务水平。具体方式包括：提供补助鼓励基层法律服务人员继续进修更高层次学历，定期举办方针政策、法律知识和执业技能的专题讲座，为基层法律服务行业与律师行业、公证行业提供互相学习的平台，"加强基层法律服务从业人员的职业道德和执业纪律教育，把好道德关、纪律关和法律防线关，并将此列入考核内容"[③] 等。

---

① 傅郁林：《中国基层法律服务状况考察报告——以农村基层法律服务所为窗口》，《北大法律评论》2005年第6期；施文：《拓展农村法律服务的思考》，《广西大学梧州分校学报》1996年第3期；陈松：《基层法律服务所实证研究——现实法律需求视角下的基层法律服务所花江》，《中国司法》2006年第9期。

② 方金华、张炎梅：《贫困地区农村基层法律服务新对策——以福建省为例》，《青岛农业大学学报》（社会科学版）2011年第4期。

③ 陈清华：《基层法律服务工作水平亟待提升》，《光华时报》2011年3月4日。

中国皮书网
www.pishu.cn

发布皮书研创资讯，传播皮书精彩内容
引领皮书出版潮流，打造皮书服务平台

栏目设置：

- ☐ 资讯：皮书动态、皮书观点、皮书数据、皮书报道、皮书新书发布会、电子期刊
- ☐ 标准：皮书评价、皮书研究、皮书规范、皮书专家、编撰团队
- ☐ 服务：最新皮书、皮书书目、重点推荐、在线购书
- ☐ 链接：皮书数据库、皮书博客、皮书微博、出版社首页、在线书城
- ☐ 搜索：资讯、图书、研究动态
- ☐ 互动：皮书论坛

中国皮书网依托皮书系列"权威、前沿、原创"的优质内容资源，通过文字、图片、音频、视频等多种元素，在皮书研创者、使用者之间搭建了一个成果展示、资源共享的互动平台。

自2005年12月正式上线以来，中国皮书网的IP访问量、PV浏览量与日俱增，受到海内外研究者、公务人员、商务人士以及专业读者的广泛关注。

2008年、2011年中国皮书网均在全国新闻出版业网站荣誉评选中获得"最具商业价值网站"称号。

2012年，中国皮书网在全国新闻出版业网站系列荣誉评选中获得"出版业网站百强"称号。

权威报告　热点资讯　海量资源

当代中国与世界发展的高端智库平台

皮书数据库　www.pishu.com.cn

　　皮书数据库是专业的人文社会科学综合学术资源总库，以大型连续性图书——皮书系列为基础，整合国内外相关资讯构建而成。该数据库包含七大子库，涵盖两百多个主题，囊括了近十几年间中国与世界经济社会发展报告，覆盖经济、社会、政治、文化、教育、国际问题等多个领域。

　　皮书数据库以篇章为基本单位，方便用户对皮书内容的阅读需求。用户可进行全文检索，也可对文献题目、内容提要、作者名称、作者单位、关键字等基本信息进行检索，还可对检索到的篇章再作二次筛选，进行在线阅读或下载阅读。智能多维度导航，可使用户根据自己熟知的分类标准进行分类导航筛选，使查找和检索更高效、便捷。

　　权威的研究报告、独特的调研数据、前沿的热点资讯，皮书数据库已发展成为国内最具影响力的关于中国与世界现实问题研究的成果库和资讯库。

皮书俱乐部会员服务指南

1. 谁能成为皮书俱乐部成员？
- 皮书作者自动成为俱乐部会员
- 购买了皮书产品（纸质皮书、电子书）的个人用户

2. 会员可以享受的增值服务
- 加入皮书俱乐部，免费获赠该纸质图书的电子书
- 免费获赠皮书数据库100元充值卡
- 免费定期获赠皮书电子期刊
- 优先参与各类皮书学术活动
- 优先享受皮书产品的最新优惠

社会科学文献出版社　皮书系列
SOCIAL SCIENCES ACADEMIC PRESS (CHINA)
卡号：2344972467180539
密码：

3. 如何享受增值服务？

（1）加入皮书俱乐部，获赠该书的电子书

　　第1步 登录我社官网（www.ssap.com.cn），注册账号；

　　第2步 登录并进入"会员中心"—"皮书俱乐部"，提交加入皮书俱乐部申请；

　　第3步 审核通过后，自动进入俱乐部服务环节，填写相关购书信息即可自动兑换相应电子书。

（2）免费获赠皮书数据库100元充值卡

　　100元充值卡只能在皮书数据库中充值和使用
　　第1步 刮开附赠充值的涂层（左下）；
　　第2步 登录皮书数据库网站（www.pishu.com.cn），注册账号；
　　第3步 登录并进入"会员中心"—"在线充值"—"充值卡充值"，充值成功后即可使用。

4. 声明

　　解释权归社会科学文献出版社所有

皮书俱乐部会员可享受社会科学文献出版社其他相关免费增值服务，有任何疑问，均可与我们联系

联系电话：010-59367227　企业QQ：800045692　邮箱：pishuclub@ssap.cn

欢迎登录社会科学文献出版社官网（www.ssap.com.cn）和中国皮书网（www.pishu.cn）了解更多信息

"皮书"起源于十七、十八世纪的英国，主要指官方或社会组织正式发表的重要文件或报告，多以"白皮书"命名。在中国，"皮书"这一概念被社会广泛接受，并被成功运作、发展成为一种全新的出版形态，则源于中国社会科学院社会科学文献出版社。

皮书是对中国与世界发展状况和热点问题进行年度监测，以专业的角度、专家的视野和实证研究方法，针对某一领域或区域现状与发展态势展开分析和预测，具备权威性、前沿性、原创性、实证性、时效性等特点的连续性公开出版物，由一系列权威研究报告组成。皮书系列是社会科学文献出版社编辑出版的蓝皮书、绿皮书、黄皮书等的统称。

皮书系列的作者以中国社会科学院、著名高校、地方社会科学院的研究人员为主，多为国内一流研究机构的权威专家学者，他们的看法和观点代表了学界对中国与世界的现实和未来最高水平的解读与分析。

自20世纪90年代末推出以《经济蓝皮书》为开端的皮书系列以来，社会科学文献出版社至今已累计出版皮书千余部，内容涵盖经济、社会、政法、文化传媒、行业、地方发展、国际形势等领域。皮书系列已成为社会科学文献出版社的著名图书品牌和中国社会科学院的知名学术品牌。

皮书系列在数字出版和国际出版方面成就斐然。皮书数据库被评为"2008~2009年度数字出版知名品牌"；《经济蓝皮书》《社会蓝皮书》等十几种皮书每年还由国外知名学术出版机构出版英文版、俄文版、韩文版和日文版，面向全球发行。

2011年，皮书系列正式列入"十二五"国家重点出版规划项目；2012年，部分重点皮书列入中国社会科学院承担的国家哲学社会科学创新工程项目；2014年，35种院外皮书使用"中国社会科学院创新工程学术出版项目"标识。

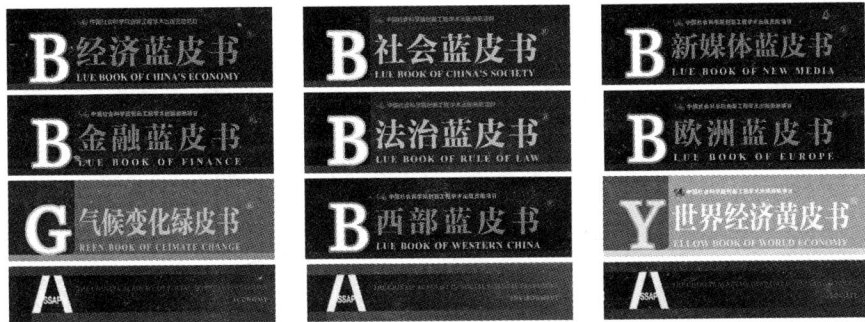

法 律 声 明

"皮书系列"（含蓝皮书、绿皮书、黄皮书）由社会科学文献出版社最早使用并对外推广，现已成为中国图书市场上流行的品牌，是社会科学文献出版社的品牌图书。社会科学文献出版社拥有该系列图书的专有出版权和网络传播权，其 LOGO（ ）与"经济蓝皮书"、"社会蓝皮书"等皮书名称已在中华人民共和国工商行政管理总局商标局登记注册，社会科学文献出版社合法拥有其商标专用权。

未经社会科学文献出版社的授权和许可，任何复制、模仿或以其他方式侵害"皮书系列"和 LOGO（ ）、"经济蓝皮书"、"社会蓝皮书"等皮书名称商标专用权的行为均属于侵权行为，社会科学文献出版社将采取法律手段追究其法律责任，维护合法权益。

欢迎社会各界人士对侵犯社会科学文献出版社上述权利的违法行为进行举报。电话：010-59367121，电子邮箱：fawubu@ssap.cn。

社会科学文献出版社